KB067635

일본 함정

일본 함정

초판 1쇄 발행_ 2020년 3월 5일

지은이_ 김대홍, 박성래, 박영관, 선재희, 신강문, 이석재, 이소정
펴낸이_ 이성수
주간_ 김미성
편집장_ 황영선
편집_ 이경은, 이홍우, 이효주
마케팅_ 김현관
제작_ 김주범
디자인_ 진혜리

펴낸곳_ 올림
주소_ 03186 서울시 종로구 새문안로 92 광화문오피시아 1810호
등록_ 2000년 3월 30일 제300-2000-192호(구:제20-183호)
전화_ 02-720-3131 | 팩스_ 02-6499-0898
이메일_ pom4u@naver.com
홈페이지_ http://cafe.naver.com/ollimbooks

ISBN 979-11-6262-032-8 03300

ⓒ 김대홍 외, 2020

이 도서의 국립중앙도서관 출판예정도서목록(CIP)은 서지정보유통지원시스템 홈페이지
(http://seoji.nl.go.kr)와 국가자료종합목록 구축시스템(http://kolis-net.nl.go.kr)
에서 이용하실 수 있습니다. (CIP제어번호 : CIP2020007974)

과거와 전혀 다른 '최악의 일본'이 온다!

일본 함정

울림

머리말

일본이 달라졌다

한일 관계가 국교정상화 이후 최악이라고 한다. 역사와 영토 문제를 넘어 이제는 안보와 경제 분야로까지 갈등이 확산되고 있다. 일부 전문가들은 지금의 한일 관계를 치유가 불가능한 '복합골절' 상태라고 진단한다.

어쩌다 이 지경이 된 것일까? 한일 갈등은 어디에서 시작된 것일까? 아베 신조 일본 총리 때문일까? 아니면 아베 총리를 지지하는 일본 우익들의 준동 때문일까? 그것도 아니라면 혹시 우리도 모르는 사이에 일본 국민들의 생각이 변한 것은 아닐까?

2019년 12월 24일 문재인 대통령과 아베 신조 총리는 중국 쓰촨성 청두에서 악수를 하고 강제징용과 수출규제 등 한일 현안을 논의했다. 15개월 만의 정상회담이었다. 많은 사람들은 이 회담을 계기로 양국 간의 갈등이 풀리길 기대했다.

하지만 꼬일 대로 꼬인 양국의 관계 개선은 쉽지 않아 보인다. 정상회담 열흘 뒤인 2020년 1월 아베 총리는 언론과의 신년 인터뷰에서 "한일 관계의 개선을 바라지만 원칙을 꺾는 일은 없을 것"이라며 "한국 측이 관계 개선의 계기를 만들어 줄 것을 기대한다"고 했기 때문이다. 강제동원 배상이나 수출규제 문제에서 먼저 한국 측이 양보하라는 뜻을 분명히 밝힌 것이다. 아베 총리는 왜 이러는 걸까?

한국의 언론이나 지식인들은 아베 총리와 그를 지지하는 일본 우익을 한일 갈등의 주범으로 지목한다. 우선 아베 총리는 1990년대부터 역사 화해 노선에 반대 입장을 피력해 왔다. 실제로 역사·검토위원회, 종전 50주년 국회의원연맹, 역사교육의원연맹 등에 참여해 '일본이 더 이상 가해자가 아니라 피해자'라는 주장에 동조했다. 1993년 고노 요헤이 당시 관방장관이 일본군 '위안부'에 대해 사과한 '고노 담화'와 1995년 무라야마 도미이치 총리가 일본의 식민지배에 대해 공식적으로 사죄하는 뜻을 표명한 '무라야마 담화'에 대해서도 부정적인 시각을 보였다. 2차 세계대전 당시 일본군이 저지른 만행에 대해서도 애매한 태도를 취했다. 심지어 2013년 4월 23일 참의원 예산위원회에서는 "침략의 정의는 학문적으로도 국제적으로도 정해져 있지 않다"라는 발언을 했다. 그리고 8개월 뒤 야스쿠니 신사 참배를 강행했다. 물론 이러한 아베 총리의 역사수정주의 행태는 혼자만의 힘으로 이뤄진 것은 아니다. 아베 총리를 지지하고 조언하는 참모들이 있었기 때문에 가능했다. 대표적인 것이 '일본회의'이다. 1997년에 결성된 일본회의는 우파단체인 '일본을 지키는 국민회의'와 '일본을 지키는 모임'이 합쳐진 것이다. 천황 숭배와 전후체제 타파, 그리고 헌법 수정 등을 기본 운동 방침으로 설정했다.

하지만 아베 총리의 현재 외교정책을 '역사수정주의'로만 분석하는 데는 한계가 있다. 한일 갈등이 불거질 때마다 아베 정권은 "한국은 국제규범을 준수하지 않는다", "한국은 정권이 바뀌면 골대(goalpost)도 바꾼다"며 국제무대에서 한국을 공격하고 있기 때문이다. 이것은 또 어떻게 해석해야 할까? 국내 정치학자들은 이 부분을 새롭게 인식하고 있다. 아베 총리의 역사수정주의 대외정책이 정말 바뀐 건지, 만약 바뀌었다면 언제부터, 왜 바뀌었는지에 대한 연구가 진행 중이다. 일부 학자들은 아베 정권의 외교정책 변화는 2013년 12월 아베의 야스쿠니 신사 참배 때문이라고 주장한다. 참배 이후 예상치 못한 미국과의 갈등이 불거졌기 때문이다.

반면 일본 측은 한일 갈등의 원인을 한국 쪽에서 찾고 있다. 특히 2018년 10월 한국 대법원의 강제동원 배상 판결을 갈등의 시작으로 보고 있다. 한국 대법원의 판결은 1965년 한일조약 체계 자체를 뒤흔들 수 있다고 생각하기 때문이다. 조약 체결 당시부터 논란은 있었지만 한일 양국은 이 조약을 중심으로 50년 이상 관계를 유지해 왔다. 그런데 한국 대법원의 판결로 이 조약이 위기를 맞았다는 것이 일본 측의 주장이다. 심지어 일부 일본인들은 한국 정부가 대법원의 판결을 추종하거나 이것을 이용해서 한일 관계를 바꾸려 하는 건 아닌지 의구심까지 갖고 있다. 실제로 그럴까?

일본 정계에 정통한 한 일본인 기자를 만났다. 그는 오프 더 레코드를 전제로 다음과 같이 말했다. "일본인이 다 그런 건 아니지만 분명한 것은 한국에 실망하는 일본인들이 점점 더 늘어나고 있다는 겁니다. 이명박 전 대통령의 독도 방문이나 문재인 정부의 화해·치유재단 해산 결정 등에 대해 부정적인 시각을 갖는 일본인들이 많습니다. 따라서 아베 총리가 물러나더라도 한일 관계는 쉽게 개선되기 어려울 겁니다. 많은 일본인들은 지금과 같은 일본의 대 한반도 외교정책을 지지하고 있거든요. 특히 한국에 대해서는 아베가 잘하고 있다는 여론도 높아요. 행정관료들은 더 보수적이죠. 총리관저에서 영향력이 큰 경제산업성은 한국에 대한 수출규제를 쉽게 풀지 않을 겁니다."

좀처럼 해법을 찾지 못하는 한일 갈등. KBS〈시사기획 창〉은 꼬일 대로 꼬인 한일 갈등의 해법을 모색하기 위해 지난 1년 동안 모두 5편의 다큐멘터리를 제작했다. 일본의 현재 모습을 적나라하게 보여 주기 위해 일본의 국내 정치는 물론 외교, 안보, 경제, 사회 전 분야를 입체적으로 나눠 취재했다. 〈일본 우익의 반격〉, 〈소재전쟁-일본의 습격〉, 〈아베와 지소미아〉, 〈조선학교〉, 〈추적! 세슘 137〉 등을 방송했고 이는 큰 반향을 일으켰다.

이 책에서는 지난 1년 동안 〈시사기획 창〉 기자들이 일본을 취재하면서 느낀 점과 미처 방송에서 다루지 못한 내용 등을 전달하고자 한다. 단순히 방송된 다큐멘터리의 내용을 소개하는 것이 아니라 몇 달에 걸친 취재 과정에서 우리가 느꼈던 솔직한 심정을 그대로 담았다. 일본 우익을 취재할 때는 신변의 위협도 받았다. 일본 기업들을 취재할 때는 일본 정부의 보이지 않는 압력도 느꼈다. 자위대 취재는 시작 단계부터 난관에 부딪히기도 했다. 하지만 '사실을 넘어 진실을 추구한다'는 기자들의 집념으로 감춰져 있던 사실들을 하나둘 발견했다.

한일 갈등을 다룬 책은 국내에도 많다. 또 한국어로 번역된 아베 정권 관련 일본 책들도 적지 않다. 하지만 전문성을 갖춘 국내 기자들이 각 분야별로 나눠 총체적으로 한일 갈등을 분석하고 해법을 제시한 것은 아마 이 책이 유일할 것이다. 이 책을 읽으면 현재 한일 양국 간에 벌어지고 있는 갈등의 원인과 전개 과정을 쉽게 이해할 수 있을 것이다. 거창한 이론이나 담론보다는 현장의 목소리를 그대로 담기 위해 노력했다.

이 책은 또 달라진 일본의 모습을 이해해 우리의 대응책을 찾으려는 국내 정부 관료나 외교 당국자들에게도 도움이 될 것으로 기대된다. 아베 정권을 지지하는 우익과 아베 정권을 반대하는 야당이나 시민단체들의 모습을 함께 이해하지 않고서는 올바른 대일 외교정책을 세우기 어렵기 때문이다. 물론 "일본은 무엇이다", "아베 정권의 전략은 이것이다"라고 한마디로 단정하기는 어렵다. 하지만 일본의 여러 모습을 종합적으로 살펴본다면 분명 대일 외교정책을 세우는 데 큰 도움이 될 것이다.

　우리에게 일본은 과연 어떤 나라일까? 함께 미래를 개척해야 할 파트너일까? 아니면 평생 증오하며 살아가야 할 이웃 나라일까? 그것도 아니라면 우리가 반드시 극복해야 할 경쟁자일까?

　〈시사기획 창〉 취재팀은 지난 1년 동안 양국 관련 다큐멘터리를 제작하면서 하나의 공통점을 발견했다. 그것은 일본이 과거와 다른 모습으로 우리에게 다가오고 있다는 것이다. 그리고 그 모습은 불행하게도 우리가 바라는 '가까운 이웃'이 아니었다. 일본은 언제부터인가 우리가 생각했던 것보다 훨씬 더 치밀하고 공격적인 나라로 변해 있었다.

　이 책에서도 자세히 다루겠지만 '해상자위대 초계기 레이더 조준 논란'이나 '첨단소재 수출규제'는 단순한 해프닝이 아니었다. 일본은 오래전부터 우리의 약점이 무엇이고, 또 그 약점을 어떻게 이용해야 국제사회에서 지지받을 수 있는지 등을 철저히 계산했던 것 같다. 실제로 일본 정부는 대외정책의 우선순위에서도 한국을 점점 더 낮게 평가하고 있다. 입으로는 '가깝고도 가까운 나라'를 만들겠다고 했지만 실제로는 '멀고도 먼 나라'로 향하는 듯하다.

　일본의 변화된 모습을 정확히 인식하는 것은 우리의 미래를 위해서도 중요하다. 한반도를 둘러싼 대외정책은 물론 남북문제를 해결하는 데 있어서도 일본이 변수로 작용할 수 있기 때문이다.

　만약 일본이 지금처럼 한국 대법원의 판결을 무시하고, 과거에 대한 반성 없이 국제사회에서 한국을 비난한다면 한일 관계는 더 나빠질 수도 있다. 그렇다면 일본은 자유민주주의와 자유시장경제를 공유하는 우리의 파트너가 아니라 우리의 발전을 가로막는 함정일 수 있다.

일본이라는 함정은 우리도 모르는 사이에 만들어질 것이다. 지금까지 우리가 경험했던 그 어떤 함정들보다 훨씬 더 위험하다. 일단 그 함정에 빠지면 쉽게 벗어나기 어렵다. 위안부 할머니들의 눈물도, 강제 동원된 할아버지들의 절규도 그 함정 안에서는 들리지 않는다. 한반도 평화와 민주주의 발전 그리고 경제 부흥이라는 우리의 당면 과제도 일단 이 함정에 빠지면 어려워질 것이다. 그만큼 일본 함정은 우리의 미래에 위협적이다.

그렇다고 무조건 두려워할 필요는 없다. 일본이라는 함정이 아무리 깊고 넓더라도 우리가 철저히 분석하고 대응책을 마련한다면 충분히 극복할 수 있다. 이 책을 읽어야 할 이유도 바로 여기에 있다. 변화된 일본의 모습을 제대로 인식하고 앞으로 일본이 어떻게 나올지를 충분히 예측한다면 일본이라는 함정을 우리는 돌파할 수 있을 것이다.

2020년 3월
김대홍

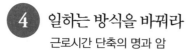

4 일하는 방식을 바꿔라
근로시간 단축의 명과 암

5 지소미아, 한국의 선택은?
한·미·일의 동상이몽

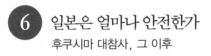

6 일본은 얼마나 안전한가
후쿠시마 대참사, 그 이후

7 **아직 끝나지 않은 차별**
재일동포 민족교육 70년의 어제와 오늘

1

한국이 싫다

일본 우익의 도발

취재_ 신강문
촬영_ 이중우

한국이 싫다

'혐한 정서' 확산

———

일본의 총리관저는 도쿄 중심부 지요다구의 국회의사당 건물 남서쪽 모퉁이에 있다. 국회의원들이 행정부처 장관까지 겸하는 의원내각제 국가여서 그런지 국회의사당과 총리관저가 도로 하나를 사이에 두고 사실상 붙어 있는 것이다. 총리관저는 실제로 일본 아베 총리가 먹고 잠자고 생활하는 공간인 동시에 총리로서 집무하는 건물이다. 주변은 언제나 경찰이 경계하고 있지만, 일반인과 일반 차량도 그 앞을 통행하는 등 그렇게 삼엄한 분위기는 아니다.

흥미로운 것은 우리나라 청와대와는 달리 일반인들도 자유롭게 다니는 정문 앞 도로에서 총리관저 건물까지 거리는 불과 100미터 정도라는 점이다. 관저 정문 주변에서 집회나 시위를 하면서 큰 목소리로 외치면 관저에서 일하는 사람들의 귀에도 충분히 들릴 만한 거리이다.

취재팀이 도쿄에 출장 간 그날도 총리관저 정문 앞 도로에서는 일본 여러 우익단체들이 연대해서 개최한 집회가 한창 진행 중이었다. 바람

도쿄 지요다구 총리관저 앞에서 일장기를 흔들며 시위 중인 우익단체원들. 사진 가운데에 있는 건물이 아베 총리가 살고 있는 관저로, 집회 장소에서 직선거리로 100미터 남짓한 거리이다.

에 휘날리는 일장기를 들고 선 중년의 남녀, 이들은 자신의 목소리가 아베 총리의 귀에 직접 들리도록 하겠다는 듯 크고 거친 목소리로 일 장 연설을 하고 있었다. 마치 아베 총리에게 반말로 훈계하는 듯한 연 설이었다. 무슨 내용인지 궁금했다.

"총리대신! 관저에서 듣고 있느냐? 아니면 지금 참의원에서 심의 중 이냐? 왜 우리가 당신 관저 앞에서 주위에 민폐를 끼치면서 외치고 있느냐 하면, 일본의 정세가 나쁘기 때문이다! 내각총리 아베 수상! 당신의 정치적 과제는 북한에 납치된 일본인 피해자를 돌려놔야 하 는 것이다. 우리는 계속 말해 왔다! 북한에 납치된 피해자는 언제 돌 려받을 것이냐! 방법을 발표하라!"

한 초로의 남성은 마치 아베 총리를 직접 꾸짖는 듯 거칠게 비판하는 연설을 하고 있었다. 2019년 4월 초순, 이날 총리관저 앞 집회는 북한으로 납치된 일본인들을 구출하자는 우익단체의 데모였다. 집회가 이어지면서 다른 사람의 연설도 계속됐다. 납치를 생각하는 아쓰기 시민모임 우치다 다다유키(內田忠行) 대표의 연설 내용을 들어보자.

"우리는 납치 피해자와 '특정 실종자'(북한으로 납치됐을 가능성을 배제할 수 없다고 일본 경찰이 인정한 실종자)를 구출, 탈환하기 위한 활동을 하고 있습니다. 이 문제가 왜 40년이 지나도록 해결이 되지 않는지 우리는 이해가 되지 않습니다. 납치 피해자의 가족은 모두 나이가 들고, 돌아가신 분들도 있고, 병원에 입원하신 분들도 많습니다. 이분들이 건강할 때 가족과 만나기를 간절히 바라고 있습니다."

백발이 성성한 우익단체 대표가 마이크를 들고 아베 총리에게 요구하는 바가 무엇인지 조목조목 지적했다. 그의 발언은 비교적 차분했다. 문제는 그 다음 연사였다.

"더 이상 북한이 일본인 납북자 문제 해결을 질질 끈다면 이제 전쟁을 해서라도 귀환시켜야 한다! 납북자를 돌려보내지 않는다면 이제 전쟁을 할 수밖에 없다!"

북한과 전쟁도 불사한다는 발언, 아베 총리에게 전쟁을 거론하며 자위권을 발동하라고 요구하는 한 중년 남성의 목소리가 단연 주변 사람들의 이목을 끌었다. 이 사람의 이름은 사토 사토시(佐藤悟志), 카키색

군복 비슷한 색깔의 옷을 입고 있어서 마치 군인이 연설하는 듯한 느낌을 주었다. 이른바 '조선총련본부를 없애는 모임'의 대표로서 일본 내에서 조선총련(재일본 조선인총연합회) 반대, 조선학교 폐교 등의 운동을 하고 있다. 그는 이날 집회에서 아베 총리와 집권 자민당 의원들에게 더 강력한 대북 압박 정책을 펼 것을 요구했다. 사토 대표의 거친 연설은 계속 이어졌다.

"일본 정치가도, 일본 정부도 '납치는 침략'이라고 단언하지 못하고 있는데, 그렇기 때문에 납치 문제는 해결되지 못했고, 납치 피해자를 데려오는 일도 불가능하게 된 것이다! 상대는 권력을 사용해 국가 폭력장치를 이용해서 일본인을 납치했다. 그것에 대항해서 되갚아주기 위해서는 일본도 국가 폭력장치를 발동시켜야 한다. 그 각오와 결의가 보이지 않으니까 김정은이 만만하게 보고 '납치 문제는 해결 끝났다'라고 하는 것이다!"

우익단체원들의 집회가 마무리 단계에 접어들었을 때 취재진은 이들에게 가까이 다가가 한국 KBS의 취재팀임을 밝히고 최근 한일 관계 문제에 대한 인터뷰를 요청했다. 그런데 이들 우익단체원 가운데 한 명이 갑자기 불쾌한 표정을 지으면서 취재진에게 도리어 따지듯이 말을 시작했다.

"일본은 배상이 끝났어요. 그걸 또 배상하라고 최고 재판소에 해당하는 한국 대법원이 판결한 것은 매우 유감입니다."

이 우익단체원은 한국 대법원이 일본 기업들에게 징용자 대상 배상을 명령한 지난해 판결이 잘못됐다고 주장하면서 취재진에게 그 이유를 조목조목 열거했다.

"징용 문제 해결을 위해 일본은 1965년 당시 한국에 8억 달러를 건넸습니다. 1달러 360엔 시대에 8억 달러를 건넸습니다. 그것을 전부 한국의 발전에 사용해서 '한강의 기적'이라고 불리고 있죠."

이 우익단체원의 주장은, 1965년 한일 국교정상화 당시 한국 측이 일본으로부터 받은 무상 3억 달러, 유상 2억 달러, 상업차관 3억 달러 등 합계 8억 달러를 이야기한 것으로 보였다. 이 우익단체원은 특히 '일본의 배상은 끝났다'는 것을 여러 차례 강조했다. 징용자 배상 문제, 한국 군함의 일본 초계기 레이저 조준 논란 등 현안에 대한 자신의 입장을 장황하게 이야기하던 그는 최근 일본 국민들의 분위기도 자신들 단체에 힘을 실어주는 쪽으로 달라지고 있다며 힘주어 설명했다.

"우익단체원들과 함께 최근 도쿄 한국 대사관이 있는 미나토구 아자부주방으로 집회를 하러 가던 중에 거리에서 일반인 3명이 힘내라는 응원의 말을 우리에게 했습니다. 이전에는 이런 말을 하는 사람들이 없었는데… 그 정도로 일반 일본인도 '한국이 좀 이상하지 않나'라고 생각하기 시작했어요. 지금 한국 정부에게 말하고 싶은 것은 징용자 문제의 진실을 확실히 말해 주면 좋겠다는 것입니다. 거짓말은 좋지 않다고 생각합니다."

취재진은 우익들의 본심이 무엇인지, 의도하는 바가 무엇인지 더 자세히 알아보기 위해서는 길거리에서 진행되는 간단한 인터뷰만으로는 부족하다고 느꼈다. 그래서 우익단체원에 대한 심층 인터뷰를 추진했다. 취재진이 추진한 심층 인터뷰에 응한 사람은 앞서 총리관저 앞에서 '북한과 전쟁 불사' 발언을 했던 사토 사토시 대표와 사토 대표의 지인이자 우익단체원으로 활동 중인 50대 중반의 남성 K씨였다.

취재진은 도쿄 도심 아카사카의 한 식당에서 K씨를 만났다. 그는 취재진에게 자신이 맹목적으로 "한국 반대, '조센징' 반대"를 외치는 극우단체와는 수준이 다르다고 여러 차례 강조했다. 자신은 출판업계에 종사하는 사람이라는 것을 강조하며, 오히려 한국과 한국인들에게 조언을 하겠다면서 인터뷰에 나섰다. 취재진은 K씨가 출판업계에서 일하고 있다는 점을 감안해 이른바 '혐한 서적'에 대해서 우선 물어보았다.

신강문 KBS 기자(이하 기자)   한국을 비판하거나 싫어하는 '혐한' 책들이 지금 서점에 많이 진열돼 있는데요, 그런 책이 10만 부 이상 팔린다는데 실상은 어떻습니까?

우익단체원   지금은 안 팔립니다. 잘 안 팔려요. 진열은 되어 있는데 실제로 많이 팔리지는 않아요. 제가 일하는 출판사에서도 1권 나왔는데 안 팔렸어요. 말하자면 신주쿠 대형 서점에 가면 '헤이트 스피치' 코너가 있어요. 그런 곳에 진열되어 있는 책은 잘 안 팔려요. 왜냐면 내용이 없으니까요. 실속이 없는 거죠. 최근 내용도 재미있고 실속도 있는 한국 관련 책이 나왔는데도 9천 권 정도만 팔렸어요. 과거에는 혐한 관련 책들이 내용도 별로이고 실속이 없더라도 두께

일본 서점에 진열돼 있는 혐한 서적들. 왼쪽 책부터 제목을 소개하면, <혐한도>, <붕한론>, <한국·북조선의 비극>, <역사를 날조하는 반일국가·한국>, <날조투성이 한국사>, <한국에의 절연장> 등 한국을 폄하하는 내용을 노골적으로 강조하고 있다.

가 얇고 읽기 쉬우니까 많이 팔렸어요. 하지만 그런 책을 읽는 사람은 책 읽는 것 자체에 질리게 되니까 안 읽게 되죠.

기자　그러면 몇 년 전에는 읽혔나요?

우익단체원　몇 년 전에는 10만 부 정도 팔리기도 했고요. 내용이 다소 허술해도 10만 부 정도 팔렸죠.

기자　한국과 징용자 배상 문제에 대해 갈등이 있는데, 그건 어떻게 생각하십니까?

우익단체원　징용자 문제는 말이 안 돼요. 1965년 한일 국교 정상화 때 해결된 문제잖아요. 한국 측이 또 그렇게 말하는 건 이상합니다. 저는 출판업계에서 일하는 사람이에요. 그런 문제가 생기면 일본인들이 화가 나서 (한국을 비판하는 혐한) 책을 많이 사주니까, 역설적으로 얘기하면 한국 측이 그렇게 나오는 것이 사업상 도움이 될 수도 있겠죠. 이렇게 인터뷰에서 이야기하면 안 되겠지만요… 다만,

한국 사람들도 좀 냉정해졌으면 좋겠어요. 이대로 가는 게 좋을지 곰곰이 돌이켜 생각하는 편이 좋을 것 같아요. 일본이랑 관계를 개선하는 것에 대해서….

이 우익단체원은 특히 현재 한국 정부가 최근 북한과의 관계 개선을 추진하면서도 일본에게는 싸움을 걸고 있다고 반복적으로 주장했다.

"징용 문제나 그런 것을 이끌어내는 것이 북한이에요. 북한 손바닥 위에 올라가서 이렇게 일본에 싸움을 거는 게 좋은 건지. 저는 한국인을 향해서 일본을 좋아해 달라고 말하지는 않아요. 그런데 강한 한국, 반북한, 반중국의 반공 국가, 강한 반공 국가로 한국이 존재하는 것이 일본의 국익이 되는 것이랑 똑같이, 강한 일본이 한국의 편이 되는 것이 한국 국익에 도움이 될 거예요. 북한의 앞잡이가 되어 일본에 싸움을 걸면서 약한 한국이 되는 것이 도대체 한국의 국익에 도움이 될 것인지 안 될 것인지, 한국인은 다시 한번 생각을 하는 게 좋을 것 같아요."

그는 오히려 취재팀에게 몇 차례나 "한국인들은 10년 전 북한의 연평도 포격 도발 사건을 벌써 잊었나요? 그때 몇 명이나 사망했지만 한국군은 제대로 대응도 못했는데, 그 굴욕을 기억하지 못하나요?"라며 공세적으로 질문을 던지기도 했다.

기자 그러면 한국 정부가 어떻게 해야 한일 관계가 개선될 것이라고 생각합니까?

우익단체원 1965년 '청구권조약'의 준수 아닐까요. 징용자 소송이
나 그런 것은 취소해야죠.

기자 아베 총리 지지율이 계속 유지가 되고 있는데, 일본 국민은
왜 아베 총리를 지지하나요?

우익단체원 다른 지지할 사람이 없어서 그렇죠. 저도 아베 총리를
좋지 않게 생각하지만, 아베를 지지하는지 아니면 지지하지 않는지
묻는다면, 충격적으로 들리겠지만, 지지할 수밖에 없어요. 아베가
좋은지 이시바 시게루(石破茂, 자민당 의원)가 좋은지 묻는다면 그
건 아베 신조를 지지할 수밖에 없으니까요. 저는 세계적으로 정치가
들의 수준이 정말로 낮아졌다고 생각해요. 한국도 그렇고요.

취재진과 심층 인터뷰를 가진 또 다른 우익은 앞서 총리관저 집회에
서 만난 사토 사토시 대표였다. 사토 대표는 취재진을 만나자마자 한
국 정부의 대북 정책과 외교정책을 노골적으로 폄하하기 시작했다.

"국제법을 봤을 때나 일한조약으로 봤을 때나 법적인 문제는 많이
들었지만, 저는 어떻게 되든 관심이 없어요. 문재인 정권은 북한 김
정은의 앞잡이 아닌가요. 앞잡이가 일본과 한국의 관계를 악화시키
려고 하는 것이니까요. 상대는 납치를 하는데요. 국제법이나 그런
것에는 관계없이 테러를 일으키기도 하는 정권이잖아요. 그 앞잡이
가 국제법을 무시하고 한국법도 일본법도 무시해서 큰 화제를 일으
키는 것은 당연하다고 생각합니다. 징용자 배상 문제의 판결을 보류

시킨 재판관도 체포당했잖아요? 그게 체포할 일인가요?"

사토 씨는 양승태 전 대법원장이 강제징용자 배상 소송과 관련해 사법행정권 직권남용 등의 혐의로 구속된 것까지 조목조목 거론하면서 오히려 취재진에게 따지고 들었다. 그러면서 현재 한국의 대일 외교정책을 과거와 비교하며 노골적으로 비난하기 시작했다.

"이전 박근혜, 이명박 정권은 반일적으로 어필을 한 부분도 있었지만 그것은 그냥 정치적인 어필이었고, 처세를 위한 알리바이 만들기였으니까 그렇게 짓궂지 않았죠. 문재인 대통령의 경우는 진심으로 양국 관계를 망가뜨리기 위한 진심이 들어 있어요. 그 효과가 잘 나타난 거죠. 일본에 반한 감정을 들끓게 한 것인데, 어떻게 보면 성공한 것이죠."

사토 씨는 취재진에게 자신이 만든 플래카드를 보여주며 인터뷰를 이어갔다.

"앞쪽에는 '북한을 방임한 한국은 죽어라! 북한 동포 한국이 책임져라'라고 썼고요, 뒤쪽에는 '핵·납치 배상 한국이 지불하라. 책임을 묻지 않는다면 한국은 입 다물어라'라고 썼습니다."

기자 '일본인 납치 배상'을 한국이 지불하라는 내용이 이해가 되지 않습니다. 왜 한국이 지불해야 한다고 생각하나요?

한국과 북한을 비난하는 구호가 적힌 팻말을 들고 있는 사토 사토시 우익단체 대표. '납치·핵 배상 한국이 지불하라', '책임지지 않는다면 한국은 입 다물어라'라는 내용이다.

사토 사토시　왜냐하면 한국은 한반도에서 유일하게 정당한 합법 정부라고 주장하고 있잖아요. 그 말은 결국 북한은 범죄 조직이라는 얘기죠. 멋대로 범죄를 저지르고 있잖아요. 한국 헌법에 따르면요, 그 말은 북한이 하고 있는 짓은, 외국에 피해를 준 것에 대해 책임이 있는 것은 한국 정부예요.

인터뷰는 아베 총리에 대한 평가로 이어졌다. 사토 대표는 아베를 비판적으로 지지한다면서, 그 이유는 북한에 대한 강경한 자세를 보이기 때문이라고 털어놓았다.

"북한에 대해서 가장 강경한 자세를 취할 수 있는 정치가로서 아베 총리를 지지하고 있습니다. 아베 총리가 훌륭하다고는 생각하지 않지만 다른 정치가, 예를 들면 야당이 있는데, 그런 분들은 마음에 들지 않기 때문에 상황적으로 선택하라면 아베 총리밖에 없기 때문에 지지하고 있습니다."

기자　일본 사람들은 왜 아베 총리를 지지할까요? 주변 사람들 얘기를 들어보면 어떻습니까?

사토 사토시　기본적으로 저와 같은 이유라고 생각해요. 사람들은 지금까지 일본이 침략당하거나 국민이 납치당하거나 한 것에 대해서 불만이 있는데요, 그런 불만을 표현해주는 정치가로서는 아베 총리가 가장 듬직하다고 생각하는 것 같아요. 반대로 말하면 야당이나 기존 정치가는 외국에 대해서 너무 무르지 않았나 하고 국민들이 불만을 가졌을 거예요. 그 반동으로 외국에서 가장 많이 비판당하는 아베 총리를 지지하게 된 게 아닐까요?

사토 씨는 인터뷰를 마치고 취재진과 헤어지기 전, 한국 정부에 경고하는 차원에서 도쿄 한국 대사관에서 지속적으로 집회를 열겠다고 강조했다.

"아시아의 자유를 지키는 모임입니다. 이들 단체가 매달 총리관저 앞이랑 도쿄 한국 대사관 앞에서 시위를 하는데, 이번 달은 17일에 만납니다. 항상 같이 가기 때문에 그때 이 플래카드를 꺼내서 외쳐보려고 생각합니다."

일본이 달라졌다

주일 한국인 교수가 본 일본 사회 분위기

———

일본 우익들의 이런 과격하고 극단적인 혐한 주장이 과연 일반 시민들에게까지 영향을 주고 있는 것일까? 아니면 그들끼리만 떠들고 외치는 찻잔 속의 태풍일까?

필자가 도쿄 특파원으로 근무하던 기간(2010년 7월~2013년 6월)만 해도 우익들의 이런 주장은 일본의 일반인들에게까지 영향을 미치지 못하는 분위기였다. 당시에는 K-POP 한류 붐으로 카라, 소녀시대 등 아이돌 그룹이 수시로 일본에 건너가 대규모 콘서트를 열었고, 그때마다 일본 팬들은 티켓을 구하지 못해 발을 동동 구르는 상황이었다. 한국 문화에 대한 관심이 그 어느 때보다 높아서 공영방송인 NHK를 비롯해 민영방송에서도 한국의 인기 드라마를 소개하고, 한국을 여행하는 프로그램을 수시로 방송하고 있었다. 심지어 동네 세탁소에 가도 필자가 한국인임을 밝히면 주인이 자신도 한국 가수의 팬이라며 자연스럽게 대화가 이어지기도 했다. 물론 그때도 일본 우익들이 한국 대사관에 이따금 몰려가 데모를 하기도 했지만, 심각하게 우려할 만한 상황은 아니었던 것으로 기억한다.

하지만 취재팀이 지바현에서 만난 한국인 교수는 일본 사회의 분위기가 예전과 달라지고 있다고 털어놓았다. 일본 중앙대학 법학부 이헌모 교수는 1980년대 후반 일본으로 유학을 떠난 후 지금까지 계속 일본에서 살고 있다. 정치학을 전공한 이 교수는 최근 들어 가장 우려스러운 것이 SNS 등에서 갈수록 확산되고 있는 '혐한 정서'라고 지적했다.

이헌모 교수 인터넷 같은 것을 보시면 아시겠지만, 한국에 대해서 극렬하게 반대하는 정서가 인터넷 문화와 접속되면서 일본 사회에 확산이 되고 있거든요. 한국 관련 기사만 나오면 '악플'이 쫙 달려요. 지난번에 초계기 레이더 사건 같은 경우 처음 터졌을 때 '한국하고 단교해라' 이런 식의 악플에 '좋아요'가 3만 개가 넘더라고요. 그걸 보니까 저도 여기 살면서 쇼킹하더라고요. 그래서 한국 관련 기사는 댓글을 안 봐요. 보게 되면 정신건강에 좋지 않아서… 여하튼 반한 감정이 과거에 비해 표면적으로 두드러지게 나타나고 있다고 봅니다.

이 같은 일본의 정서 변화 배경에는 한국의 최근 급속한 경제 성장과 정치 민주화가 영향을 주었다고 이헌모 교수는 분석했다. 일본인들이 과거에 말로는 한국을 파트너라고 했지만 실제로는 자기네들보다 '한 수 아래'로 보았는데, 최근 일본과 어깨를 나란히 할 정도가 되자 한국에 대한 경계와 견제가 본격화되는 것이라는 해석이다. 또 일본의

이헌모 교수는 30년 동안 일본에 체류하면서 연구해 온 일본 정치에 관한 책을 최근 펴냈다. 이헌모 교수가 들고 있는 책 《도쿄 30년, 일본 정치를 꿰뚫다》에서는 재일 한국인의 눈높이로 일본 정치의 변화를 살펴보고, 특히 아베 총리 등 우익 세력의 최근 움직임을 특유의 통찰력으로 분석하고 있다.

젊은 세대들의 경우 태평양전쟁과 같은 과거 일본의 침략전쟁을 경험하지도 못했고, 또 학교에서도 이를 제대로 배우지 못한 것도 혐한 정서 확산의 요인이 될 수 있다고 이 교수는 강조했다.

"일본 사회도 세대교체가 이뤄졌습니다. 한국과 우호 관계가 중요하다고 말하는 의원들은 역시 전쟁세대가 많았거든요. 과거에 실제로 전쟁을 겪었거나 어렸을 때 간접적으로 체험한 사람들은 전쟁이라든가 식민지 지배에 대해서 표현을 안 할지 모르지만 마음의 빚을 느꼈거든요. 대체로 이들은 한국과의 우호 관계를 중시했던 것 같아요. 그런데 이런 분들이 나이가 들어서 대부분 고령으로 은퇴하고 그 다음 세대가 이제 주류가 되었는데, 그런 분들은 마음의 빚이라든가 이런 것을 못 느끼고, 이제 한국에 대해 '드라이'한 감정을 드러내는 것이죠."

이처럼 미묘하게 달라지는 일본열도의 분위기 속에서 이제 우익세력들은 일본 사회 밑바닥 민심을 장악하기 위해 노력 중이라고 했다. 아베 정권이 목표로 삼고 있는 일본의 평화헌법 개정을 위해서다.

"아베 정권을 지지하는 세력 가운데 '일본회의'라는 게 있어요. 완전히 우익단체들입니다. 우익단체들이 전부 아베 정권을 지지하고 있거든요. 그리고 또 일본회의라는 이 조직이 중앙 조직뿐만 아니라 각 지방까지 지역에 점조직으로 다 돼 있습니다. 이 사람들은 개헌하는 것을 홍보하고 다니고, 그리고 또 아베 정권에서 지금 정책적으로 아름다운 일본을 되찾는다고 해서 교육 개정, 교육 기본법을 개정한다든가 여러 가지 안보법을 개정하자는 움직임이 있었지 않습니까? 그런 것들을 전부 홍보하는 활동들을 하면서 세력을 규합하고 있거든요. 그건 뭐냐 하면 중앙, 국정에서는 아베 정권 자민당, 아베 정권이 여기서 이제 리드를 하지만 역시 가장 중요한 건 국민투표에서 과반수 이상을 받아야지 개헌이 되는 게 아니겠습니까? 그러니까 역시 국민 여론을 형성해야 되니까 양동 작전으로 나가는 것이죠. 그러니까 역시 국민 여론이라든가 이런 걸 형성하는 일본회의라는 우익조직이 굉장히 중심이 되어서 전국적인 여론 형성, 확산의 역할을 한다고 생각합니다."

왜, 아베인가

투표 현장에서 본 일본의 민심

———

과연 우익단체들의 말처럼 실제 아베 정권이 일본 국민들 사이에서 지지를 받고 있을까? 2019년 4월에 열린 일본 전국 지방선거는 밑바닥 표심을 살펴볼 수 있는 좋은 계기였다. 특히 도쿄와 인접한 가나가와현은 수도권 표심을 대표하는 가장 중요한 격전지였다. 취재팀은 지방선거 투표일 전날 여야의 막바지 유세 경쟁이 펼쳐진 가나가와현의 현청 소재지 요코하마로 향했다.

가나가와현 요코하마시 간나이역 앞. 역 바깥으로 쏟아져 나오는 인파 속에서 한 중년 남성이 따가운 햇볕 아래 열변을 토하고 있었다. 바로 '자민당 추천'을 받아 가나가와현 지사 선거에 출마한 구로이와 유지(黑岩 祐治) 후보였다. 일본은 지방자치단체 선거의 경우 후보들이 정당 후보가 아니라 무소속으로 출마하며, 대신 특정 정당의 추천을 받는다. 구로이와 후보는 60대 중반의 남성으로 보수우파 성향의 민영방송사인 '후지텔레비전(FNN)'의 앵커 출신이다. 이미 2번이나 지사를 지냈으며, 이번이 3선 도전이었다.

구로이와 유지(후보)   하네다 공항 건너편 강가 가와사키의 도노마치 지구, 여기는 헬스케어 신산업이 세계에서 모여들고 있습니다. 이런 헬스케어 산업, 세계보다 앞서가는 헬스케어 산업 발전을 위해 이렇게 3번째 출마했습니다.

자민당 추천을 받아 사실상 여당 후보로 볼 수 있는 구로이와 후보. 그의 연설을 30여 분 동안 들어보았다. 대부분 지역 개발을 위해 열심히 뛰겠다는 내용이었다. 100세 시대를 맞아 지역사회에 건강장수 프로그램을 추진하고 헬스케어 산업 발전을 위해 노력하겠다는 공약도 있었다. 특이한 점은 자민당의 추천을 받았음에도 불구하고 여러 가지 우경화 정책에 대해서는 한마디도 언급을 하지 않았다는 것이다.

현직 지사로서 이미 인지도가 높았기 때문일까? 유세 현장에는 수십 명의 유권자들이 그를 둘러싸고 순번을 기다려가며 기념사진을 촬영하는 것이 인상적이었다. 취재진은 기념사진을 찍은 한 유권자에게 그를 지지하는 이유를 물어보았다.

신강문 기자   내일이 선거일인데, 투표하실 겁니까?
요코하마 시민   네, 해야죠.
기자   구로이와 후보에게서 어떤 것을 기대하십니까?
요코하마 시민   가나가와현은 요코하마를 중심으로는 번화하지만, 다른 지역은 아직 낙후된 곳이 많기 때문에 그런 지역을 활성화시키기 위해 힘을 써주면 좋겠습니다.

지역 개발을 중요시하는 듯한 유권자였다. 구로이와 후보가 자민당 추천인 것을 알고 있었으며, 특히 자민당에 대한 지지 의사를 숨기지 않았다.

기자　자민당을 왜 지지하십니까?

요코하마 시민　지금 상황에서 개헌, 경제, 외교 분야에서는 자민당이 힘이 있을 거라고 생각합니다.

기자　아베 총리가 있어서 그렇습니까?

요코하마 시민　아베 씨도 좋아합니다.

여당 추천 후보에 맞선 야당 추천 후보의 선거 유세도 필사적이었다. 야당인 일본공산당이 추천한 기시 마키코(岸 牧子) 후보는 시장을 돌면서 상인들과 일일이 악수를 하고 있었다. 기시 마키코 후보는 60대 초반의 여성이었다. 미술교사를 하다 시민사회운동을 시작했으며, 이번 현지사 선거에는 아베 정권 반대 공약을 내세우고 있었다.

기시 마키코(일본공산당 추천 후보)　아베 정권의 말을 추종하는 가나가와현의 현 지사를 이제 끝냅시다. 가나가와현은 아베 정권의 하인이 아닙니다. 저와 함께 여러분이 주인공인 현이 되도록 다시 태어납시다.

기시 후보는 연설 곳곳에서 아베 정권이 일본의 평화헌법을 개정하

일본공산당이 추천한 기시 마키코 후보가 요코하마 시내 상점가를 돌면서
유세를 펼치고 있다. 기시 후보의 선거 구호를 보면 '소비세(한국의 부가
가치세에 해당) 10% 인상 중지', '카지노 유치보다는 급식 확충' 등의 공약
을 내세웠다.

려 한다며 이를 저지하겠다는 뜻을 강조했다.

"지금 정권이 헌법 9조를 바꾸려고 하고 있잖아요. 그건 정말로 바라
지 않는 일입니다. 한국 분들에게도 그렇고, 아시아 사람들에게 있
어서도 그래요. 그래서 저는 일본 헌법 9조를 지키는 나라가 되길 바
라고, 현지사가 되면 그것을 중단시키고 싶어서 출마했습니다."

취재팀은 유세 현장에서 기시 후보를 지지한다는 유권자를 만났다.
70대 초반의 남성이었다. 그는 4월 지방선거에 이어 7월에는 참의원
선거가 있다면서 아베 정권의 독주와 우경화 정책을 막기 위해 지지자
들도 사활을 걸겠다는 각오였다. 그는 결의에 찬 단호한 표정으로 인
터뷰에 응했다.

가나가와현 유권자　일본은 70여 년 전 아시아 사람들에게 희생을 강요했습니다. 이를 반성합니다. 일본은 실패했어요. 아베 정권은 반성도 하지 않고 다시 그런 일본을 만들려는 속셈으로 헌법을 개정하려고 해요. 이건 절대 용서할 수 없습니다.

아베 정권을 중간 평가하는 지방선거, 특히 주목을 받은 곳은 수도권인 가나가와현과 홋카이도 지사 선거, 결과는 어땠을까?

가나가와현 지사 선거는 자민당 등이 추천한 구로이와 후보가 전체 투표수의 76.3%를 득표했다. 아베 정권의 우경화 정책에 대립각을 세운 일본공산당 추천 기시 후보는 23.7% 득표에 그쳤다.

진보 성향이 강해 그동안 야당의 텃밭으로 분류됐던 홋카이도 지사

2019년 4월 전국 지방선거 중
가나가와현과 홋카이도 지사 선거 결과

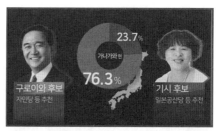

선거 결과도 비슷했다. 집권 자민당 추천 스즈키 나오미치 후보가 득표율 62.7%로 당선됐고, 야당 추천인 이시카와 도모히로 후보는 득표율 37.3%를 기록해 낙선했다. 야당 측의 기대에 못 미치는 득표율이었다.

이처럼 2019년 4월 전국 지방선거에서는 전체적으로 볼 때 집권 자민당이 승리를 거두었다는 것이 일본 언론의 평가이다. 2019년 참의원 선거에서도 정부 여당인 자민당과 공명당이 과반을 획득해 일본 유권자들의 표심은 여전히 아베 정권을 지지하는 것으로 나타났다.

문 대통령, 일본 시민 만나라
한 일본 기자의 제언

———

　이 같은 일본열도의 미묘한 민심 변화에 한국은 어떻게 대응해야 할까? 취재진은 이 궁금증을 풀기 위해 일본 정치와 한일 관계에 정통한 지한파 인사를 찾아보았다. 일본 시민사회의 밑바닥 정서를 잘 알고 있는 지한파 인사인 일본 마이니치신문의 오누키 도모코(大貫 智子) 기자가 떠올랐다. 오누키 기자는 진보 성향인 일본 마이니치신문에서 일하고 있다. 이전에 정치부 기자로 일할 때 아베 총리를 밀착 취재했으며, 특히 최근 5년(2013년~2018년) 동안 서울 특파원으로 맹활약했다. 2018년 일본으로 복귀해 현재는 논설위원으로 재직 중이다. 일본의 젊은 지한파 인사 가운데 한 명이다.

　2019년 4월, 도쿄 시내에서 취재진을 만난 오누키 논설위원은 최근 일본 사회의 분위기가 점점 달라지고 있음을 부인하지 않았다. 20대 젊은이들, 특히 남성들 사이에서 혐한 분위기가 확산되고 있어서 우려스럽다고 말했다. 특히 한국과 일본의 현안이 되고 있는 징용자 배상 판결에 대한 일본 사회의 분위기를 이렇게 말했다.

"그 판결 자체에 지금 일본 국민들이 분노하고 있다기보다는 문제인 정부가 지금 이 문제를 마치 방치하는 듯한 그런 느낌이 들면서 아무런 대책 없는 그런 모습을 좀 이해할 수가 없다고 생각하고 있는 것 같습니다. 처음에 판결이 나오고 난 직후에는 한국 정부도 나름 노력을 했던 것 같은데, 지금은 아무 대책도 없이 그냥 이 문제를 그대로 방치하고 있는 것 같은 그런 느낌이 들어서 그게 좀 아쉽습니다. 물론 한국 정부의 논리는 이 건은 민사소송이기 때문에 개인 간에 해결할 문제라고 보는 것 같습니다. 하지만 그럼에도 불구하고 지금 한일 관계가 이렇게까지 심각한 상황인데요, 이것은 1965년 체제와 상관없이 정부 사이에서 뭔가 좀 개선을 위한 노력을 해야 되지 않을까 생각합니다.

처음에는 대법원 판결 직후 이낙연 총리 밑에서 실무적으로 회의도 하고 그랬었어요. 그래서 일본 국민들과 기자들도 '이제야 한국 정부도 수습에 나서기 시작했구나' 이렇게 기대를 했는데. 그런데 이제 5개월 지났는데도 아무런 대책도 안 나왔고. 오히려 한국 정부는 '이것은 우리가 관여할 일이 아니다'라는 식으로 말씀을 하시니까 왜 이렇게까지 다들 문제 제기를 하고 심각하다 심각하다 하는데도 우리가 관여할 일이 아니라고 하는지, 그것이 이해가 안 간다는 겁니다."

오누키 논설위원은 또한 일본 사회 분위기가 이처럼 미묘하게 달라지고 있는데도 한국에서는 이를 잘 느끼지 못하고 있는 것 같다

오누키 도모코 마이니치신문 논설위원. 최근 5년 동안 서울 특파원으로 근무한 '지한파' 언론인이다. 한국어가 능통한 그녀는 1시간 여 동안 이어진 인터뷰 내내 유창한 한국어로 양국 관계 개선의 필요성을 역설했다.

고 지적했다. 구체적으로 말하면, 한국 매체들은 최근까지도 일본의 K-POP 한류 열풍 등을 중점적으로 소개하고 있지만, 실제로 이는 젊은 여성들을 중심으로 한 매니아 층에 국한된 것일 뿐이라는 지적이다. 실제로는 한일 관계의 여러 가지 현안들이 장기화되면서 분위기가 이전과 비교하면 조금씩 달라지고 있다는 말이었다.

"한국 정부가 지금은 한일 관계를 좀 방치하고 있는 건 아닌가 하고 제가 말씀을 드렸는데, 그 이유는 지금 일본에서는 3차 한류 붐이 한창이라고 말씀드리지 않았습니까. 그러다 보니까 요새는 한국에 여행가는 여성들도 다시 많아지기 시작했고. 그래서 그런지, 아이러니 하게도 이 3차 한류 붐 때문에 경제적인 측면에서 한국 정부가 위기감을 느끼지 못하는 것 같아요. 그런데 이 3차 한류 붐을 이끄는 세대는 젊은 여성들이다 보니, 대부분이 정치에 관심도 없어요. 그래서 한국 정부의 입장을 이해해 줘서, 그래서 다시 한국에 가는 게 아니라 그냥 정치에 아무 관심이 없기 때문에 그런 것이라는 말이죠. 따라서 한국에서도 '한일 관계가 위기가 아니다' 이렇게 생각하지 말 았으면 좋겠어요."

오누키 논설위원은 문재인 대통령에게도 부탁의 말씀을 드리겠다며 입을 열었다.

"이번 6월에 일본에서 열리는 G20 회의 때 문재인 대통령께서 오사 카에 오시지 않겠습니까? 그때 대통령께서 일반 일본 국민들과 조 금 접촉을 해줬으면 합니다. 왜냐면 문재인 대통령께서 항상 해외에 나가실 때 아침 식당에 가셔서 일반 국민들과 대화도 하시고 그러지 않았습니까? 그런 모습을 일본에서도 좀 보여줬으면 합니다. 뭐라고 할까, 자기 사람들끼리 만나는 게 아니라 한 발 더 나가서 일반 시민 들 앞에서, 물론 뭐 편하게 말씀 나누시기는 쉽지 않겠지만, 한번 이 렇게 일반 시민들과 대화하시는 게 어떻겠습니까?"

2019년 4월의 오누키 논설위원의 제언은 2019년 6월 28일~29일에 열린 오사카 G20회의에서 실현되지 않았다. 당시 문 대통령의 빡빡한 방일 일정을 감안하면 아침 식당에 가서 일반인들과 식사를 하는 것은 애초부터 불가능했을지도 모른다. 하지만 G20 회의가 끝나고 불과 이 틀 뒤인 7월 1일, 일본 경제산업성은 한국에 대한 3개 소재 품목 수출 규제를 발표했다. 게다가 일본은 한국을 화이트리스트 국가에서 제외 하는 등 추가 공세에도 박차를 가하고 있다. 이런 갈등 상황에서 역설적으로 생각한다면, 다음 방일 때라도 문 대통령이 오누키 논설위원의 제언을 한번 고려해 보는 게 어떨까 하는 생각이 든다.

하지만 좀 더 생각해 보면 한일 관계 개선을 문 대통령에게만 요구하는 것이 과연 옳은가라는 의문도 들었다. 어쩌면 오누키 위원 역시 한일 갈등의 해법을 일본인의 시각으로 보는 것 아닌가라는 씁쓸함도 남았다. 문대통령이 일본 서민들을 만나 아침식사를 하는 것보다 더 중요한 것은 문 대통령을 맞이하는 아베 총리의 태도가 먼저 바뀌어야 하지 않을까? 한국을 진정으로 이해하고 미래 동반자 관계를 구축하고 싶다면 자국을 찾은 이웃나라 국빈에게 좀 더 따뜻하게 대할 수는 없었을까? 남을 탓하기에 앞서 먼저 일본 스스로가 바뀐 모습을 보여야 한다. 언론인이 보고 싶은 것만 보고, 듣고 싶은 것만 듣는다면 양국 갈등은 영원히 해결될 수 없기 때문이다.

한일, 파국은 막아야

다나카 이사장의 충고

일본의 지한파 가운데 또 다른 인물은 외교계 거물인 다나카 히토시 (田中 均)씨이다. 다나카 씨는 2002년 고이즈미 총리 시절 북일 정상회담을 이끌었던 인물로 일본에서 잘 알려져 있다. 다나카 씨는 일본 외무성에서 1987년 동북아과 과장을 맡은 이후 30년 동안 한국과 북한 등 한반도 관련 업무를 도맡아왔다. 현재는 외무성에서 퇴직해 일본종합연구소 국제전략연구소 이사장으로 재직 중이다.

취재팀은 도쿄 미나토구 아카사카에 있는 그의 집무실을 방문했다. 집무실에는 과거 그가 관여했던 굵직굵직한 역사적 사건들을 담은 사진들이 즐비했다. 고 김대중 대통령의 일본 방문 사진을 비롯한 많은 역사적 사진 가운데 2002년 9월 고이즈미 준이치로 일본 총리가 김정일 북한 국방위원장을 평양에서 만나 정상회담을 가졌을 당시 촬영한 사진이 가장 인상적이었다. 고이즈미 총리는 이때 김정일 국방위원장과 함께 일제의 식민지배 청산과 양국간 국교 정상화 추진을 골자로 하는 평양선언을 발표한 바 있다. 다만 그 이후에 북한의 일본인 납북자 송환 등의 문제가 해결되지 못하면서 양국 관계는 급속히 냉각됐다.

한일 현안에 대한 인터뷰를 시작하자마자 다나카 이사장은 양국 우호 관계가 동아시아에서 왜 중요한지, 격정적으로 그리고 거침없이 설명하기 시작했다.

"제가 한반도 담당 과장이 된 게 1987년입니다. 그 전에 KAL기 폭파 사건이 있었지요, 1987년의 KAL기 폭파 사건. 1988년 1월에 저는 김현희를 만났어요. 그 후 저희는 테러 대책을 한국과 함께하기로 했지요. 88올림픽의 안전을 위해서 행동을 취했어요. 그때부터 저는 줄곧 직간접적으로 한일 관계를 보아 왔는데요, 왜 지금 이렇게 됐을까? 저는 각각의 상대에 대한 진정한 의미의 한일 관계의 중요성을 이해 못하는 게 아닐까 하고 생각해요. 국민도, 정치인도 말이죠. 눈앞의 일에만 너무 급급해서 한일 관계가 대체 어떤 의미를 갖는지에 대한 인식이 없는 게 아닌가 하는 느낌이 들어요."

다나카 이사장은 한일 양국 우호 관계의 중요성이 가장 필요한 이유는 바로 동북아 자유민주주의 국가들의 안전보장을 위해서는 양국 간 협력이 그 무엇보다 중요하기 때문이라고 힘주어 말했다.

"한국은 민주주의 국가예요. 기본적으로 민주주의적 가치, 예를 들어 인권이라든가, 표현의 자유라든가, 그런 민주주의적인 자유를 기반으로 해서 통치되고 있고, 그걸 지키고 싶은 거예요. 우리 일본도 그렇습니다. 중국과 같은 통치 형태를 강요당할 수는 없다, 북한 같은 통치 형태를 강요당할 수는 없다는 것이 기본입니다. 그러면 무엇을 지킬 것인가에 대해서는 한일에 공통되는 점이 있어요."

다나카 이사장은 특히 중국에 대한 한국과 일본의 공동 대응을 반복적으로 거론하며 마치 취재팀을 설득하려는 듯 열변을 토했다.

"예를 들어 중국과의 관계도, 중국이, 사드 문제가 있었을 때 중국이 한국에 대해 무슨 일을 했는지 생각해 보세요. 앞으로 가장 중요한 안전보장상의 과제는 일본과 한국이 협력해서 중국이 이 지역에서 오만하게 패권을 잡을 수 없도록, 미국과도 힘을 모아 저지해 가는 것이 중요합니다. 이런 공통의 이익이 있음에도 불구하고 국민도 정부도 눈앞의 것에만 넋을 놓고 바라보고 있고, 중장기적 이익은 생각하지 않고 있는 게 현재 상황이라고 봐요. 이는 안전보장뿐만 아니라 경제도 그렇고, 국민 교류도 그렇고, 이웃 나라인데 말이죠. 저는 한국에 자유가 없었던 시기도 알고 있는데요, 자유가 없어지면 어떻게 되는가, 그런 거예요. 북한과의 사이에서, 자신들의 기본적인 인권을 지킬 수 있습니까? 중국과의 사이에서 같은 일을 할 수 있습니까? 그런 이야기이고요. 그러니까 중장기적으로 봐서 '진정으로 공통의 가치관을 갖고 중히 여겨야 하는 나라'라고 하면, 제 생각으로는 일본에게는 한국, 한국에게는 일본이에요. 그렇게 생각하기 때문에 단기적인 국제 정세 속에서 관계를 악화시켜도 된다는 의식은 갖지 않는 게 좋다고 봐요."

1980년대 이후 한국과 일본의 외교 관계에 매진해 온 다나카 히토시 이사장의 집무실에는 한일 관계 서적들이 빼곡하게 꽂혀 있었다. 다나카 이사장은 한국과 일본의 우호적 외교 관계가 동아시아의 안정과 평화, 그리고 번영을 떠받치는 기둥이라며 격정적인 모습으로 인터뷰에 응했다.

한국과 일본이 힘을 합쳐서 중국에 공동 대응해야 함을 강조하는 다나카 이사장. 취재진은 그에게 현재 일본 집권 자민당이 선거 등을 의식해 지지층을 결집하기 위해 외교적으로 일본군 위안부 피해자, 강제징용 피해자 등의 문제를 정치적 카드로, 외교적 카드로 부풀리는 게 아닌가 하고 물어보았다.

"양쪽 다 그래요. 한일 쌍방이 다 그렇습니다. 저는 2001년, 2002년에 아시아 국장이었는데, 김대중 대통령 때였죠. 다양한 문제가 있었어요. 예를 들어 어업 문제나 독도 문제, 여러 가지 문제가 7개 항목 정도 있었죠. 그래서 우선 정부가 이야기를 하자, 좌우지간 정부가 합의를 하자고 해서 합의를 했고, 적어도 국민들의, 처음부터 국민들의 눈앞에 다 드러내서 국내 여론을 부채질하는 일은 없었어요. 그러니까 왜 한일이 이렇게 되고 말았는지, 강제징용 피해자 문제도, 위안부 피해자 문제도, 현재의 레이더 조사 문제도 기본적으로는 우방국이라면, 당연한 이야기이지만 정부 당국이 우선, 할 수 있는 일과 할 수 없는 일이 대체 무엇인지, 앉아서 협의를 하는 거예요. 한일기본조약에도 교환공문이 있는데, 모든 일은 외교적으로 협의해서 해결하라고 씌어 있어요. 그런데 국민 여론에 대고 전혀 아무것도 협의하지 않은 채 공개부터 하는 건 어리석은 행동이라고 저는 생각해요."

다나카 이사장의 답변은 막힘이 없었다. 한일 관계가 이대로 가서는 절대 안 된다는 그에게 취재진은 이 같은 한일 관계 악화의 책임이 일본 측에 있는 것이 아니냐는 취지로 물어보았다.

"양국 관계 악화가 '아베 정권 때문이다'라고 하는 건 그다지 공정(fair)하지 않다고 생각하는데요. 일본에는 내셔널리즘이 상당히 대두하고 있어요. 내셔널리즘이 강해지고 있다는 건 사실이에요. 이는 딱히 아베 정권이라서가 아니라, 흔히 이야기되는 건, 일본은 '잃어버린 20년'이라는 시대를 거치면서 경제 침체에 빠졌어요. 그런데 문득 정신을 차리고 보니 중국이 상당히 커졌고 성장률이 높아졌어요. 중국의 태도도 대단히 공격적으로 변했어요. 그걸 보며 일본인들의 마음속에 매우 강한 반중 감정이 생겼어요. 한국에 대해서도 일본 입장에서 보면, 예를 들어 1998년 한일공동선언이나 2002년 월드컵 공동 개최, 저는 그때 외무성 아시아·대양주 국장이었는데요, 무척 좋았어요. 그야말로… 뭐라고 해야 할까, 한류 붐이 일본에 있었고,

김대중 정권하에서 문화개방도 실시되었어요. 그런 무척이나 좋은 시대를 거쳤는데, 무엇 때문인지, 이명박 대통령이 독도에 간 것이 나, 그리고 위안부 합의를 만들어 놓고도 그 합의를 지키지 않겠다고 하는 것 등, 왜 한국이 점점 저런 행동을 하는 걸까, 그에 대해서 일본에서 자주 이야기되는 게, 한국은 언제나 정권이 바뀌면 골대를 옮긴다는 이야기예요. 그러니까 어떤 의미에서 그런 한국에 대해 일본인들이 느꼈던 '이젠 지긋지긋하다'라는 감정이 반한, 혐한 감정이 되었지요."

그러면서 그는 1965년 한일국교정상화 당시 양국 간의 약속이 지켜져야 한다며, 이것이 반세기 이상 지속되어 온 양국 우호 관계를 무너뜨리지 않도록 하는 주춧돌이라고 강조했다.

"국가 간에 가장 중요한 점은 규범을 지키는 것이에요. 예를 들어 강제징용 피해자 문제처럼, 지금까지는 한국 정부가 일관되게 한일기본조약 안에서 '이미 해결되었다'는 입장을 취해 왔는데, 이에 대해 그런 입장을 지금은 취하지 않고 있는 점이나, 혹은 협의하자고 제의해도 반응을 하지 않는 점이라든가. 그런 국가 간 관계를 만드는 기본적인 규범이라는 게 들어맞지 않는다면, 어떤 정권이라도, 딱히 아베 정권이 아니라고 해도, 오부치 정권이라 해도, 한국에 대해 엄격하게 대하는 건 나는 당연하다고 봐요. 그러니까 서로 마찬가지예요. 한국은 그런 일본이 점점 자기주장이 강해졌다는 말을 하실지도 모르겠지만, 나라와 나라의 관계라는 건 피차일반이니까요. 한국 정부가 '지금 한국 정권은 시민운동을 기반으로 하고 있으니 일본의 감정이 어떻게 되든 개의치 않는다'는 행동을 취한다면, 국가와 국가의 관계는 원만하게 유지되지 않아요. 그리고 일본도 나름대로 민족주의가 이전보다 강해졌어요. 그런 점도 깊이 고려해야만 한다고 봅니다."

인터뷰가 계속되면서 화제는 한·일 간 안보 협력 분야로 옮겨졌다. 그는 한일 안보 협력도 위기를 맞고 있다고 우려감을 드러내며 취재진에게 향후 전망이 어떻게 될 것 같냐면서 오히려 여러 차례 반문하기도 했다.

"군사정보보호협정(GSOMIA)이나, 상호군수지원협정(ACSA) 등 한일의 안보 협력이 자주 논의되고 있어요. 그런데 그게 자꾸 틀어지는 거예요. 일본은 협력하려는 의식이 있는데 한국 측에서 협력을 원치 않는다고 하니까, 오히려 일본의 문제가 아니라 한국의 문제예요. 한국이 안보 협력을 꼭 하고 싶다고 하면, 일본은 기꺼이 할 거예요. 어떠한 의심이나 불신도 없이, 한일이 협력한다는 것이죠. 그런데 한국이 대통령제라서, 대통령이 너무 강한 거 아니에요? 대통령의 의식에 따라 바뀌어 가는 것인지도 모르겠네요. 현 대통령이 일본과의 안전보장 협력을 꼭 하자는 방향으로 갈 거라고 생각하세요? 그러니까 뭐… 나라들마다 제각각 생각이 있을 테니까요. 그야, 싫어하는 상대와는 아무것도 못하죠. 예를 들어 저는 1994년에 1차 핵 위기가 있었을 때, 일본에서 위기관리계획을 담당하고 있었어요.

그 담당이었죠. 그때 무슨 일이 일어날 것인가, 만약 북한이 38선을 넘었을 때 과연 한국은 한미상호방위조약만으로 나라를 지킬 수 있는가? 그렇지 않아요. 그때 우리가 실제로 계획을 세우면서 알게 된 것은, 미국에서 항공기 250기가 일본에 온다는 거예요. 일본에 계류했다가 그 후 전투 작전 공격에 나간다는 거죠. 일본이 보급기지로서 존재하지 않으면 전쟁을 할 수 없는 거예요. 그러니까, 한미상호방위조약이라는 건, 한일, 미일의 안전보장조약이 있기에 비로소 역할을 완수할 수 있는 것이고, 그런 걸 생각하지 않고 단순히 일본과 사이에 마찰이 있으니까 안전보장 협력은 안 해도 된다고, 그렇게 말하는 거라면 저는 큰 그림을 못 보고 있는 거라고 생각해요.”

한국 역대 대통령의 대일 정책을 평가해 달라는 취재진의 질문에 다나카 이사장의 목소리가 달라졌다. 바로 김대중 대통령을 거론하면서부터이다. 그는 사무실 한 켠에 있는 많은 사진들 가운데 자신이 김대중 대통령과 함께 찍은 사진을 가리키며 말을 이어갔다.

“김대중 전 대통령은 훌륭한 분이었어요. 저는… 저기 사진도 있지만, 굉장히 친근했고, 한일 관계가 중요하다고, 근데 실은 그분도 일본과의 관계에서 상당히 괴로운 경험을 했어요. 그래도 한일 관계가 중요하다는 베이스를 만들었어요, 그게 1998년의 ‘김대중·오부치 공동선언’이지요. 그러니까 뭐라고 해야 하나, 한국의 정권이 5년마다 보수에서 진보로, 진보에서 보수로 바뀌어도 국가와의 관계 속에 원래 바뀌지 않는 공통 이익이라는 베이스는 남을 터인데, 최근에는 그렇지가 않아요. 그러니까 반일 감정을 국내 정치를 위해 사용하는 측면이 있으니까요. 물론, 일본도 반한 감정이 베이스가 되기도 하죠. 저는 양국 국민들은 그다지 반일, 반한이 아니라고 봐요. 해마다 이렇게 많은 사람들이 오고가는데, 방일 관광객의 25%(2018년 기준 약 700만 명)가 한국인이에요. 일본에서 한국으로 가는 여행객들도 상당히 많고요. 그러니까, 제가 옛날에 외무성에 있었을 때, 재외공관에, 외국에 근무했을 때 가장 친해진 게 한국이에요. 늘 함께 어울렸어요. 그러니까 본래 국민들의 의식은 그다지 나쁘지 않지만, 한국도 이미 세대가 바뀌어 가고 있으니까, 언제까지나 과거에 머물러 있을 수는 없다는 의식이 젊은 사람들 사이에서 퍼져 가고 있어요. 특히 제가 도쿄대에서 가르쳤을 때 학생들은 다들 그랬어요. 하지만 정부가 별생각 없이 반일 감정을 국내 정치에 사용한다는 의식이 너무 강한 거 아닌가요?"

그는 취재진과의 인터뷰 마지막에 언론인들에게 당부의 말을 하겠다면서 무겁게 입을 열었다.

"그러니까 모두가 당당하게 할 말을 해야 한다는 거예요. '일본에서는 한국을 옹호하는 말은 못한다, 거꾸로 한국에서는 일본을 옹호하는 말은 못한다'는 것이 현실이라면 그건 슬픈 일이에요. 원점으로 다시 돌아가서, 무엇이 중요한지, 일본과 한국이 논의해야 하고, 정치인들이 논의해야 하고, 지식인, 사회에 참여하는 지식인이 논의해야 합니다. '공연히 쓸데없는 말을 하면 그로 인해 화를 자초한다'

는 분위기가 점점 확산되고 있어요. 예를 들어 한국에서 '한일 관계가 중요하다'는 말을 하면 그 사람은 그 자리에 있을 수 없게 되잖아요? 그건 이상합니다. 그러니까 한국이 좀 더 권위주의적인 것 같아요. 그런데 이건 언론 때문이기도 해요. 언론이라는 건… 양국 모두의 문제인데요, 좀처럼 제대로 된 의견을 말할 수 없게 되었어요. 포퓰리스틱(populistic)한, 대중 인기에 영합하는 분위기가 된 것이 안타까울 뿐입니다."

하지만 취재팀은 다나카 씨의 당부를 쉽게 받아들일 수 없었다. 다나카 씨는 한일 갈등의 1차적 책임을 한국 정부와 한국 언론에서 찾는 듯한 태도를 보였기 때문이다. 아베 정부와 일본 우익들이 역사를 왜곡하고 과거사를 반성하지 않는 것이 한일 갈등의 1차적 원인이라는 것을 다나카 씨는 정말 모르고 있는 걸까? 어쩌면 다나카 씨 역시 한일 갈등의 책임을 한국에 돌리며 결과적으로 일본 우익들의 주장에 동조하고 있는 것은 아닐까라는 의구심까지 들었다.

징용피해 보상, 우리 정부가 나서야
손놓고 있는 한일 양국 정부

———

현재 한일 양국이 가장 첨예하게 대립하고 있는 사안은 징용자 배상 문제이다. 2018년 10월과 11월, 한국 대법원이 각각 신일철주금(新日鐵住金)과 미쓰비시중공업에 소송을 낸 징용자들의 손을 들어 준 것이 계기가 되었다. 대법원은 이 일본 기업들이 1인당 약 1억 원 안팎의 배상금을 징용 피해자들에게 지급하라고 판결을 내렸는데, 해당 일본 기업은 물론 일본 정부까지 나서서 배상을 하지 못하겠다며 반발하고 있는 것이다. 대법원 판결 이후 승소한 징용 피해자들은 어떤 상황일까? 취재팀은 미쓰비시중공업을 상대로 승소한 양금덕 할머니를 찾아갔다.

양금덕 할머니는 광주광역시에 살고 있었다. 양 할머니는 올해 90살(1930년생)로, 10대 중반에 일본의 한 군수공장에서 강제 노동에 시달렸다고 한다. 할머니는 1944년 5월, 당시 전남 나주의 한 소학교 6학년에 재학 중 일제의 강제 노무 동원의 하나인 '여성근로정신대'에 동원되었다. 근로정신대는 일제가 태평양전쟁 말기 수세에 몰리자 여성들의 노동력을 주로 군수공장에 동원하기 위해 만든 것이다. 양 할머니는 근로정신대로 동원됐던 75년 전 그날을 생생하게 기억하고 있었다.

"전라남도 목포, 나주, 광주, 순천, 여수 5개 도시에서 138명이 동원되었어. 내가 나주 출신이었는데, 다 (소학교) 졸업생인데 우리 나주에서만 1년 선배 7명, 2년 선배 7명, 이렇게 14명을 해놓고, 인원이 부족하니까 6학년 우리 교실로 와서 공부 좀 잘하는 10명 뽑아서 24명이 동원되어서 왔어. 그러니까 목포, 나주, 광주, 순천, 여수 5개 도시에서 138명이, 지금 숫자도 안 잊어버려요, 지금까지."

양 할머니가 일본에 도착해서 투입된 곳은 나고야의 미쓰비시 비행기 공장이었다고 한다.

"완성된 비행기에 페인트를 칠하는 것인데, 지금도 어깨를 이렇게 못 써요. 그때 어려서 키가 작아서 높은 대 위에 올라가서 페인트를 칠하는데, 이제 스위치만 누르면 페인트가 나오게, 완성된 비행기에 그놈을 다 칠해. 국방색 색깔을. 아이고, 징해. 그놈 완성된 비행기를 다 페인트를 칠하는데, 국방색으로 안 보이게 하려고. 아이고. 그 지랄하고. 막 시키는 대로. 안 하면 두드려 맞으니까."

양 할머니는 아직도 그때 고생했던 일이 눈에 선한 듯 간간히 눈물을 보이며 당시를 회상했다.

"그 페인트 냄새 때문에 지금도 코로 냄새를 못 맡아요, 하도 냄새를 맡아서. 신나 냄새가 나는데, 지금도 나는 것 같아. 눈도 신나 때문에 따갑고. 지금도 눈에 검은 자위가 변해서 잘 안 보여요. 징한 놈의 세상을 살았어. 그래도 아프다는 소리를 못해요. 그러면 발로 차고 때리니까, 힘들다고 무슨 말이라도 하면 밥도 안 주고…."

양 할머니는 당시 근로정신대로 일하면서도 월급을 제대로 받지 못했다고 강조했다.

"월급은 저금해놓고 있다고 했지. 집에 돌아가면 주소가 있으니까 보내준다고 했는데, 저금해 놓으면 다 찾아서 보내준다고 했는데, 벌써 칠십 몇 년이 지났어. 일본 자기네들 말인데, 저금을 하는지 뭣을 하는지 어떻게 알겠소? 자기네들 말로는 주소가 있으니까 집으로 보내준다는 것이 벌써 칠십 몇 년이 되었어. 그게 말이 돼?"

양 할머니는 우여곡절 끝에 대법원 승소 판결을 받았다. 배상금액은 1억 2천만 원이었다. 이후 곧 배상금을 받을 것으로 기대했지만, 반년이 지나도록 미쓰비시가 배상을 거부하면서 실제 배상을 언제 받을지 아직 모르는 상황이다.

"오늘이나 내일이나 있을까 학수고대하고 있지만, 아직 무소식이네. 그러니까 나 죽기 전에 뭔 소식이 있으면 좋겠지만, 그게 마음대로 돼요?"

양금덕 할머니는 광주광역시의 한 낡은 주택 단칸방에 살고 있었다. 아흔 살의 나이에도 불구하고 1944년 당시 근로정신대로 강제동원되어 나고야 비행기 공장에서 일했던 상황을 상세하게 취재팀에게 설명했다.

양 할머니는 현재 지자체 등에서 나오는 생활 보조금과 기초연금 등으로 겨우 생계를 유지하고 있었다. 다 쓰러져가는 슬레이트 주택 단칸방에서 살고 있는 양 할머니는 한눈에 봐도 형편이 매우 어려운 상황이었다. 배상 판결에도 불구하고 미쓰비시 측이 한 푼도 배상을 못 하겠다고 버티는 상황에 오히려 더 절망하는 심정이었다.

"우리 대한민국에서 서둘러서 우리 죽기 전에, 이제 몇 사람 남지도 않았어요 지금 다 죽고… 지금 나는 건강해서 이렇게 살고 있지, 다 치매 걸려서 그러는데… 산 사람 어떻게 보조라도 해주면 좋겠어요. 그 이상 뭘 바랄 것도 없어. 우리 대한민국이 곤란하다고 그러면 모르는데, 이만큼 부강한 나라가 되었으니까. 우리들을 도와주고도 남을 형편이 되니까 좀 보조 좀 해주면 쓰겠어. 제발. 우리 고생한 일을 생각하면…. 자기네 자식들이 그랬다고 그러면 발 벗고 덤빌 것이요, 모두. 자기네들은. 다 남의 일이라 안 서두르고 이러고 있지."

취재팀은 또 다른 징용 승소자를 찾아갔다. 경기도 평택에 사는 70대 박재훈 씨는 징용 피해자 박창환 씨의 장남이다. 오랫동안 이어진 소송 과정에서 사망한 부친을 대신해 대법원에서 최종 승소 판결을 받았다. 박 씨의 부친인 박창환 씨는 1923년생으로, 일제강점기에 히로시마에서 징용자로 일했다.

박재훈 씨는 승소 판결문을 들고 일본 도쿄에 찾아갔다. 하지만 일본 측의 사과와 배상은커녕 관계자를 만나지도 못한 채 문전박대당했다고 한다.

"이번에 우리들은 일본 기업 측 사람들을 직접 못 만났으니까, 한국 변호사나 그 사람들은 면담을 못 했어요. 미쓰비시에 가서도. 그리고 일본 변호사 두 분만 자기네 나라여서 그런가 그 사람들만 들어갔다 나왔죠. 그러니까 그 사람들한테 가서 뭔 얘기를 한 건지도 모르고. 두 사람만 가서 면담하고 나왔으니까요. 아무 성과도 없이 일본에 다녀온 거예요. 한마디로. 추운데 돌아다니며 데모만 하고 떨고 돌아다니고. 지금은 참 암담해요. 뭐 재판에 이겼어도. 지금 아베가 더 군다나 더 못하게 저렇게 방해를 놓고 그러니까…."

도리어 일본 기업을 방문했을 때 우익단체들이 몰려와 봉변을 당했다고 한다.

"우리가 신일본제철 앞에 가니까 일본 사람들이 있는데, 차에다 뭐 몽둥이 하나씩 들고서… 우리가 이렇게 걸어가는데, 그 일본 사람

박재훈(왼쪽) 씨는 징용피해자 박창환 씨의 장남이다. 징용 소송이 장기화되는 과정에서 부친이 사망한 이후 대신 그 소송을 이어받았다.

들이 그러더라고. 이쪽으로 선을 넘지 말라고… 그래서 왜 그러냐고 물어보니까 그 사람들한테 잘못하면 맞는다는 거예요. 우익단체들이 방송차 모양처럼 생긴 차량을 몰고 와서, 독도는 뭐 일본 땅이라고 써 붙이고 떠드는데… 쉽게 말해서 한국이 한일수교회담 때 돈을 받아서 이제 먹고살 만하게 됐는데도 또 와서 돈 달라는 식이다, 그런 것을 떠들어대고… 계속 돌아다니면서 길 막지 말라고 소리 꽥꽥 지르고 그러더라고요. 일본말을 모르니까 정확히 무슨 뜻인지는 모르지만, 길 막지 말라고 그러는 거래요. 훼방을 놓고 다니는 거죠, 한마디로 그놈들이."

빈손으로 한국에 돌아온 박 씨 등 승소자들은 한국에 있는 미쓰비시의 자산에 대해 압류를 추진하고 있는 중이다. 미쓰비시의 자산을 일일이 찾아서 이를 압류하는 과정을 거쳐야 하기 때문에 실제로 언제 배상금을 받을지는 알 수 없는 상황이라고 한다.

"변호사 얘기를 들으니까 자산에 대해 압류를 하려고 그러는데, 한국에 미쓰비시중공업 자산도 없고, 뭐 상표권인가 뭔가가 있다고 그러는데요. 바꿔 말하면 진척은 뭐 별로 없는 것 같아요. 말하자면 서로 감정만 상하지 돈도 얼마 되지도 않는 것, 가서 상표권 압류 들어가 봤자… 그래서 좋은 방향으로 합의를 해보려고 좀 기다리고 있는 중이라고 얘기를 해요."

이들 징용 피해자 측은 2019년 8월 현재는 미쓰비시 중공업의 상표 등에 대한 압류 결정을 받았으며, 이를 매각하겠다는 신청을 법원에 제출한 상태이다. 앞으로 법원의 매각 결정을 정식으로 받아서 이를 실제로 공매해 현금화하는 과정을 거쳐야 한다. 이처럼 앞으로도 여러 단계를 거쳐야 하기 때문에 배상금을 실제로 손에 쥐기까지 얼마나 더 시간이 걸릴지 몰라 답답하다고 박재훈 씨는 취재팀에게 심경을 털어놓았다. 이제 지칠 대로 지쳤다는 표정의 박 씨는 우리 정부의 대책 마련이 필요하다고 호소했다.

"일본 사람들이 한일회담 할 때 다 줬다고 하니까. 그러면 그런 걸 따져서 우리나라 정부도 정부가 옛날에 힘이 약해가지고 그 돈을 가져다 우리나라 경제를 일으켰다고 봤을 때는, 한국 정부에서도 우선 이 재판에 이긴 것이고, 앞으로 징용 끌려갔다 온 사람들한테 보상, 선 보상이라도 해주고, 그 후에 일본 정부하고 국가 대 국가로 싸워줬으면 좋겠다는 얘기죠, 내 얘기는."

현재 한국 정부는 징용자 배상 관련 대법원 판결이 민사소송이기 때문에 정부가 직접 개입하기는 어렵다는 입장이다. 실제로 2019년 2월, 외교부의 한 고위 당국자는 강제징용자 대법원 판결과 관련해 "이번 사안은 사인 간의 민사소송이며 관련 사법 절차가 현재 진행 중이다. 한국은 삼권분립국가로서 사법부의 판단과 절차에 행정부가 개입할 수도 없고, 또 개입을 해서도 안 되며, 행정부의 개입이 문제 해결에 어떠한 도움도 되지 않을 것"이라고 말했다. 이 발언은 징용 피해자와 일본 기업들 당사자끼리 해결하라는 원칙을 분명히 밝힌 것이다.

　이와 함께 피해자들의 손해배상 소송을 지원해 주고 있는 '근로정신대 할머니와 함께 하는 시민모임' 이국언 대표는 우리 정부도 문제를 해결하기 위해 적극 나서야 한다고 지적했다.

　"저는 대법원 판결의 의미는 일본 정부나 일본 기업의 지난 시절 불법 행위를 단죄함과 동시에 이 문제가 이렇게 오도록 방치하고 있었던, 손 놓고 있었던 우리 정부에 대한 매서운 질책이자 회초리라고 생각합니다. 이 싸움이 이렇게 올 수 있었던 것은 오로지 피해자들과 유족들의 집념어린 투쟁의 결과라고 생각합니다. 식민지도 아니고 해방된 나라에서 피해자들이 왜 피해 사실을 스스로 증명하고 규명하고 법정 투쟁을 개별적으로 진행해서 구제받도록 방치하고 놔두고 있는지, 이에 대해서 정부는 무거운 책임감을 가져야 합니다."

　한국 정부도 도의적 책임이 있다는 말은 1965년 한일 국교 정상화 당시 한국 정부가 일본으로부터 받은 무상 원조 3억 달러, 유상 원조

(차관) 2억 달러 등 청구권자금과 연관돼 있다. 한일 수교 이후 징용자 보상 여론이 높아지자 1974년 박정희 정부는 '대일 민간인청구권 보상에 관한 법률'을 제정해 사망자 1인당 30만 원을 지급했다. 당시 정부 기록에 따르면 모두 8552명에게 1인당 30만 원씩 지급된 것으로 확인됐다.

또한 일본에 대한 민간 청구권은 1엔당 30원으로 환산해 지급됐다. 구체적으로 살펴보면 7만 4963건, 모두 66억 1695만 원을 지급한 것으로 나타났다. 이렇게 지급된 금액을 모두 합치면 91억 8252만 원인데, 이는 한일청구권자금으로 한국 정부가 받은 무상원조 자금 3억 달러의 약 5~6% 정도인 것으로 추산된다고 한다.

이후 2005년 당시 노무현 대통령 때 한일청구권협정 내용이 공개되면서 징용자 보상 문제가 다시 불거졌다. 2005년 3.1절 기념식에서 당시 노무현 대통령은 '한일 국교 정상화 자체는 부득이한 일'이었다고 생각한다면서 '우리의 요구를 모두 관철시킬 수 없었던 사정도 있었을 것'이라고 말하며 이 문제 해결을 약속했다. 당시 노무현 대통령은 다음과 같이 연설했다.

"한일 국교 정상화 자체는 부득이한 일이었다고 생각합니다. 언제까지 국교를 단절하고 지낼 수도 없고, 우리의 요구를 모두 관철시킬 수 없었던 사정도 있었을 것입니다. 그러나 피해자들로서는 국가가 국민 개개인의 청구권을 일방적으로 처분한 것을 납득하기 어려울 것입니다. 늦었지만, 지금부터라도 정부는 이 문제를 해결하는 데 적극 노력할 것입니다."

노무현 정부는 이후 관련법을 제정해 징용자들에게 지원금을 지급했다. 신고와 조사를 거쳐 정부는 징용 사망자에게 2천만 원, 부상자는 그 정도에 따라 2천만 원 이하, 징용자 급여 등 미수금은 1엔당 2천 원으로 환산해 모두 5천 9백억 원을 지급했다.

하지만 2차례에 걸친 징용자 보상은 주로 사망자를 대상으로 한 것이었다는 한계가 있었다. 생존 징용 피해자들은 대부분 우리 정부로부터 제대로 보상을 못 받은 것이 현실이다. 이 때문에 징용 피해자들은 일본 기업을 상대로 민사소송을 진행해야만 했고, 최근 대법원에서 승소했지만 배상금 지급 거부라는 벽에 부딪힌 것이다.

이처럼 징용자 손해배상 관련 문제가 확산되자 2019년 6월 한국 외교부는 일본의 강제징용 관련 기업들과 한국의 청구권자금 수혜 기업들이 스스로 출연금을 내서 징용 피해자들을 지원하자는, 이른바 '1+1기금'안을 내놓기도 했다. 하지만 일본 측은 이를 거절했고, 이후 일본의 무역 보복이 본격화되는 등 징용자 배상 문제는 해결의 실마리를 찾지 못하고 있다.

일각에서는 일제강제동원 피해자들의 나이가 90세를 넘어서는 등 시간이 촉박한 만큼, 이들에 대한 실질적인 지원이 이뤄지도록 우리 내부의 노력도 병행되어야 한다는 지적이 나오고 있다. 이와 관련해 한 가지 소개할 만한 내용이 취재 결과 드러났다.

2016년 9월 당시 행정자치부가 대일청구권자금 수혜 공기업의 일제강제동원피해자지원재단에 대한 출연기금 조성을 위해 관계자 회의를 열었던 것으로 확인됐다. 당시 행정자치부의 문서를 보면 1965년 청구권자금인 강제동원보상금으로 성장한 수혜 공기업들의 재단 출연 방안을 논의한다고 되어 있다. 이 같은 회의를 개최한 배경에는 한일청구권자금 수혜 기업인 포스코가 2016년 8월 일제강제동원피해자지원재단에 30억 원을 출연하기로 약속한 것이 있었다. 정부는 포스코의 기금 출연을 계기로 청구권자금 수혜 기업들을 기금 출연에 동참시키려는 의도가 있었던 것으로 추정된다.

이날 회의에 참석할 것을 통보받은 수혜 기업 및 공기업은 포스코 이외에도 한국농어촌공사, 한국수자원공사, 한국광물자원공사, 한국도로공사, 한국수력원자력(주), 한국전력공사, 한국남동발전(주), 한국농수산식품유통공사, 한국철도시설공단, KT, KT&G, KEB하나은행, 중소기업은행, NH농협, 수협중앙회 등인 것으로 나타났다.

당시 정부는 재단에 출연해야 하는 당위성으로 청구권자금 수혜자인 공기업은 사회적 책임 실천 차원에서 기금조성에 참여함으로써 징용 피해자와 유족 지원 및 과거사 청산에 기여하고, 향후 일본 정부 및 전범기업을 대상으로 출연 요구를 하기 위한 국내의 모범 사례를 축적하는 것이라고 문서에 명시했다.

물론 이 같은 정부의 노력에도 불구하고 기금 출연은 포스코 이외에는 거의 흐지부지된 것이 사실이다. 특히 일본 측이 '1+1 기금' 출연에 대해 이미 반대한 상황에서 의미가 퇴색된 것도 현실이다. 하지만 징용 등 강제동원피해자들이 거의 대부분 90살 이상의 고령으로 매년 운명을 달리하는 급박한 상황에서, 이처럼 재단을 통한 징용자 지원을 우리 한국 측에서라도 먼저 추진했더라면 최근 정부가 추진한 '1+1 기금' 출연의 대의명분을 살리는 데 다소나마 도움이 되지 않았을까 하는 아쉬움이 남는다.

한국에 본때를 보여 주겠다

예견됐던 일본의 보복

―――

2019년 7월 1일 전격적으로 개시된 일본의 한국에 대한 수출규제 발표와 화이트리스트 한국 배제 등 보복 조치는 이미 수개월 전부터 사실상 예견됐었다. 아베 정부는 2019년 연초부터 매달 계속해서 자민당 외교부회·외교조사회 합동회의를 열어 이 같은 보복 방법을 사전에 집중 논의했다. 당시 한국 언론이 이를 눈여겨보지 않았을 따름이다.

2019년 2월 20일 자민당 외교부회·외교조사회 합동회의. 신도 요시타카(新藤 義孝) 의원이 한국에 대한 비난의 포문을 열었다.

"과거 한반도 출신 노동자에 대한 판결은 지금까지의 양국 관계를 뒤집고 있습니다. 이런 상태에서 정부는 도대체 어떻게 대처해 나갈 것인가? 그리고 자민당이 정부 측에 어떤 구체적 조치와 행동을 요구할 것인가에 대해 의견을 나누도록 합시다."

신도 요시타카 의원은 최근 한일 외교 갈등 상황에서 한국에 대한 강경 대응을 여러 차례 주장했다. 자민당 내 대표적인 강경파로 알려져 있다.

강경 발언을 주도한 신도 의원은 아베 총리의 심복이자 행동대장으로 알려져 있다. 그는 2011년 독도에 대한 일본의 영유권을 억지 주장하면서 울릉도에 가서 자체 조사를 벌이겠다며 한국에 들어온 적이 있다. 당시 김포공항에서 입국을 저지당한 그는 "입국을 막지 말라"고 항의하며 소란을 일으킨 뒤 일본으로 돌아간 전력이 있다.

"한국이 일본과의 관계를 전혀 생각하지 않고 있고, 대화를 나눌 마음도 없는 아주 새로운 국면으로 들어왔다고 봅니다. 과거에는 가까운 한국과 우리들이 신뢰우호 관계를 만든 노력의 시간이 있었습니다. 하지만 그것은 서로 같은 뜻으로 쌓아올린 것입니다. 하지만 지금 한국은 이미 국가의 모습을 갖추지 못하고 있으며, 법이나 국제약속이 아닌 자신들의 정서에 따라 흘러가버리는 짓을 몇 번이나 반복하고 있습니다."

신도 의원이 주도한 이날 회의에서는 한국에 대한 비난 결의안이 발표됐다. 주요 내용은 다음과 같다.

"최근 몇 달 동안 한국은 독도 해역 해양조사선 항행, 국제관함식 참여 자위대 함정 욱일기 게양 중지 요구, 한반도 출신 노동자에 대한 판결, '화해치유재단'의 일방적 해산, 한국 해군 함정의 자위대 항공기 화기 통제 레이저 조사(照射) 등 수많은 국제법, 국제 약속 위반 등을 반복하고 있기에 단호히 항의한다. 한국은 이제 국가로서 신뢰를 잃고 있다. 우리는 한국이 정서에 휩쓸리지 않고 이성을 되찾아 한시라도 빨리 외교 정상화를 이루기 바란다."

특히 이날 회의에서 자민당 참석자들은 일본 정부 측에도 특별한 요구를 했다. 한국에 대해 형식적 항의나 유감 표명에만 그치지 말고 구체적이고 실효성 있는 대응을 할 것을 촉구한 것이다.

이로부터 약 1개월 후인 2019년 3월 27일, 자민당 외교부회·외교조사회 합동회의가 다시 열렸다. 회의장에는 자민당 의원들과 외무성 관료들이 굳은 표정으로 속속 모여들었다. 이날 회의에 참석한 인사들은 모두 일본 외교계의 거물들이었다. 한국에도 잘 알려진 나카소네 전 총리의 아들이자 전 외무상인 나카소네 히로후미(中曽根 弘文) 의원을 비롯해, 에토 세이시로(衛藤 征士郎) 자민당 외교조사회장 등 일본의 외교정책을 좌지우지하는 인사들이 회의장으로 잇따라 들어왔다. 이들의 얼굴은 하나같이 무거운 표정이었다. 여느 때와는 다른 긴장감이 감돌았다.

회의가 시작되자마자 일본 집권여당의 공식 회의 석상에서는 과거에 들을 수 없었던 험악한 말들이 마구 쏟아졌다. 먼저 신도 요시타카 의원의 노골적인 한국 비판 발언이 시작됐다.

"이번에 또 한국의 악질적 폭주가 일어나려고 합니다. 한국해양조사원에 의한 독도 주변 해양조사활동, 특히 드론을 사용한 종래에 없던 짓을 하고 있습니다. 절대로 용서할 수 없습니다. 이에 대해 말로만 하는 행위가 아니라 현실적이고 구체적인 대항을 할 수 없는지 의논해 나가야 할 것입니다."

신도 의원은 이날 회의에서도 강경한 분위기를 주도했다. 특히 징용자 배상 판결을 거론하며 구체적인 조치를 취해서 한국에 본때를 보여주어야 한다는 발언을 하기도 했다. 정확한 발언 내용은 다음과 같다.

"한국 대법원이 한반도 출신 징용자 문제를 둘러싸고 일본 기업에 자산압류결정 판결을 내렸습니다. 만약 일본 기업에 실제로 피해가 생기면 반드시 구체적 조치를 취할 것입니다. 본때를 보여줘야 합니다. 한일 관계를 근본적으로 부수는 폭거를 허용하면 국가와 국가의 신뢰는 성립할 수 없으며 외교도 기능하지 않게 됩니다. 지금이야말로 일본이 한국에 본때를 보여줘야 하는 시기가 왔다고 생각합니다."

신도 의원은 한국 측에 사실상 최후통첩을 하겠다는 뉘앙스를 풍기는 발언을 이어갔다.

스가 요시히데 일본 관방장관은 아베 총리에 이어 현재 일본 자민당 정부의 사실상 2인자 역할을 하고 있다.

"왜 한국은 약속을 지키지 않는 걸까요. 의견이 다르면 대화를 하면 될 텐데, 왜 이런 형태로 멋대로 하는지 모르겠습니다. 한국의 지금의 정권 그리고 정부에게도 눈을 뜨라고 말하고 싶습니다. 그리고 일본도 그렇게 강하게 메시지를 보내야 한다고 생각합니다."

이날 회의에서는 한국을 강하게 비난하는 성토가 잇따랐다고 한다. 특히 비공개로 진행된 회의 뒷부분에서는 한국과 단교를 검토하자는 이야기도 나온 것으로 알려졌다.

그 즈음에 아베 정부의 보복은 자민당이 아닌 정부 차원에서도 실제로 착착 진행 중이었다. 일본 정부는 징용자 배상 판결과 관련해 한국에 있는 일본 기업에 대한 압류가 현실화되면 보복 조치에 나서겠다고 여러 차례 언론에 강조했다.

일본 정부 대변인격인 스가 요시히데(菅 義偉) 관방장관은 정례 브리핑에서 보복을 시사하는 발언을 하며 구체적 조치가 있을 것임을 애써 숨기지 않았다.

"한국 정부는 청구권협정 위반 상황을 시정하는 구체적 조치를 취하지 않고, 원고 측에 의한 압류가 진행되고 있는 것은 매우 심각한 일이라고 생각합니다. 저희는 한국 정부에 협상을 거듭 요청하고 있고, 한국 측이 당연히 성의를 가지고 대응할 것이라고 생각합니다. 머지않아 일본 정부도 정당한 경제활동 보호 관점에서 관계 기업과 밀접히 연락을 취하여 적절히 대응하고 싶습니다. 어느 타이밍에 무엇을 할지 구체적 내용은 우리의 계획을 알리는 것이기 때문에 답변은 다음으로 미루겠습니다."

일본은 이처럼 2019년 7월 1일 한국에 대한 보복 조치 발표 이전에 사실상 모든 것을 준비해 놓고 있었던 것으로 보인다. 그리고 6월 말 오사카에서 열린 G20회의가 끝나자마자 전격적으로 한국에 대한 무역 제재 조치 등 보복에 착수했다. 지금 하나하나 돌이켜보면 일본은 수개월 전부터 치밀하게 한국에 대한 보복을 논의하고 또 경고해 온 것이었다. 이 같은 아베 정부의 경제 도발 조짐을 사전에 알아차리지 못하고 이제야 대응 방안 찾기에 급급한 우리 외교 당국의 모습에는 아쉬움이 남는다.

한일 관계는 '새로운 최악'

구로다 산케이신문 기자

————

구로다 가쓰히로(黑田 勝弘) 산케이신문 객원 논설위원은 한국을 가장 잘 안다는 일본인 가운데 한 명이다. 40년 가까이 한국에 주재해 기자들 사이에서는 '종신 특파원'으로 불린다. 1980년 교도통신 서울지국장을 시작으로 한국과 인연을 맺었고, 1989년부터 2011년까지 산케이신문 서울지국장을 역임했다.

본인은 한국을 사랑하기 때문에 한국에 대한 비판 기사를 쓴다지만, 일본 우익을 겨냥한 의도된 기사도 적지 않은 것 같다. 2019년 8월 10일 자 산케이신문 '서울 여보세요'라는 자신의 고정 칼럼에서는 한국의 일본 제품 불매운동을 '보기 흉하다(見苦しい)'고 표현해 논란이 됐다. 구로다 씨는 "반일 불매운동의 이번 주 하이라이트는 한 뉴스 진행자가 '방송 중에 제가 들고 있는 이 볼펜이 일제가 아니냐는 시청자의 항의 전화가 왔다. 일본에 대한 우리 국민의 분노가 얼마나 큰지 실감할 수 있었다. 이 볼펜은 국산'이라고 방송을 마무리한 것"이라고 주장했

다. 그러면서 "평소 일본 NHK나 영국 BBC를 본보기로 하고 있는 공영 방송이 감정적인 반일 애국 캠페인을 벌이고 있다니 볼썽사납다"고 했다. 구로다 씨가 지적한 방송 내용은 2019년 8월 4일 KBS 〈뉴스 9〉의 클로징 멘트였다. 앵커가 방송 중 들고 있던 볼펜이 '한국산'임을 확인하는 내용이었는데, 방송 뉴스 역사상 이런 클로징이 있었을까? 사연이 궁금했다. 당시 사회부 야근 당직이었던 후배 기자의 글을 읽으면 이해가 된다.

9시 뉴스가 방송 중이던 어젯밤 9시 20분쯤, 시청자 한 분이 KBS 보도본부로 전화를 주셨다. 제보 내용은 다음과 같다.

"9시 뉴스 남성 앵커가 '제트스트림(Jetstream)' 볼펜을 손에 들고 있는 것 같다. 제트스트림은 일본산 볼펜이다. 확실하지는 않지만 요즘 같은 시국에 조심해 줬으면 해서 제보한다." – 시청자 박○○

'볼펜도 어느 나라 것인지를 따져가며 써야 하나?' 라는 생각이 순간 들기도 했다. 그러나 시청자 말씀대로 '요즘 같은 시국'인 만큼, 일단 팩트를 확인해 보기로 했다. 생방송 중인 뉴스 스튜디오에 급히 시청자 의견을 전했다. 9시 뉴스 제작진은 바삐 움직여 김태욱 앵커가 들고 있는 볼펜 브랜드를 확인했다. 문제의 볼펜은 일본산이 아니었다. 김태욱 앵커는 이 과정을 15초 분량의 클로징 멘트로 전했다.

"방송 중에 제가 들고 있는 이 볼펜이 일제가 아니냐는 시청자의 항

<뉴스9> 앵커가 들고 있던 모닝글로리(왼쪽)와 제트스트림 볼펜

의 전화가 왔습니다. 일본에 대한 우리 국민의 분노가 얼마나 큰지 실감할 수 있습니다. 이 볼펜은 국산입니다. 9시 뉴스 마치겠습니다. 고맙습니다.”

KBS 앵커가 방송 중 들고 있던 볼펜은 국내 문구업체인 모닝글로리 제품이었다. 시청자가 의견을 준 ‘제트스트림’ 볼펜과 언뜻 보면 비슷해 보인다. 뉴스에서 일본 관련 소식을 전할 때면 시청자의 제보나 의견이 부쩍 는다. 내용의 시시비비 자체는 따져봐야 할 경우도 적지 않지만, 국민의 분노는 KBS 제보 전화도 뜨겁게 달궜다. 구로다 씨의 지적처럼 KBS 앵커의 〈뉴스 9〉 클로징 멘트가 화제가 된 것은 사실이다. 하지만 공영방송 KBS가 감정적인 반일 애국 캠페인을 벌인다든지, '볼썽사납다'라고 매도되는 것에 대해서는 동의할 수 없다.

한국인들이 일본 제품을 사지 않고, 일본 여행을 가지 않고, 아베 정권을 비판하는 이유를 구로다 씨는 정말 모르는 걸까? 아니면 알면서도 의도적으로 한국인들을 비판하는 것은 아닐까? 일본의 수출제한 조치가 가뜩이나 악화 일로를 걷고 있는 한일 관계에 더 부정적인 영향을 줬다는 걸 진짜 모르는 걸까? 국내외 전문가들은 현재 일본의 경제적 번영을 자유무역과 국제 분업에서 찾고 있다. 자유무역과 국제적 분업이 없었다면 일본의 현재는 없었다고 해도 과언이 아니라고 한다.

2019년 7월, 공영방송 KBS는 〈생방송 일요진단〉 프로그램에 구로다 씨를 출연시켰다. "왜 굳이 구로다 씨냐?" "국내에서도 잘 알려진 일본의 우익 언론인을 KBS가 출연시킨 의도가 무엇이냐" 등 비판도 거셌다. 하지만 KBS는 하루가 다르게 최악으로 치닫는 한일 관계를 좀 더 냉정하고 객관적으로 살펴보기 위해 구로다 씨 출연을 결정했다. 구로다 씨를 통해 일본 정부와 일본인들의 생각이 도대체 무엇인지 정확히 알고 싶었기 때문이다.

먼저 구로다 씨는 최근의 한일 관계를 '새로운 최악'이라고 말했다. 과거에는 독도, 위안부, 교과서 등의 문제가 대세를 이뤘지만 지금은 소위 '65년 체제', 즉 한일 양국의 새로운 관계를 만든 1965년 한일 협정조약에 대한 양국 간의 해석 차이에서 갈등이 시작됐다는 것이다.

"한일 사이에는 대립과 갈등이 점점 증가하고 있어요. 과거에도 한일 관계가 최악이라는 말은 몇 번 있었습니다. 그래서 저는 지금의 갈등을 '새로운 최악'이라고 말하고 싶습니다. 왜냐하면 과거에는 독도 문제, 위안부 문제, 교과서 문제가 대부분이었어요. 하지만 이번에는 1965년도에 한일 간의 새로운 관계의 기초가 됐던 한일협정 조약의 해석이라든가, 거기에 대한 문제거든요. 두 나라는 65년 협정을 둘러싼 기본 틀에 대한 어떤 의견 차이가 있다고 봅니다. 그래서 과거보다 더 심각한 거죠."

구로다 씨는 또, 고노 다로(河野 太郞)일본 외무상이 남관표 주일 한국 대사와의 대화 과정에서 막말을 한 것에 대해서도 이런 분위기가 있었기 때문이라고 덧붙였다. 당시 고노 외무상은 남 대사가 이야기하는 도중에 무례하다며 말을 끊는 영상이 외부에 공개돼 큰 파장을 일으켰다.

"아주 이례적인 영상인데요. 고노 외상은 원래 솔직한 말투라고 할까요, 여러 문제에 있어서 솔직한 말을 많이 해서 일본 국민들로부

구로다 가쓰히로
산케이신문 객원 논설위원

터 인기가 있어요. 다만 외교에 있어서는 좀 품격이 있었어야 하는데, 이번에는 너무 솔직히 말했어요. 불만이나 비판이 많다는 것을 마구 과시하는 것 같았어요."

일본은 의원내각제다. 총리나 장관 모두 선거에서 당선된 국회의원들이다. 고노 외무상이 의도적으로 한국 대사를 상대로 흠집을 내려 했다면 그 이유는 무엇일까? 한국의 많은 언론들은 아베 총리를 비롯한 자민당 극우 정치인들이 7월 참의원 선거에서 승리하기 위해 이런 극단적인 상황을 연출하는 것이라고 분석했다. 하지만 구로다 씨의 분석은 달랐다. 그는 참의원 선거가 지났다고 해서 바로 일본의 태도가 변하지는 않을 것으로 예상했다.

"이번 참의원 선거에는 특별한 이슈가 없어요. 3년마다 그냥 정기적으로 하는 선거죠. 특히 한일 관계는 전혀 쟁점이 아닙니다. 그래서 저는 참의원 선거가 끝났다고 해서 상황이 바뀔 거라고 보지 않는 거죠. 아베 정부가 훨씬 더 강경한 노선을 택할 것이라고 예상하기는 어렵지만, 지금보다 더 적극적으로 나올 것만은 분명합니다. 왜냐하면 한국에 대한 일본 국민의 여론이 너무 안 좋아요. 한국의 반일 언동이나 행동을 보면서 일본 국민들 사이에서 한국에 대한 불만이 쌓인 거죠. 일본 국민의 감정이라고나 할까요. 실제로 이번에 아베 정부가 한국에 대해 외교적 압력을 넣은 것에 대해서도 속 시원하다고 느끼는 일본인들도 많아요. 대부분 아베 정부를 지지하는 일본인들이지만요. 다만 최근 경제 보복에 대해서는 일본인들 사이에서도 의견이 엇

갈려요. 경제적 측면에서 일본이 오히려 손해를 보는 것 아니냐, 경제 분야까지 연결시키면 안 된다는 목소리도 나오고 있어요.

하지만 문제의 핵심은 경제와 무역이 아닙니다. 조선인 노동자 강제 징용에 대한 보상이 핵심 문제 같아요. 과거사를 어떻게 정리하느냐, 거기에 한국 정부가 적극적으로 나서면 당연히 외교 문제도 해결될 것으로 일본 정부는 생각하는 것 같아요. 그래서 일본 측에서는 뭐랄까요. 무역과 연결시키는 것에 대해서는 국내적으로 비판이 있기 때문에 빨리 지금 한국 정부가 징용권 개인보상 문제, 과거사 문제에 대한 해법을 제시해 달라는 분위기입니다.

65년 한일청구권협정에 대해서도 일본 측은 '소멸됐다'라기보다는 개인보상청구권은 남아 있다는 게 서로 간의 부분적 견해예요. 일본도 그런 견해입니다. 다만 개인보상 같은 것은 한국 정부가 대신해서 부담한다는 약속이 조약상으로 돼 있다는 것이죠. 이번 한국의 대법원 판결은 그렇지 못하다는 것이고요. 일본 기업에 다시 부담하라고 그렇게 나온 것이죠. 그것이 그동안 한일 간에 한국 정부가 개인보상, 우리가 하겠다고 해서 지난 노무현 정부 때는 그렇게 했어요. 그러니까 판결 내용이 한국 정부의 입장과 조금 모순된다는 것입니다."

구로다 씨는 청구권협정 제2조에 대한 해석과는 별개로 우리 대법원에서 내린 판결 부분에 대해 문제가 있다는 인식이었다.

"그렇죠. 그러니까 판결하고 한국 정부의 입장이 모순되기 때문에 그것을 좀 조정해 달라, 한국 국내 문제가 아니냐는 게 일본 입장이에요."

징용배상 판결이 식민지 지배가 불법이었다는 전제하에서 출발한 기본적인 인권보장 문제라는 지적에 대해서도 반박했다.

"소위 1910년 한국병합이라고 할까요, 합방이라고 하는데, 그것이 합법이냐 위법이냐 하는 것은 오래전부터 논쟁이 되어왔습니다. 한일 국교 정상회담 때 오랫동안 의논한 건데 서로 간의 의견 일치가 안 됐기 때문에 이제 일제시대가 끝났다고 할까요, '그런 합방 조약은 무효다'라고 애매하게 끝난 거죠. 서로 대립됐을 때는 그렇게 할 수밖에 없잖아요. 그러니까 지금도 학계에서는 그걸 불법이다, 명백히 하라고 주장하는데 일본에서는 여러 가지 의견이 있어요. 그러나 그 당시 100년 전의 이야기를 이제 와서 합법이냐 불법이냐 그게 무슨 소용이냐, 또 미래지향적으로 협력을 추진하면 좋지 않냐는 것이 일본 국민들의 생각이죠."

그렇다면 문제 해결을 위한 방법은 없는 것일까? 구로다 씨는 국제법을 준수하는 것이 중요하다면서도 한국 정부의 전향적인 자세를 기대했다.

"소위 국제적인 해법이죠. 그런데 문제는 특히 일본 측의 주장은 한국 정부가 나서라, 그 판결 결과에 대해서 한국 정부도 나서라는 그런 뜻이에요. 근데 숫자가 나왔는데 그동안의 1+1, 이것은 한국 기업과 일본 기업이라는 거잖아요. 한국 정부도 상관없다. 근데 그거로는 해결할 수 없다는 게 일본의 입장이고. 그러니까 어떻게든 간에 한국 정부가 관여한다. 그러니까 그것은 우리가 말할 때는 2+1인데 2는 한국 기업하고 한국 정부, 여기에 일본 기업이 참여하는 형태입니다. 그러니까 2+1 형태가 되는 거죠.

그런데 일본 측에서는 원래 일본 정부도 그렇고 일본 기업도 그거는 한국 내부적으로 해결해야 하는 문제다. 개인보상은 한국이 부담하는 거라고 돼 있기 때문에 2+1도 아직까지 그런 공감대가 없어요. 그러나 해법이라는 게 어디까지 타협을 해야 되니까, 저도 마찬가지인데, 일본 기업이 자발적이든 아니면 어떤 선의의 기금이든 관여해야 된다고, 그런데 일본 기업도 개별적으로는, 이렇게 말하기 조금 그렇지만, 있을 수 없다, 그런 걸 할 수 없다는 분위기가 없지는 않아요. 무엇보다 우선적으로 해야 할 일은 소위 판결 결과, 한국에 와 있는 일본 기업의 재산을 압류한다고 돼 있잖아요. 그걸 막아야 된다는 거예요. 그것을 막은 후에 협상이라든가 해법을 찾자는 것이죠. 압류를 해버리면 그동안 일본 측의 주장이 완전히 붕괴되니까요."

일본 정부가 한국에 대해 무역규제 등 빗장을 걸고 있다는 비판에 대해서도 구로다 씨는 우선 한국 정부가 나서야 한다고 반박했다.

"지금 문제가 한국 측에서는 경제 문제로 돼.있잖아요. 그래서 국민감정을 자극해서 어떤 뭐 반일감정까지 고조되고 있다, 그런 상황이죠. 그래서 그 경제, 무역 문제와 연결시킨다고 돼 있는데, 그걸 어떻게든 간에 풀어야 되겠다고 봅니다. 그래서 아주 어려운 문제인데, 핵심은 징용 문제입니다. 이것에 대한 한국 측의 어떤 해법이 없으면 무역 문제도 해결할 수 없다고 생각합니다.

이번에 무역 문제로까지 비화돼서 한국인의 감정을 많이 자극했던 것은 사실입니다. 그 결과 경제적 측면을 중심으로 한일이 얼마나 서로 깊은 관계에 있는지 알게 된 거죠. 특히 한일 간의 협력이 한국 경제 발전에 많은 도움을 줬다는 거죠. 최근 반도체 문제로 알게 됐지만 일본의 불화수소가 한국의 반도체 소재로 쓰입니다. 제가 말하고 싶은 것은, 한국인들이 국교 정상화 이후에도 한일 관계를 여전히 부정적으로 보는 시각이 많다는 거예요. 언론도 마찬가지고요. 하지만 사실은 한일 관계가 깊게 관련돼 있고 협력 관계가 있었다는 거죠. 한국 발전에 플러스가 됐다, 이런 것을 이번 기회에 인식해 주면 일본 측에서 어떤 해법이 나오지 않을까 생각합니다."

구로다 씨와 한국의 일본 전문가들의 토론이 끝난 뒤 〈KBS 일요진단〉은 한일 양국의 갈등과 관련한 여론조사 결과를 방송했다.

일본의 수출규제 조치 등으로 악화된 한일 관계를 풀기 위해서 즉각적인 정상회담이 필요하다고 보는지 물었다. 응답자의 49%가 즉각적인 정상회담이 필요하다고 답했고, 필요하지 않다는 응답은 43%로 조사됐다.

한일 정상회담 이전에 대일특사를 파견하는 것에 대해서는 특사 파견으로 현 상황을 해결하기 어려워 보인다는 답변이 64%로, 조속히 특사를 파견해 해결해야 한다는 29%보다 많았다.

일본의 수출규제 조치에 대해 우리 정부가 어떻게 대응하는 것이 적절한지 물었다. '맞대응 성격의 강경 대응을 해야 한다'가 54%, '외교적 해법 등 온건한 대응을 해야 한다'가 42%로 나타났다.

일본의 수출규제 조치가 우리 경제에 미치는 영향을 판단할 때 누구의 의견을 가장 신뢰하는지 알아봤다. 기업 경영자의 응답을 꼽은 응답자가 31%로 가장 많았다. 이어 대통령 28%, 경제학자 19% 등의 순이었다.

2

과연 누구의 잘못인가

한일 군사 갈등과 아베의 노림수

취재_ 김대홍

한일 갈등은 과거사나 영토 문제뿐만 아니라

군사 영역으로까지 확대됐다. 한일 양국은 한국전쟁 이후

60여 년 동안 한미-미일 동맹을 구축하며 표면적으로

우호 관계를 유지해 왔다. 하지만 2018년 말부터 시작된

해상자위대 초계기 논란은 한일 양국 간 무력충돌이 언제든지

일어날 수 있다는 우려를 실질적으로 보여 줬다.

무력충돌 가능성까지 내포한 한일 양국의 군사적 갈등은 왜 나타난 것일까?

과연 누구의 잘못인가

일본 자위대 초계기 논란의 진실

———

　KBS 〈시사기획 창〉은 국내 전문가들과 함께 해상자위대 초계기 레이더 조사(照射) 논란을 재구성해 봤다. 아울러 아베 신조 일본 총리의 정치적 계산은 없었는지 등도 살펴봤다. 다음은 〈시사기획 창〉 팀과 함께 영상을 분석하고 조언을 해준 국내 전문가들이다.

　정안호 예비역 해군 소장(전 해군사관학교장, 전 1함대 사령관)
　김기호 예비역 해군 준장(전 주일본 국방 무관, 전 주일본 해군 무관)
　심재옥 예비역 해군 준장(세한대 운항학과 교수, 전 해군6항공전단장)

　〈사회자〉 김대홍 기자　　저희가 여기서 전문가들하고 논의하고 싶은 것은, 이 FC 레이더를 과연 일본 초계기에 광개토대왕함이 조준을 했느냐인데, 여기에 대해서 얘기를 좀 나눠 보죠.

정안호_전 해군1함대 사령관　　비행 경로를 봤을 때, 일본 해상자위대 초계기는 광개토대왕함과 우리나라 해양경찰청의 삼봉호와 거의 일직선상에 있습니다. 제가 왜 이런 얘기를 하느냐 하면, 만약 광개토대왕함이 추적 레이더를 작동하지 않았다면 삼봉호가 가지고 있는 다른 레이더 때문일 수도 있다는 겁니다. 삼봉호는 광개토대왕함의 추적 레이더와 주파수대가 비슷한 레이더를 탑재하고 있었거든요. 제가 알기로는 I(아이)밴드 레이더인데요. 이 아이밴드에서 나오는 동일한 주파수가 같은 방위선상에서 잡혔을 수도 있겠다고 생각했습니다.

상황을 재현해 보면 다음과 같다. 일본 해상자위대 초계기는 해군 광개토대왕함과 해경 삼봉호를 발견하고 가까이 다가온다.

현장을 비행하던 초계기는 광개토대왕함과 삼봉호와 한때 일직선상에 놓이게 되는데, 바로 이때 레이더를 맞았다는 거다. 우리 해군은 사격통제용 레이더를 쏘지 않았다고 밝혔기 때문에 이것은 해경 삼봉호의

일반적인 수색용 레이더였을 가능성이 높다고 전문가들은 분석했다.

심재옥_전 해군6항공전단장　제가 좀 더 설명을 드리겠습니다. 우선 방위선에 관련된 부분은 정확한 지적입니다. 우선 초계기에서 잡은 것이 ES(전자전 지원, Electronic Warfare Support)라는 장비거든요. 전자파 탐지 장비인데요, 함정에서 레이더파를 쏘면 그 전자파를 수신해서 그 전자파 방향이 어디에서 나오는지, 어떤 전자파인지를 판단하는 분석 장비를 ES 장비라고 합니다. 그런데 ES 장비의 단점 중 하나가 방위 오차가 많다는 겁니다. 그러니까 레이더나 이런 부분들은 레이더파가 가서 다시 반사돼서 오기 때문에 정확하게 핀포인트가 되는 반면에, ES장비는 주파수를 멀리서도 식별하거나 받을 수 있는 장거리 접촉 능력은 있지만 이 방위에 대한 오차가 제법 있습니다. 특히 최초 접촉한 저 상황에서는 그러니까, 삼봉호와 광개토대왕함이 유사선상에 있을 때는 초기에 이것을 식별할 수 있는 방법이 없습니다.

그러니까 저 상태에서 접촉을 했다면 저 주파수가 분명히 광개토대왕함 것이라고 단정할 수 없다고 보여집니다. 오해할 가능성이 있습니다. 삼봉호에서 돌린 대공 레이더도 8~12기가 헤르츠 대역폭을 갖는 아이밴드이기 때문에 어느 함정에서 나온 주파수인지 알 수 없다는 거죠. ES 장비는 어느 함정에서 나온 주파수인지 모르고 무조건 잡게 돼 있으니까요. 물론 오퍼레이터가 특정 주파수를 세팅해서 그것만 찾아야 되겠다고 추적을 할 수는 있습니다. 그런데 지금 상황을 보면 넓게 잡아 놓고 어떤 주파수가 오는지 모르지만 아이밴드

쪽에서 주파수가 들어오는 겁니다. 그렇기 때문에 저 상태라면 충분히 오해할 가능성이 있다는 거죠.

정안호_전 해군1함대 사령관　일본이 신중했더라면 이 전자파가 광개토대왕함에서 나온 것인지, 아니면 한국 해경정에서 나온 것인지 먼저 확인했을 겁니다. 그런 다음 한국 국방부에도 실무적으로 확인했어야 했는데 그런 과정이 생략된 것 같습니다. 확인 과정 없이 이것을 바로 일본 방위성과 일본 정치권이 먼저 공개를 했단 말입니다. 제가 볼 때는 이러한 성급함이 가장 큰 문제 중의 하나가 아니었나 생각합니다.

김대홍 기자　그런데요, 일본 측이 공개한 영상을 보면, FC 레이더를 조준받았다는 것이 한 번이 아니고 두 번 아닌가요? 두 번째도 마찬가지라는 건가요?

정안호_전 해군1함대 사령관　네. 맞습니다. 제가 두 번째 화면도 유심히 봤는데요, 마찬가지로 광개토대왕함하고 해경정 삼봉호하고 일직선 관계에 있었습니다. 우리 광개토대왕함과 삼봉호가 일직선 가까이 됐을 때 탐지 신호가 나왔어요. 때문에 두 번째 FC 레이더를 탐지했다고 하는 상황도 거의 유사한 위치에서 접촉한 것으로 보입니다.

김기호_전 주일본 해군 무관　승무원이 초계기 안에서 말하는 것을 들어 보면, 현재 자기 위치를 중심으로 10시 방향 약 5000미터로 나와 있다고 하는데요. 그렇다면 승무원은 거의 정행으로 함정을 보면서 지나간다는 건데요, 그렇게 될 경우 방위 변화가 엄청나게 심하게 됩니다. 또 자기 항공기로부터 10시 방향이라는 것은 눈으로 보고 판단하는 겁니다. 자기의 정행이 90도이고 그 다음에 1시 방향 위가 10시거든요. 그러면 사람이 봤다는 겁니다. 그렇다면 전자파 ES 장비로 봤다는 거는 아니거든요. 차라리 자기들이 직진하는 침로로부터 몇 도였다고 한다면 어느 정도 정확한 방위각을 분석할 수 있는데, 지금 10시 방향이라고 말하는 것을 보면 승무원이 눈으로 포착한 부분입니다. 이럴 경우 방위 변화가 클 수 있기 때문에 이것을 가지고 단정하기는 어려울 것 같습니다.

심재옥_전 해군6항공전단장　방위 변화에 대해서 좀 더 이해를 돕기 위해 추가 설명을 드리겠습니다. 우리가 지하철 플랫폼에 서 있을 때 또는 열차가 지나가는 플랫폼에 서 있을 때 열차가 멀리서 들어올 때는 각도의 변화가 거의 없습니다. 그런데 이 열차가 내 앞쪽으로 점점 더 다가오면 방위 변화가 뭐 7시, 8시, 9시, 10시 순간적으로 확 바뀌면서 지나가 버린단 거죠. 가까이 접근할수록 방위 변화가 그만큼 더 많다는 겁니다. 그런데 그럴 때일수록 에러가 많다는 얘기입니다.

김대홍 기자　초계기 승무원이 영어로 말하는 것을 들어 보면, "우리가 FC 레이더에 조준된 것 같다. 이거 왜 쐈냐?"라고 하는 것 같은데, 초계기와 함정 간에 교신은 안 합니까?

정안호_전 해군1함대 사령관　초계기 조종사의 영어 발음이 별로 안 좋아요. 그리고 당시 우리는 북한 선박을 구조하는 중이었거든요. 정신이 없었을 겁니다. 또 일본 초계기가 부른 게 광역 통신망인데요. 광역 통신망의 음질이 안 좋습니다. 그래서 응답 안 했을 수 있습니다. 하지만 더 큰 문제는 일본 해상초계기의 대응입니다. 초계기가 우리 군함을 불렀는데 대답을 안 했다, 이걸 일본 측은 문제 삼는 것 같은데요, 사실 해당 수역에 들어가기 전에 일본 초계기는 먼저 우리 군함을 불렀어야 합니다. 그것이 절차예요. 그런데 일본 초계기는 그런 절차를 안 밟은 겁니다. 오히려 그걸 안 했기 때문에 더 문제가 되거든요. 구조 작전을 하고 있다는 걸 일본 쪽이 충분히 알 수밖에 없었습니다. 그런데 그 지역에 들어가기 전에 먼저 교신 설정을 해야 되거든요. 그 교신 설정하는 방법이 서로 약속된 주파수가 없으니까 우선 공통망으로 부른 거거든요. 일본 측이 그런 정당한 조치들을 했으면 그것을 문제 삼아도 되지만, 자기가 해야 될 기본적인 걸 하지 않고 필요하니까 불렀는데 그 당시에 안 나왔다, 그래서 문제다, 이런 것이 일본 측의 논리입니다.

김기호_전 주일본 해군 무관　일본 초계기는 이미 광개토대왕함, 소위 말해서 우리 군함에 근접해 가지고 상공을 다 돌았습니다. 이게 정상적인 비행이라고 하면, 특히 타국의 군함, 또 우방국의 군함에 그렇게 근접해서 접근을 한다고 하면, 먼저 광개토대왕함을 호출해서 어떤 상황이냐, 내가 뭐 도와줄 것은 없느냐, 이런 것들을 물어봐 주는 것이 기본적인 행동이라고 봐야 되죠. 왜냐하면 일본 해상초계기는 10마일 떨어져서도 광개토대왕함과 해경정 그 다음에 이런 북한 선박들이 같이 있는 걸 봤을 겁니다. 특정한 조난 상황이거나 뭐 이런 상황으로 볼 수가 있다는 거죠. 이거는 특별히 어떤 문제 되는 상황이 아니고, 인도주의적인 상황에서 조난 상황이라고 볼 수가 있는 거죠. 먼저 구조하고 있는 상황 같은데 내가 도와줄 건 없느냐, 그리고 내가 한번 근접해서 비행을 한번 해서 관찰을 해보겠다, 이것이 아주 기본적인 우리 해상에서의 통례라는 것이죠. 그런데 그런 절차는 다 생략하고 근접해서 비행을 다 하고 우리한테 위협을 가한 뒤 빠져나갔어요. 해상자위대가 수집했던 정확한 데이터가 저희에게 제공되었다면 쉽게 해결될 수 있는 문제였습니다. 정확한 전자파 수집 데이터를 제공했었더라면 한일 간의 신뢰성을 떨어뜨리지 않는 수준에서 모두 해결이 되지 않았나 생각합니다.

일본 해상자위대 초계기의 수상한 행동

김대홍 기자　심 제독님께 질문드리겠습니다. 제독님은 30년 동안 초계기를 운항하지 않았습니까? 이 화면을 보시면서 뭐 좀 이상한 행동이라든지 그런 건 없습니까?

심재옥_전 해군6항공전단장　비디오 촬영을 한다는 건 정말로 증거 수집, 그런 차원이기 때문에, 그러면 우리 해군을 뭐로 봤을까, 왜 이걸 했을까, 이런 의심이 들고, 그 다음에 화기 통제 레이더를 맞았다고 했을 때 회피 기동을 처음에 약간 하는데, 5마일만 벗어납니다. 5마일은 오히려 미사일을 만약에 이쪽에서 쏘게 되면 아주 적당한 거리인데, 왜 거기까지만 갔을까? 그 다음에 다시 돌아오는데, 내가 위협을, 생명의 위협을 느꼈다는데 왜 돌아왔을까? 이런 의구심이 듭니다.

제가 판단하는 건 두 가지입니다. 하나는 기획하고 나온 것이다. 두 번째는 공교롭게 사격 통제 레이더하고 비슷한 주파수를 접촉하게 된 겁니다. 접촉을 해서 그거를 가지고 하다 보니까 이거는 뭐 문제가 있구나 하고 보고를 하게 되고, 내려와서 보니까 악용했을 가능성들이 많이 있다. 저는 기획하고 악용, 이 두 가지 중의 하나가 아닐까, 라고 판단하고 있습니다. 중국이나 미국, 러시아 항공기가 접근했을 때 일본도 항의를 했거든요. 1킬로미터 떨어졌을 때 위협 비행 했다고 굉장히 항의를 한 것으로 기억해요. 그런데 이번에는 500미터까지 접근했어요. 그런데도 위협 비행이 아니라고 한다면 이해가 안 됩니다. 심지어 대조영함(DDH-977, 대한민국 해군의 450

5마일 이동

톤급 다목적 구축함)에는 60~70미터까지 내려왔어요. 이 정도의 거리는 해상초계기의 최저고도 비행입니다. 2018년 11월 5일 대조영함이 사세보항에 3박 4일간 입항해 있었거든요. 3군 사관학교 생도들이 훈련을 갔어요. 그렇기 때문에 그 옆에서 행사도 하고 사진도 찍고 다 했는데, 탐색할 이유가 없는 겁니다. 그런데 탐색 절차를 거쳤어요. 그렇다면 이거는 의도를 가지고 있는 것이고, 고도도 광개토대왕함 때보다 절반이나 더 낮게 내려와서 비행했습니다. 이것은 우리 해군을 위협하거나 아니면 일부 언론에서 지적한 것처럼 FC레이더를 쏘도록 유도하는 행위는 아닌지, 어떤 기획된 의도를 가지고 한 행위일 거라는 심증이 더 굳어져요.

그렇다면 왜, 일본 해상자위대는 이 사건을 기획한 것일까? 〈시사기획 창〉은 구체적으로 이 사건의 배경과 의혹을 하나하나 추적해 봤다.

정안호_전 해군1함대 사령관 일본이 접촉한 그 주파수가 해경정 삼봉호 것인지, 정말 광개토대왕함의 추적 레이더 것인지 이런 것은 데이터를 가지고 실무자끼리 협조를 하면, 검토를 하면 충분히 답이 나올 수 있는 사항입니다. 저는 그렇게 생각해요. 아쉬운 점은 이 추적 레이더 사건을 해결하는 과정에 있습니다. 군사 당국자인 실무자급에서 조금만 더 소통을 했더라면 이렇게까지 정치 쟁점화가 되진 않았을 겁니다. 그렇다면 일본은 왜 그랬을까? 제가 볼 때는 일본 스스로 이 문제를 정치쟁점화시키려는 의도가 있었다고 봅니다. 왜냐하면 일본 입장에서는 방위력 증강이라든지, 보수 우익의 지지율 확보라든지, 한일 간의 경색 국면과 같은 어떤 정치적인 다양한 이슈가 있지 않습니까? 그것들과 이번 사안을 접목시키려고 했다는 거죠. 이 문제는 분명히 군사적 상황임에도 불구하고 정치쟁점화시켜서 현재까지 끌고 온 거죠. 그러니까 한일 간의 정치적 문제가 안보, 협력 문제로까지 번진 게 아닌가 생각합니다. 주변국의 안보 정세를 고려할 때 한일 양국의 안보 협력은 매우 중요합니다. 한미동맹을 근거로 한 한미일 우호협력 관계를 구축하기 위해서는 하루 빨리 정치쟁점에서 벗어나 군사, 외교적 측면으로 회복되길 기대합니다.

일본 해상자위대의 전력은 어느 정도일까? 정안호 전 해군1함대 사령관은 미국에 이어 세계 2위의 전력을 갖고 있다고 평가했다.

정안호_전 해군1함대 사령관　일본 해상자위대의 수준은 기술적으로 평가했을 때 미국에 이어 세계 2위입니다. 중요 함정 총 톤수 면에서는 미국, 러시아, 중국에 이어서 세계 4위 규모라고 판단됩니다.
일본 해상자위대의 전력 중에서도 가장 특징적인 것은 잠수함, 항공기, 수상함 등이 입체적으로 매우 균형 있게 구축됐다는 것이죠. 이렇게 되면 전장기능별(Battle Field Function)로 작전을 효과적으로 수행하는 것이 용이합니다. 흔히 '해양'이라고 하면 ①물 속 ②물 위의 수상 ③수상 위 하늘까지 모두 포함하는 공간을 말합니다. 그래서 일본은 이 세 영역을 모두 커버할 수 있는 입체 전력을 매우 균형 있게 잘 발전을 시키고 있습니다.
두 번째 특징은 일본 해상자위대가 보유하고 있는 잠수함이나 항공기, 수상함 등이 모두 첨단 장비로 이뤄졌다는 것입니다. 그러니까 최첨단 장비를 이용해 다양한 작전을 입체적으로 매우 효과적으로 수행할 수 있다는 거죠. 일본의 관할 해역에서의 감시, 정찰, 조기 경보 능력은 제가 볼 때 아마 세계 최고 수준이 아닐까 생각합니다. 여기에 인공위성과 항공자위대의 조기 경보 시스템까지 통합한다면 일본 해상자위대의 해상 감시와 조기 경보 능력은 세계 최고가 분명합니다.

세 번째 특징은 일본 해상자위대 병력이 대부분 간부로 구성돼 있다는 것입니다. 그래서 장비 운용이나 정비, 그리고 전술적 숙련도가 매우 높습니다. 작전 능력 측면에서 봐도 대잠수함 작전이나 기뢰 제거 능력 또한 세계 최고라고 저는 판단합니다. 그런 판단은 저뿐만 아니라 누구나 인정하는 분야입니다. 일본이 대잠수함 작전 분야에서 높은 수준을 유지하고 있는 것은 과거 2차 세계대전 때의 전쟁 사례와 지정학적 위치 때문이라고 볼 수 있습니다. 과거 2차 세계대전 때 일본은 미국 잠수함 때문에 많은 군함들이 파괴되면서 보급선이 끊겼다고 보고 있어요. 그러니까 생필품과 군수물자를 실은 일본 군함들이 미군의 잠수함 공격을 받아 파괴되고 침몰하면서 제대로 본토나 전쟁 현장으로 전달되지 못해 패했다는 거죠. 당시 미군이 전개한 '아사 작전'이 성공하면서 전쟁 수행 능력이 떨어지고 결과적으로 항복으로까지 이어졌다고 보는 겁니다. 때문에 일본 해상자위대는 잠수함에 대해서만큼은 굉장히 투자를 아끼지 않고 있어요. 탐지하고 추적하는 기술은 아마 세계 최고일 겁니다.

또 지정학적 이유에서도 일본은 대잠수함 전력을 강화할 수밖에 없습니다. 일본은 우리나라처럼 해상 교통로를 통해서 물자를 공급하지 않으면 안 됩니다. 일본의 대외 무역 의존도가 전체 GDP의 30% 정도인 걸로 알고 있는데요, 해상 교통로를 방어하기 위해서, 즉 일본은 해상 교통로를 교란시키는 주범이 잠수함이라고 생각하거든요, 그래서 지정학적 이유에서도 대잠수함 전력을 강화하고 높은 수준을 유지하고 있는 것으로 판단됩니다.

그렇다면 왜 일본은 한국에 대해 초계기 논란을 일으킨 것일까? 일본 해상자위대의 전략이 바뀐 것은 아닐까? 아니면 아베 정권 이후 해상자위대의 전술이 변화한 것은 아닐까? 국내 전문가들은 일본 해상자위대의 전략 개념을 먼저 이해해야 한다고 조언한다.

정안호_전 해군1함대 사령관 일본 해상자위대의 전략 개념을 이해하기 위해서는 일본의 안보 정책과 군사 전략에 대해서 먼저 이해할 필요가 있습니다. 일본의 안보 전략의 기본 이념은 국제적 협조주의에 기반한 적극적 평화주의입니다. 그러니까 국제적으로 많은 동맹과 파트너들과 협조를 하고 적극적으로 평화를 추구한다는 명분을 가지고 안보 전략을 추구한다는 것이죠. 두 번째로 이해해야 할 부분은 일본의 군사 전략인데, 일본의 군사 전략은 철저하게 위협에 따라 바뀌어가고 있습니다. 과거 구소련, 즉 러시아가 주 위협일 때는 러시아의 위협에 맞서 정면에 주요 전력을 배치하고 책임 구역을 할당하고 임무를 수행하는 방위 전략을 추구했다면, 최근에는 중국의 위협이 가시화되고 있기 때문에 중국을 대상으로 방위력을 집중

하고 있습니다. 2010년도부터 동쪽 방위력, 또 2013년 이후부터는 통합 기동 방위력 그리고 2018년에는 다차원 통합 방위력으로 군사 전략이 바뀌고 있습니다. 전략이 바뀐 가장 큰 이유 중의 하나는 위협이 변하는 것인데, 그 위협의 중심은 중국입니다. 이러한 관점에서 본다면 일본 해상자위대의 전략은 무엇일까요? 흔히 전략을 얘기할 때 다음 3가지를 봐야 합니다. 첫째, 전략적 목표가 무엇인가? 둘째, 전략 개념이 무엇인가? 셋째, 전략을 수행하기 위해 어떤 전력을 구축해야 할 것인가? 이에 대한 답은 다음과 같습니다.

첫 번째 일본 해상자위대의 전략적 목표는 일본 본토와 주변 도서의 안전을 확보하는 것이죠. 그 해역에서 해양 우세를 달성하고 그 다음에 적이 도발하게 되면 미일 동맹 기반 아래 일본 독자적으로 방위 역량을 구축해서 도발을 격퇴시키는 이러한 것들이 기본적인 전략이라고 할 수 있습니다. 이것이 바로 일본이 추구하는 다차원 통합 방위 전략입니다. 그리고 그 전략적 중심 구역은 우리나라 동해와 일본 남서 제도, 센카쿠 열도가 위치한 동중국해가 되겠습니다. 일본이 동해를 전략적으로 판단하는 이유는 동해상에 각종 중요한 해역들이 다 위치해 있기 때문입니다. 소야 해협, 쓰가루 해협, 남쪽으로는 쓰시마 해협, 동해상에는 또 독도 영유권 문제가 있고 북한의 핵과 미사일을 방어할 수 있는 함정들이 동해에 배치돼 있어요. 그래서 일본은 동해를 하나의 전략적 중심으로 보고 있는 겁니다. 또 센카쿠 열도는 중국의 군사적 야욕과 패권 확장에 대비하기 위해서 중요한 것이고요. 동중국 해역은 미일 동맹 기반 아래 일본의 독자적인 방위 역량을 추가해서 해상 우세를 확보하기 위한 방위 전략이 핵심입니다. 또 한국과 마찬가지로 일본도 무역 의존도가 높고, 특히 세계 제3위의 에너지 수입국이기 때문에 해상 교통로로도 동중국 해역은 중요합니다. 해상 교통로는 일본이 국가 안보 정책 차원에서 반드시 안전을 확보해야 되는 그런 핵심 해역으로 정해놓고 대비를 하고 있습니다. 과거에는 이 해상 교통로의 패권을 미국이 장악하고 있었지만, 최근에는 중국이 남중국해부터 인도양, 중동의 아덴만 해역까지 미국 패권에 도전하고 있는 양상입니다. 소위 말해서 중국이 해상 교통로의 패권 확장을 추구하면서 일본은 굉장히 난처해진 것이죠. 그래서 일본은 국제적 협조주의에 기반한 적극적 평화를 기본 전략으로 내놓은 거죠. 일본 혼자서 남중국해에서 아덴만까지 1만 2000킬로미터나 되는 해역을 담당할 수 없기 때문이죠. 일본은 또 미국, 인도, 호주와 함께 이른바 다이아몬드 전략을 추구하고 있어요. 중국이 인도양까지 해군력을 확장하는 걸 막기 위한 건데요, 미국, 인도, 호주와 함께 협력적 안보를 해상 교통로상에 추구한다고 보시면 됩니다. 다시 한번 정리한다면, 일본 해상자위대는 우리 동해와 동중국해에서는 미일 동맹을 기반으로 한 '다차원 통합적 방위력'을 중심으로 하고 있고요, 일본의 젖줄 가운데 하나인 해상 교통로 보호를 위해 '다자간 협력 안보'를 확보한다는 전략을 구상하고 있습니다.

실제로 일본은 '자유롭고 열린 인도·태평양(FOIP)' 구상의 일환으로 인도 해군의 정보통합센터에 선박 정보를 제공하는 등 인도와 해양 분야 협력을 강화하고 있다. 일본은 인도 해군이 2018년 12월 경제, 군사, 치안, 과학 등 폭넓은 분야의 해양 정보를 모으기 위해 설립한 통합센터에 자국 정보 위성과 해상자위대 호위함으로부터 수집한 이미지와 선박 데이터를 제공하는 방안을 검토하고 있는 것으로 알려졌다. 일본 해상자위대는 2017년부터 헬기를 탑재할 수 있는 이즈모형 호위함을 인도양에 파견해 인도 해군과 공동 훈련을 펼치고 있다. 소말리아 아덴만에서 해적 대응 작전에 참여하는 해상자위대 호위함은 일본을 오갈 때 인도양 연안국에 적극적으로 기항하고 있다. 일본은 이런 활동을 통해 얻은 정보도 인도 당국과 공유할 방침이다. 마이니치신문은 일본은 '자유롭고 열린 인도·태평양'을 실현하기 위해 가치관을 공유하는 미국, 호주, 인도와의 '4개국 협력'을 중시한다며, 이는 인도양에서 영향력을 키우는 중국의 전함과 잠수함의 움직임을 감시하려는 목적도 있다고 분석했다. 그렇다면 일본 해상자위대에 대응하는 한국 해군의 전략은 무엇일까? 전문가들은 한반도 주변의 해양 갈등과 분쟁은 앞으로 더 심해질 것이라며, 이에 대한 대응이 절실하다고 분석했다.

정안호_전 해군1함대 사령관 한반도 주변에서 주변국들에 의한 해양 갈등과 분쟁은 굉장히 증가하고 있습니다. 특히 일본이 독도 영유권 주장을 강하게 하고 있거든요. 일본의 초, 중, 고등학생들이 독도는 일본 땅이라고 교육을 받고 있는데, 이들이 기성세대가 됐을 때는 독도 문제가 더 심각해질 것입니다. 제가 볼 때는 정치적 여건과 법률적 여건, 그리고 국민적 지지가 확보되면 독도 문제는 분명히 분쟁 수역화가 될 가능성이 높아요. 우선 제가 말씀드리는 정치적 여건이라는 것은, 극단적 보수주의자들이 독도는 일본 땅이라고 주장하면서 한국이 강제 점령하고 있다는 인식이 확산될 때입니다. 독도가 일본 땅이라고 교육 받은 세대들이 기성세대가 되는 순간에는 반드시 이런 문제가 대두될 수밖에 없다고 봅니다. 두 번째 법률적 여건이라는 것은, 일본이 독도를 강점하고 분쟁 수역화해서 국제사법재판소에 가는 겁니다. 세 번째 국민적 지지는 지금 초등학생까지 교육을 다 시키지 않습니까? 한국이 강제 점령하고 있고 일본의 고유 영토라는 것이 일본 국민들도 인정하고 지지하는 것이죠. 위 세 가지 조건들이 일치가 되는 순간 독도 문제가 한일 간 첨예한 갈등으로 나올 겁니다. 저는 이 때문에 우리 해군력을 강화해야 한다고 주장합니다.

일본은 호위함 47척 체재에서 57척 체재로 늘렸습니다. 해상초계기만 해도 100여 대 가까이 있고요. 주력 P3를 최신의 초계기인 P1으로 대체하고 있습니다.

현재 우리나라 해군력 건설은 북한에 대응하는 전략 중심으로 되어 있습니다. 하지만 주변국의 잠재적 위협에 대해서도 작전을 해야 하는 이중고를 겪고 있습니다. 미래 위협에 대비하기 위해서는 우리가 좀 더 국민적 의지를 모아 해군력을 강화할 필요가 있습니다. 왜냐하면 지금부터 해군력을 건설한다고 해도 오랜 시간이 걸리기 때문입니다. 우리가 이지스함 3척을 완성하는 데 17년이나 걸렸습니다. 그렇기 때문에 미래 세대의 분쟁과 갈등을 해결해 주려면 지금부터 군사력을 건설해야 늦지 않는다는 거죠.

한국의 레이더 조사는 위험한 행동

일본 방위상의 주장

———

　도쿄 도심에서 동남쪽으로 40킬로미터쯤 떨어진 아쓰기(厚木) 공군 기지. 레이더 조준 논란을 일으킨 해상자위대 초계기가 동해로 출격한 곳이다.

　KBS 〈시사기획 창〉 취재팀은 논란이 시작된 이곳을 찾았다. 내부로 들어갈 수는 없었지만, 철조망 밖에서도 해상자위대의 초계기를 쉽게 찾아볼 수 있었다. 날이 저물었는데도 초계기는 요란한 굉음을 내며 어딘가로 출격하고 있었다.

　2019년 1월 25일, 이와야 다케시(岩屋 毅) 일본 방위상은 가나가와현 아쓰기 해상자위대 기지를 방문해 "주변 해역의 경계감시 활동을 착실하게 실시하라"고 지시했다. 일본 초계기의 위협 비행에 대한 한국군의 비판에도 불구하고 기지를 방문해 정치 행보를 강행한 것이다. NHK와 교도통신 등에 따르면 이와야 방위상은 대원들에게 "한국 측에 레이더 조사는 예측 못한 사태를 초래할 수 있는 매우 위험한 행위라고 항의하고, 재발 방지를 철저히 할 것을 강하게 요구하고 있다"고 주장했다. 그러면서 그는 "북한이 수백 발의 탄도미사일을 실전 배치했고, 중국은 군사력을 급속히 강화하고 있다"며 "경계 감시를 게을리하지 않는 것은 안전보장상 매우 중요한 임무"라고 말했다. 또 "안전보장 환경이 엄중한 가운데 우리의 영토와 영해, 영공을 지켜내기 위해 광대한 해역의 경계 감시에 전략을 다해 달라"고 덧붙였다. 이와야 방위상은 같은 날 각의(국무회의)가 끝난 뒤 기자들에게도 전날 한국 국방부가 공개한 초계기의 위협 비행 사진에 대해서 "기록상 자위대기는 경계 감시 활동을 적절하게 수행했다. 한국 측은 이를 이해하고 냉정하게 대응해야 한다"고 말했다.

우발적 사건에 그칠 가능성도 있었는데, 일본은 왜 이를 정치 쟁점화시켰을까? 전문가들은 한일 외교 관계가 최악의 상황으로 접어들면서 양국 간의 불신이 증폭됐기 때문이라고 지적했다.

진창수_세종연구소 일본연구센터장   한일 관계에서 일본의 분위기는 일단 그거죠, 제일 먼저 한국을 불신한다. 그런데 불신의 내용이 뭐냐 하면 일단 정권이 바뀔 때마다 한국이 골포스트들을 이동시키고 있다. 두 번째 합의를 한다고 한들 다음 정권이 바뀌면 또 변화시킬 가능성이 높다. 그리고 현재 문제인 정부는 투 트랙(two track) 정책을 하겠다고 하면서도 실질적으로는 일본에 대한 여러 가지 무시 또는 일본과 한국의 관계를 어떻게 할 것인지 방향을 정하지 않고 있다. 이런 것들이 가장 큰 불신의 원인이라고 봅니다.

아쓰기 비행장

기자   그렇다면 일본이 이전과 달리 지금은 여유를 가지지 못하고 있는 것 같습니다. 이전과 같이 한일 관계에 있어 나름대로 신뢰를 가졌다면 초계기 논란은 없었다는 주장도 있습니다. 그렇기 때문에 실무 수준에서 해결할 수 있는 일이 정치로까지 확대되는 것 아닌가 라는 생각도 있는데요. 왜 이렇게 된 것이라고 보십니까?

진창수_세종연구소 일본연구센터장   그 이유는 아베 총리가 되고 나서 부터 외교 문제에 대해서는 아베 관저가 영향력을 가장 많이 갖고 있고, 그렇기 때문에 어려운 문제가 있으면 전부 아베 총리한테 올리는 거죠. 그러면 아베 총리는 그것을 실무적 입장 그리고 합리적 입장에서 결정하는 것이 아니라 좀 더 정치적 고려를 해서 결정하게 됩니다. 그렇기 때문에 한국에서 보면 이게 정치적으로 이용하는 게 아닌가 하는 의문을 갖게 되는 거죠. 아베의 기본 생각은 동아시아 국가들 간의 관계에 있어서 역사 문제는 이제 일본도 주장할 것은 주장을 해야 된다는 것입니다. 그리고 1945년 패전 이후 A급 전범에 대해서도 기본적으로 전범이 아니라 일본을 위해 싸운 사람이라는 생각을 갖고 있어요. 때문에 역사 문제부터 시작해서 우리와다른 역사수정주의 입장을 가지고 있고, 현재 한국에 대해서 여유를가지고 한국과의 신뢰 관계를 쌓는다는 생각이 좀 적은 것 같아요.

기자　기본적으로 일본은 한국과의 관계개선을 통해 동아시아를운영하겠다는 생각이 적은 것 같아요. 인도태평양 전략에서 보듯이미국과 인도, 동남아시아, 호주과 함께 중국에 대응하겠다는 생각이기본 같아요. 그렇다면 한국의 전략적 가치가 상대적으로 낮아진 것은 아닐까요?

진창수_세종연구소 일본연구센터장　네. 그렇습니다. 일본은 점차적으로 중국이 대두하면서 동아시아에서 힘의 균형이 깨지는 걸 가장 두려워하고 있어요. 그렇기 때문에 중국과 힘의 균형을 맞추는 외교전략을 갖고 있는데, 거기에 사실은 최전선에 서 있는 것이 한국이라고 볼 수 있습니다. 그런데 한국과 관계를 돈독히 해서 중국을 포위하는 전략으로 가는 것이 일본 입장에서는 최선인데, 한국과의 관계가 역사 등 여러 가지 어려운 문제가 있기 때문에 한국에 대해서싫증을 내면서 한국과의 관계보다는 주변국과의 관계를 돈독하게해서 우호 관계를 맺어서 중국에 압박을 가하는 전략이 훨씬 더 효율적이라고 생각하는 겁니다. 한국과 동반자 위치에서 한국과 협력을 통해 안보, 외교 문제를 처리하는 것이 일본 내에서도 가장 국익에 맞다고 보고 있어요. 하지만 지금 나타나고 있는 여러 가지 어려움들이 오히려 양국 관계 발전의 발목을 잡고 있다는 거죠. 그래서 한일 관계는 그냥 놔두고 다른 국가들과의 관계를 더욱더 돈독히 해서 중국에 대응한다는 전략으로 선회한 것입니다.

기자　그렇다면 한일 관계는 왜 나빠졌다고 보십니까?

진창수_세종연구소 일본연구센터장　우선 여론이 나빠졌습니다. 그리고 한일 관계를 바라보는 일본 정치권, 특히 아베 총리의 불신감이 높아졌어요. 그러니까 한쪽은 여론, 한쪽은 정치권의 불신이 있는 상황에서 외교 안보 실무자들도 문제가 발생했을 때 이를 조정할 능력이 없어졌다는 것입니다. 과거에는 양국 간에 문제가 있어도 외교 안보만큼은 걱정이 없었는데 말이죠. 실무진에서 해결되고 거기에서 자연스럽게 문제를 풀어야 하는데, 그것이 점차적으로 올라가게 되고, 정치가들도 여론을 의식할 수밖에 없는 것이죠. 정치가들이 여론의 영향을 받다보니까 이것은 이제 걷잡을 수 없는 정치 쟁점으로 발전하고 있는 겁니다. 현재와 과거의 가장 큰 차이점은 일단 실무진에 대한 신뢰도가 조금씩 낮아지고 있다는 것입니다. 이와 함께 갈등을 조정할 수 있는 메커니즘도 작동하지 않고 있어요. 이것이 큰 문제입니다.

한일 관계 전반이 2015년을 기점으로 해서 기본적으로 위안부 합의라는 것을 했고, 그 합의가 자연스럽게 잘 진행됐다면 한일 양국에 어려운 점은 없었을 거예요. 하지만 한국 정부의 위안부 재단 해산과 한국 사법부의 강제 징용 배상 판결이 이어지면서 일본 사회에서는 한국을 불신하게 된 거죠. 그런 상황에서 일본 정치권은 이제 한국이라는 전략적 카드를 버리고 중국과 직접 대응하면서 협력 노선을 만들거나 포위하는 전략을 제시하고 있습니다.

여기에다 인도, 동남아시아, 미국, 호주와 같은 이중 장치를 가지게 되면서 한국의 전략적 가치가 상대적으로 낮아졌어요. 이 때문에 아베 총리를 포함한 아베 관저는 한국에 대한 배려를 접은 거라고 봐야죠. 한국에 대한 배려가 없어지면서 결과적으로 정치 쟁점화로 급격하게 나아가게 됐다는 겁니다.

기자 과거에는 한일 관계가 나빠지면 중간에서 조정하는 사람들이 있었습니다. 양국 언론을 포함해서 경제계나 시민단체들이 "한일 관계가 더 이상 나빠져서는 안 된다"는 그런 목소리가 높았던 것 같아요. 그런데 지금은 이런 것들이 작동되지 않고 있어요. 왜 그런 것 같습니까?

진창수_세종연구소 일본연구센터장 무엇보다 일본이 한국을 불신하기 때문에 정치가나 경제계, 언론계 그 누구도 나서지 않으려고 하고 있어요. 한국 역시 일본에 대한 무관심, 즉 중요도가 과거보다 떨어졌기 때문에 한일 관계가 나빠져도 그렇게 걱정을 하지 않고 있고요. 그러니까 한쪽은 불신을 통해서 지금까지 파이프 역할을 하던 사람들이 점차적으로 없어졌고, 한쪽은 관심이 저하되면서 한일 관계를 풀고자 하는 경제계, 정치가들이 없어졌다고 볼 수 있는 거죠.

기자　　그렇다면 위기의 한일 관계를 어떻게 보십니까? 과연 한일 관계는 중요하지 않은 걸까요?

진창수_세종연구소 일본연구센터장　　저는 그렇게 보지 않습니다. 한일 관계는 오히려 과거보다 더 중요해졌어요. 특히 양국의 전략적 가치는 과거보다 훨씬 더 높아졌습니다. 왜냐하면 미국의 정세가 이전보다 굉장히 불안해졌기 때문입니다. 트럼프 대통령이 등장하면서 '아메리카 퍼스트'를 외치고 있어요. 동맹국인 한국이나 일본도 이러한 압박에서 벗어날 수 없어요. 미국의 압박에 효과적으로 대응하기 위해서는 한일 협력이 그 어느 때보다 중요해졌다고 생각합니다.

두 번째는 중국의 부상이에요. 중국의 부상으로 동아시아 판이 어떻게 바뀌느냐에 따라 우리의 미래가 결정될 겁니다. 미국과 중국이라는 강대국 사이에서 나름대로 중견국, 미들파워로서의 역할을 다하기 위해서도 한일 협력의 전략적 가치는 대단히 높습니다. 또 경제 협력이나 국제 협력이라는 관점에서 보더라도 일본과 협력하는 것이 한국에게는 유리합니다. 민주주의와 시장경제를 공유하고 있기 때문에 다른 나라보다는 협력이 쉽다는 것이죠. 그럼에도 불구하고 지금 한일 양국은 관계 회복이 어려울 정도로 최악의 상황으로 치닫고 있습니다. 여론은 갈수록 악화되고, 정치가들은 서로 다른 전략과 서로 다른 방향을 보고 있습니다.

기자   아베 정권은 '전후 체제의 탈각'이라는 것을 주장하고 있습니다. 일본 우파의 상징적인 주장인데요. 과거에는 일부 극단적인 우익들의 주장이라고 치부했는데, 요즘에는 이런 것들이 상당히 먹혀들어가고 있는 것 같습니다. 어떻게 보십니까?

진창수_세종연구소 일본연구센터장   여기서 가장 중요한 것은 동아시아 국가들과의 관계를 어떻게 보느냐 하는 것입니다. 그러니까 역사 문제를 어떻게 해결할 것이냐 하는 판단인데요, 자민당 내에서도 비둘기파는 한국과의 협력을 통해서 역사 문제를 청산해야 한다고 생각합니다. 대표적인 비둘기파가 오부치 전 수상인데, 1998년 김대중·오부치 공동 선언이 탄생하게 된 배경도 여기에 있어요.
그런데 최근 일본 정치권 안에서 비둘기파들이 점점 설 자리를 잃어가고 있습니다. 자민당 기류가 강경노선으로 나가고 있기 때문인데요, 왜냐하면 잃어버린 20년, 경제가 점점 불황으로 떨어지고 자신감이 떨어지면서 매파 정치인들, 특히 우파 정치가들이 일본이 다시 찬란한 역사를 되찾아야 된다, 일본은 자신감을 가져야 한다는 주장이 국민들에게 먹혀들어 가면서 역사 문제에 있어서도 우파들이 생각하는 방향으로 흐르게 된 것입니다. 그러니까 일본 정치권 자체가 매파의 이러한 흐름을 갖게 됐고, 그것을 일본 국민들도 상당 부분 공감하고 있어요. 때문에 이전과는 달리 역사 문제에 있어서는 굉장히 강경 대응으로 나타나는 겁니다.

안보 협력에 있어서도 한국과의 관계를 중시하는 보수 본류 노선은 쇠퇴했어요. 한국과의 관계를 중시하는 흐름은 점차 줄어들고, 미일 동맹 중심의 체제를 더 선호하는 매파들이 득세하는 형국으로 바뀌었어요.

기자　그렇다면 한반도에서 미국의 세력이 빠지면 어떻게 될까요? 힘의 균형자로서 미국의 역할이 축소된다면 어떠한 일이 벌어질까요?

진창수_세종연구소 일본연구센터장　미국이 지금까지는 동아시아의 평화와 안정을 위해서 균형자 역할을 했는데, 이제 '아메리카 퍼스트'를 외치면서 동맹국에게 부담을 요구하고, 그러면서 미국 자신의 보호주의 정책으로 돌아가고, 이렇게 되면 점차적으로 힘의 공백 상태가 생길 가능성이 높아집니다. 동아시아에서도 말입니다. 이럴 경우 가장 큰 문제는 일본과 중국의 치열한 경쟁이 시작될 가능성이 높아진다는 것입니다. 일본과 중국의 경쟁이 시작되면 각 국가들도 각자 살기 위해 이합집산을 할 것이고 그러면 군비 경쟁으로 이어질 가능성도 높아집니다.

지금은 자유민주주의와 미국을 중심으로 한 안정화된 국제 질서가 점차 변동기에 접어든 것으로 보입니다. 이 변동기를 누가, 어느 국가가 이니셔티브를 잡아서 룰을 만들어내느냐, 그리고 공명, 공생할 수 있는 룰을 어떻게 만들어내느냐 하는 것이 지금 매우 중요합니다. 그러기 위해서는 중국과 미국이라는 강대국 논리에서 벗어나 나름대로 한국이나 일본처럼 미들파워(*일본도 강대국이기는 하지만 룰을 만드는 국가는 아니기 때문에 미들파워로 분류), 그러니까 중견국 간의 협력을 통해 현재의 분위기를 좀 더 평화 지향적이고 공정 가능한 질서로 만드는 것이 필요합니다. 동아시아의 새로운 아키텍처를 만들어야 합니다. 그럼 누가 만들어야 할까요? 중국이 만들면 일본이 반발할 거고, 일본이 만들면 중국이 반발할 거고, 그러면 사실은 한국이 이 역할을 할 수밖에 없다는 거죠.

하지만 아무리 그렇다 하더라도 여전히 풀리지 않는 수수께끼는 남아 있다. 초계기 논란과 관련해 일본 방위성은 당초 신중한 입장이었다고 한다. 하지만 아베 총리가 동영상 공개를 강행했다는 것이다. 그 이유는 무엇일까?

이헌모_일본 중앙학원대학 교수　　한국이라는 나라도 이제는 우리나라 초계기에 레이더를 조사할 정도로 이렇게 호전적이 됐다든가, 그런 여론을 환기시키면서 역시 자국의 안보, 우리의 영토 영해에서 이런 일이 벌어지고 있다, 그런 것들을 이슈화시키는 것에 아마 큰 정치적 의도가 있지 않을까….

이번 초계기 사건을 통해 안보 측면에서 한국에 반격을 가하고 일본 내 지지층을 결집하는 데 성공한 아베. 그러면 아베의 최종 목표는 무엇일까? 바로 자위대 강화를 토대로 주변국을 압도하는 군사대국으로 일본을 우뚝 세우는 것이라고 전문가들은 보고 있다.

아베 신조_일본 총리　모든 자위대원이 강한 자부심을 갖고 임무를 다할 수 있는 환경을 조성하는 것, 이것이 오늘날 정치인의 책임입니다. 저는 그 책임을 확실히 완수해 갈 것을 결의합니다.

하지만 자위대를 강화하기 위해서는 넘어야 할 산이 있다. 바로 평화헌법 개정이다. 자위대는 전후 체제의 산물이다. 따라서 전후 체제의 가장 중심축인 평화헌법을 개정하지 않고서는 자위대 강화가 불가능하다. 일본의 평화헌법은 제2차 대전 승전국인 미국 주도로 만들어졌다. 일본의 전력(戰力) 보유 금지와 국가 교전권 불인정 등을 주요 내용으로 하고 있다. 구체적으로 살펴보면 '일본 국민은 정의와 질서를 기조로 하는 국제 평화를 성실히 희구하고, 국권의 발동에 의거한 전쟁 및 무력에 의한 위협 또는 무력의 행사는 국제분쟁을 해결하는 수단으로서는 영구히 이를 포기한다. 이러한 목적을 성취하기 위하여 육해공군 및 그 이외의 어떠한 전력도 보유하지 않는다. 국가의 교전권 역시 인정치 않는다.'라고 명시돼 있다.

진창수_세종연구소 일본연구센터 소장　일본이 독자적인 군대를 갖기 위해서는 이 평화헌법을 개정해야 합니다. 그런데 아베 총리는 평화헌법 전체를 바꾸는 것보다는 편법을 택하고 있어요. 그러니까 아베의 기본 생각은 자위대 문제를 9조 2항에 그대로 둔 채, 자위대가 군대가 되는 것만 변화시키려는 그런 방법을 쓰고 있는 거죠. 물론 일본 내 극우세력들은 이러한 편법을 받아들이지 않고 있지만 아베는 '한 번이라도 헌법 개정을 해야 그다음부터 우리가 생각하는 새로운 헌법을 만들 수 있다'고 그들을 설득하고 있어요.

일본 자민당 의원들은 2020년 7월 참의원 선거에 중의원 선거도 같이 할 가능성이 높다고 보고 있어요. 더블 선거가 되는 거죠. 왜냐하면 중의원은 총리가 마음대로 해산할 수 있어요. 아베 총리가 중의원을 해산하고 중의원에서 평화헌법 개정이라는 쟁점을 내세우고 바람을 일으키면 중의원은 물론 참의원에서도 승리할 가능성이 높다는 거죠. 지금 일본은 야당이 너무 분열돼 있어서 자민당에 대응할 수 없을 것이라는 판단도 있는 것 같아요. 자민당 내에서도 아베 총리가 워낙 인기가 높다 보니까 아베를 대체할 사람이 없어요. 그렇다면 아베 총리가 인기가 높은 이 시점을 적극 활용해 선거에 이기자는 전략이 먹히는 것 같아요.

그렇다면 아베 내각의 외교정책은 앞으로 어떻게 될까?

진창수_세종연구소 일본연구센터 소장　아베의 외교정책은 사실 굉장히 일본 독자 외교라고 봐야 합니다. 일본 내에서는 미일 동맹에 너무 종속된 것 아니냐는 이야기도 있지만, 미일 동맹을 축으로 해서 일본 독자 외교 노선을 추구하는 것이 특징입니다. 물론 이러한 일본의 독자 외교 노선이 아직까지 완성됐다거나 성과를 냈다고는 말할 수 없습니다. 하지만 새로운 형태의 외교 축을 만들었다는 것은 평가를 해줘야 합니다. 그런 의미에서 본다면 아베 총리의 일본 외교는 미일 동맹을 기축으로 해서 일본 나름의 색깔을, 독자적인 색깔을 가지면서 중국에 대응하는 전략이 될 것이라고 저는 생각합니다. 아베 총리는 자신의 외교적 성과를 보여주기 위해 우선 러시아와의 영토 회복 문제에 집중할 것입니다.

실제로 아베 총리와 푸틴 대통령 모두 2012년 재집권하면서 10여 년간 소강상태에 있던 양국 협상이 재개되었다. 2019년 1월 모스크바에서 두 정상은 24번째 만남을 가졌다. 2012년 대통령직 복귀 직전 있었던 기자회견에서 푸틴은 일본과의 영토 문제는 '무승부'로 해결할 수 있다고 함으로써 협상 의사를 내비쳤다. 이후 우크라이나 사태로 서방세계의 대러시아 제재가 진행되는 동안 아베는 '박쥐 외교'라는 비난을 무릅쓰고 소치에서 푸틴과 회담하면서 '새로운 접근'으로 해결할 것을 발표했다.[*]

진창수_세종연구소 일본연구센터 소장   두 번째는 북한의 일본인 납치 문제 해결이 될 것이고, 세 번째가 중국과의 관계입니다. 센카쿠, 중국어로 댜오위타오 분쟁을 안정화시키는 것이 아베 외교의 중요한 축입니다. 그리고 그다음이 한국과의 역사 문제 종식이 될 것입니다. 트럼프 정부 출범 이후 미중 갈등이 격화되면서 중국도 사실 일

---

* 《아베정부의 외교: 한국, 한반도, 동아시아》, 최운도, 동북아역사재단, JPI PeaceNet, 2019. 4. 9.

본과 협력하기를 원하고 있어요. 경제적 어려움을 일본과의 협력을 통해 해결할 의지가 강하다는 거죠. 일본도 이런 사실을 파악하고 있는 것 같아요. 그래서 아베 정권은 이참에 센카쿠에서의 분쟁을 어느 정도 안정화시키고 싶은 거죠. 그렇게 되면 자신의 정치적 성과도 올릴 수 있으니까요.

최근에도 일본은 2019년 6월 G20 오사카 회의에서 트럼프 미 대통령만큼이나 시진핑 주석에게도 공을 들였다. 아베 총리는 G20 정상회의 참석차 오사카에 도착한 시 주석과 정상회담을 갖고 내년 봄 국빈으로 일본을 다시 방문해 줄 것을 정식으로 요청했다. 시 주석도 "매우 좋은 아이디어"라고 화답했다고 일본 언론들은 보도했다. 시 주석의 일본 방문은 국가주석 취임 후 처음이자 중국 국가주석으로서도 11년 만에 처음이었다. 두 정상은 정상회담에 이어 만찬을 함께하면서 양국 간 관계 개선 방안을 논의했다. 앞서 일본 아사히신문은 중일이 양국 관계를 '영원한 이웃 나라'로 새롭게 설정, 관계 개선에 나설 것이라고 보도했다.

진창수_세종연구소 일본연구센터 소장　　일본은 시진핑 주석을 국빈으로 초대해서 제5의 문서를 만들려고 할 겁니다. 한편으로는 중국을 압박하면서도 또 한편으로는 중국과 직접 협상을 통해서 위험성을 줄이는 전략을 하고 있다고 봐야겠죠. 중국과 일본이 그동안 체결한 공식적 정치 문서는 지금까지 모두 4건입니다. 1972년 '일중연합성명'이 제1문서, 1978년 '일중평화우호조약'이 제2문서, 1998년 '일중

연합선언'이 제3문서 그리고 2008년 '전략적 호혜관계 전면적 추진을 위한 연합성명'이 제4문서입니다. 이 문서들은 영유권 분쟁 등 양국 간 사안을 처리하는 데 필요한 기본 원칙과 지침 등을 담고 있습니다. 따라서 내년에 중국과 일본이 5번째 정치 문서를 채택한다면 2008년에 이어 11년 만에 이뤄지는 것이고, 그것이 바로 제5의 문서입니다. 제5의 문서는 전략적 협력 관계를 유지하면서 안보 문제에 있어서도 서로 협력하는 명실상부한 파트너로 만들자는 내용을 담을 것으로 보입니다. 따라서 지금 일본 아베 내각의 대중국 외교 정책은 중국이 여기에 얼마나 협력하느냐, 안 하느냐가 관건입니다. 다시 정리하면, 중일 관계는 적대적 관계에서 우호적 관계로 변화시킨 다음, 그 우호 관계 속에서 전략적 협력이 가능한 전략적 동반자 또는 전략적 우호 관계로 만들겠다는 거죠. 여기에서 조금 더 나가면 안보 문제에 있어서도 협력할 수 있는 중일 파트너를 만들어 보자 하는 것이 아베의 외교정책이라고 말할 수 있습니다.

하지만 아베 총리는 중국과 우호적인 외교 관계를 발전시켜 나가면서도 중국에 대한 경계심을 늦추지 않고 있다. KBS 취재팀은 중일 양국 간 군사적 긴장감이 감돌고 있는 오키나와의 한 외딴 섬으로 떠났다.

아베 정부의 오키나와 군사기지화

오키나와 미야코 현지 르포

———

오키나와는 일본은 물론 한국에도 잘 알려진 관광 휴양지로, 본섬을 비롯해서 북쪽으로는 아마미오 섬으로부터 아래로는 미야코섬, 이시가키섬, 이리오모테섬으로 이어진 열도이다. 오키나와 본섬에 위치한 가데나 미 공군기지를 비롯해 후텐마 미 해병대 항공기지 등 군사기지들은 한국에도 비교적 잘 알려져 있다. 이들 기지는 주로 태평양 전쟁 당시 일본군 기지였던 것이 일본 패전 후 미군이 접수해서 현재까지 사용해 오고 있다.

이처럼 군사기지는 주로 오키나와 본섬에 있고, 다른 섬들에는 군 기지가 별로 없었다. 그런데 아베 정권 출범 이후 해양 영토 확장을 꾀하면서 오키나와 본섬 이외에 다른 섬들을 군사 요새로 만들고 있다는 소식을 듣고 취재팀은 현장으로 향했다. 이번 출장의 목적지는 오키나와현 미야코(宮古)섬. 도쿄에서 이 섬까지 가는 길은 상당히 멀었다. 우선 도쿄 하네다 공항에서 출발한 일본 국내선 비행기는 약 2시간

오키나와현 미야코섬 상공에서 본 자위대 미사일 기지 전경
주민들은 이곳이 원래 골프장이었는데, 몇 년 전 이 부지를
정부가 매입해 기지 공사를 시작했다고 증언했다.

30분 후 취재팀을 오키나와 본섬 나하공항에 내려 주었다. 미야코섬에
가기 위해서는 이곳에서 다시 작은 비행기로 갈아타고 약 300킬로미터
를 더 가야 한다. 나하공항을 이륙한 비행기가 남서쪽으로 50여 분을
더 날아가, 드디어 미야코섬 상공에 다다랐다. 상공에서 바라본 미야
코섬은 에메랄드 빛 바다와 푸른 산호초가 마치 그림엽서처럼 아름다
웠다. 깎아지른 듯한 해안 절벽은 곳곳에서 절경을 연출하고 있었다.
이 섬의 면적은 159.2 제곱킬로미터. 한국 강화도 면적의 대략 절반 정
도 된다.

차량을 렌트해 미야코섬 촬영에 나선 취재팀은 우선 섬 한가운데 구
릉지에 있는 전망대에 올랐다. 사탕수수밭이 드넓게 펼쳐진 평범한 농
촌 들판 가운데에 대규모 토목공사가 한창 진행 중이었다. 살구색 건
물은 마치 대규모 리조트 콘도 건물을 연상시켰다. 취재진은 미사일
기지 공사에 반대하는 주민들의 도움을 받아서 현장으로 향했다. 섬

건물 공사가 한창 진행 중인 미야코섬 자위대 미사일 기지. 사진 아래쪽의
건물들은 자위대원이 생활하는 거주시설로 보인다. 2019년 4월 취재팀이
이곳을 찾아갔을 때는 건물이 거의 완공 단계였다.

주민들은 '미사일 기지가 필요 없는 미야코섬 주민연락회'를 결성해 수
년 전부터 활동하고 있었다. 가까이 다가가 보니 외부 골조 공사는 거
의 마무리된 상태였다. 자위대원들의 삼엄한 경비 속에 건설 공사가
한창이었다. 원래 이 자리는 골프장이었던 곳이었는데, 이 부지를 자
위대에서 활용했다는 것이 미야코섬 주민연락회 시미즈 하야코 씨의
설명이다.

"2017년 10월 30일부터 기초 공사가 시작되었어요. 1년 반 정도에
이만큼 지었으니 매우 빨리 서둘러 지은 것이죠. 공사를 강행하고
있어요. '돌관공사'라고 하는데, 토요일도 쉬지 않고 일요일에도 안
에서는 일하고 있어요. 북쪽 부분은 아직 안 끝났어요. 그런데도 이
렇게 부대를 배치해서 기정사실로 만들려고 하는 거예요. 이미 배치
했다는 사실을 말이죠."

자위대 기지 정문에 붙어 있는 간판에는 〈육상자위대 미야코섬 주둔지〉라고 씌어 있었다. 미사일 관련 내용은 전혀 없었다. 주민들은 이구동성으로 이곳에 최신예 미사일이 배치될 것이라며 취재팀에게 설명했다.

"일단 지금 오는 건 380명의 경비 부대뿐인데요, 머지않아 전부 완성되면 미사일 부대가 옵니다. 지대함, 지대공 미사일 부대가 옵니다. 총인원 800명이 될 거라고 알려져 있습니다."

취재진이 자위대 기지를 철조망 바깥에서 둘러보는 중인데, 군복을 입은 자위대 간부가 갑자기 다가와 어느 방송사에서 왔는지 물었다. 한국에서 온 KBS라고 하자 홍보부서와 조율했냐고 물어보면서 촬영을 중단할 것을 요구했다. 태도는 정중했지만 단호했다. 취재팀은 일단 물러났다. 시미즈 씨는 섬 주민들의 기지 반대 투쟁에 대해 상세히 설명했다. 섬 주민들은 "군 기지 공사로 식수원인 지하수가 오염되는 등 여러 가지 환경 문제가 생기고 있다며 계속 항의했지만, 자위대 측은 이를 무시한 채 공사를 강행하고 있다."고 말했다.

미사일 기지에서 동북쪽으로 약 1킬로미터 정도 떨어진 야트막한 구릉지에는 이미 10여 년 전에 자위대 기지가 들어서 있었다. 곳곳에 우뚝 솟은 레이더와 안테나, 특히 보기에도 생소한 모양의 거대한 군사 시설이 눈에 띄었다. 정문 입구에는 '항공자위대 미야코 분둔지(分屯地)' 간판이 붙어 있었다. 특이한 점은 여느 기지와는 달리 녹색의 원통형 건물 2동이 기지의 가장 높은 곳에 위치하고 있었다는 것이다. 높이

미야코섬에 새롭게 속속 들어서고 있는 자위대 기지를 묘사한 그림. '자위대 기지에 반대하는 미야코섬 주민연락회' 제공

미야코섬 한가운데에 위치한 항공자위대 레이더 기지

가 20~30여 미터에 이르는데, 언뜻 보면 마치 거대한 통조림을 2개 쌓아올린 모양이었다. 이 건물의 용도에 대해서 일본 자위대 측은 입을 다물고 있지만, 언론 보도 등을 살펴보면 일본 자위대의 최첨단 도감청 시설인 것으로 알려지고 있다. 이 거대한 도감청 기지는 인접한 중국 등을 겨냥한 것이다.

취재팀은 섬의 다른 쪽에는 또 다른 군사시설이 추진되고 있다는 시미즈 씨의 말을 듣고 미야코 섬의 남동쪽으로 이동했다. 레이더 도감청 기지에서 남동쪽으로 7~8킬로미터 떨어진 곳이었다. 완만한 구릉지가 완전히 파헤쳐져 벌겋고 하얀 속살이 완전히 드러난 곳이었다.

"지금은 여기가 채석장이에요. 여기에 탄약고, 미사일 탄약고를 만든다고 합니다. 이곳에 사격훈련장도 만든다고 해요. 여기는 사격훈련장, 지붕을 덮은 훈련장이 들어서는 것이죠."

작은 섬 곳곳에 자위대 기지가 들어서자 주민들의 반발도 점점 커지고 있었다. 최근 주민들은 거리에서 계속 자위대 기지 반대 집회를 열고 있었다. 이들은 아베 정권이 이런 외딴 섬에 대규모 군사기지를 만드는 것은 전쟁을 준비하는 것이며, 이는 일본의 평화헌법에 위배되는 것이라고 주장했다. 한 미야코섬 주민은 언성을 높여 아베 총리의 오키나와 자위대 강화 정책을 비판했다.

"원래 이 미야코섬뿐만 아니라 아마미오섬, 오키나와 본섬, 미야코섬, 이시가키섬에 미사일이 배치될 예정인데요, 아마미오섬에는 이미 배치되었어요. 이것은 일본의 평화헌법 9조에 비추어 본다면, 저는 완전히 헌법 위반이라고 생각해요. 이런 헌법 위반을 일본 정부는 국민들에게 알리고 싶어 하지 않는다고 생각합니다. 그래서인지 일본 언론들은 대대적으로 보도조차 하지 않고요."

이날 집회에 참석한 주민들은 약 100명. 이들은 상당히 격앙돼 있었다. 1945년 태평양 전쟁 당시 오키나와에서 벌어진 이른바 '옥쇄전투'

미야코시청 앞에서 자위대 기지 건설 반대 집회를 개최한 주민들. 현수막 윗부분에 적혀 있는 내용은 "군대는 섬 주민들을 지키지 않았다. 미야코섬에는 군대가 필요없다"는 내용이다.

의 참극 때문일까? (당시 일본군은 이른바 '본토 대결전'을 앞두고 시간을 벌기 위해 오키나와에서 주민들을 방패막이로 내세운 참혹한 전투를 벌였는데, 이 때문에 무고한 주민 10만 명 이상이 사망한 것으로 알려져 있다.)

집회 현장에 참석한 현직 야당 의원인 아카미네 세이켄(일본공산당) 의원도 아베 정권이 추진하는 급격한 군사 대국화를 막아야 한다고 강조했다.

"방위계획대강(防衛計画の大綱)과 차기 중기방위력정비계획에서 미야코섬에 대한 군사력 배치가 결정되었지만, 아베 정권의 새로운 방위계획 및 중기방위력정비계획에서는 '이도(離島) 방위'의 의미가 더욱더 커져서, 앞으로도 새로운 부대 편성으로 미야코섬, 이시가키섬, 아마미오섬 등지에 새로운 자위대 배치도 계획되고 있습니다.

여기서 저지하지 않으면 정말로 군사의 섬이 되고 맙니다."

아카미네 의원은 더 큰 문제는 이 같은 기지 건설로 일본의 평화 헌법이 사실상 무력화되고 있는 것이라고 지적했다.

"영토 문제가 있으면 평화적으로 논의를 통해 해결해 가는, 그런 나라를 지향해야만 합니다. 군사적으로가 아니라…. 태평양전쟁 당시 오키나와전투, 미야코섬의 지상전 경험으로 봐도 헌법 9조는 그 고통스러운 전쟁 경험 속에서 만들어진 것입니다. 헌법 9조를 지키는 정치, 선거에서 야당과 시민들이 공동으로 투쟁하여 자민당, 공명당, 개헌 세력의 의석을 3분의 2 이하로 줄입시다."

현지 섬 주민들과 야당 의원들의 반대에도 불구하고 아베 정권의 오키나와 열도(난세이제도) 군사기지화는 더욱 속도를 내고 있다. 일본 정부는 미야코섬과 아마미오섬에 지대함 미사일 기지를 지은 데 이어 기존 섬들의 군사기지들을 활용해 중국군의 활동을 견제하려는 것이다. 이른바 '제1도련(島鏈·Island Chain)'이라고 불리는, 일본 열도에서 오키나와를 거쳐 타이완에 이르는 일련의 섬들을 이용해 중국 해군 활동을 저지하는 일종의 방어선을 구축한 것이라고 할 수 있다.

평화헌법까지 개정하면서 군사대국화를 추진하려는 아베 정부의 구상은 사실 이미 오래전부터 감지됐다.

'도고 제독'의 영광을 꿈꾸나?

전 일본 해상자위대 막료장 다케이 도모히사

———

일본 도쿄 중심부 신주쿠 이치가야에 있는 일본 방위성. 우리나라 국방부에 해당하는 곳이다. 2016년 10월, 취재진을 태운 차량은 정문을 통과한 뒤 인솔자를 기다렸다. 5분 뒤 취재 차량은 지하통로를 지나 200미터쯤 가서 한 대형 건물 앞에 멈춰 섰다.

흰색 제복을 입은 해상자위대 장교 2명이 취재진을 안내했다. 건물 동쪽에 있는 엘리베이터를 타고 8층에서 내리자마자 '일본해상막료감부(日本海上幕僚監部)'라는 간판이 눈에 들어왔다. 일본 해상자위대의 전략과 전술을 짜는 브레인들이 모인 곳이다.

일본 해상자위대의 총책임자는 막료장이다. 우리나라의 해군참모총장에 해당하는 자리다. 막료장을 보좌하는 부관들이 취재진을 맞았다. 막료장 집무실 옆에는 한꺼번에 20명 정도가 들어갈 수 있는 대형 접견실이 있었다. 우리는 부관들이 마련해 준 명패를 들고 각자 자리에 앉았다.

자리가 정돈되고 10분쯤 지난 뒤 일본 해상자위대 다케이 도모히사(武居 智久) 막료장이 들어왔다. 어제까지 워싱턴에서 열린 2건의 국제회의에 참석했다며, 주제는 둘 다 자유롭고 개방적인 해상을 만들기 위한 방안이었다고 짧게 말을 열었다.

다케이 막료장은 "무엇보다 북한의 위협에 대응할 수 있는 한·일 간의 군사정보보호협정(GSOMIA) 체결이 조속히 이뤄져야 한다."고 강조했다. 또 "현재 한일 간의 정보 교류는 탄도미사일에 관한 내용으로 제한돼 있지만, 해상 함정이나 공군 관련 동향 등도 다뤄야 한다."며 폭넓은 군사정보 교류를 희망했다.

그는 "한국과 일본은 바다를 끼고 국경을 마주하고 있으며, 경제 등의 교류도 바다를 통해 진행되고 있는 만큼 한국 해군과 일본 해상자위대의 긴밀한 교류가 무엇보다 중요하다."는 말도 덧붙였다. 회담이 끝난 뒤 나는 다케이 막료장에게 벽에 걸려 있는 흑백사진과 몇 점의 유화 그림에 대해 물었다. 예상치 못한 답이 나왔다. 그가 자랑스럽게 말한 사진 속 주인공은 '도고 헤이하치로(東鄕 平八郎)'였다.

그는 옛 일본 해군의 제독으로, 일본인들이 '군신'으로 추앙하는 인

일본 해상자위대 막료장인 다케이 도모히사

일본인들이 군신으로 추앙하는 도고 헤이하치로 제독(왼쪽)
러일전쟁 당시 도고 제독이 이끌던 전함 미카사의 활약을 보여 주는 그림(오른쪽)

물이다. '동양의 넬슨'이라는 별명에 걸맞게 그는 청일전쟁과 러일전쟁
에서 큰 활약을 펼쳤다. 특히 러일전쟁 당시 러시아는 발틱 함대를 보
유한 세계 최강의 해군력을 자랑하고 있었다. 일본조차도 러시아 해군
을 이길 수 있을지 의심할 정도였다고 한다. 하지만 도고 제독은 이러
한 예상을 깨고 발틱 함대에 대승을 거뒀다.

　도고 사진과 함께 나란히 걸려 있는 유화들 역시 러일전쟁 당시 도
고 제독이 이끌던 전함 '미카사(三笠)'의 활약을 다룬 것들이었다. 1903
년 미카사는 도고 헤이하치로 제독의 지휘하에 연합함대의 기함(지휘
관이 타고 있는 배)이 되었다. 청일전쟁을 마치고 1905년 우리나라 진
해에 도착한 미카사는 이곳을 거점으로 훈련을 하게 되는데, 1905년 5
월 27일 대한해협에서 러시아 발틱 함대와 교전하게 된다.

　막료장은 분명 한국 기자들에게 "일본 정부는 남중국해에서 진행하
는 미국의 해상 작전에 참여할 생각이 없으며, 일본 단독으로 작전을
벌일 계획도 없다."고 말했다. 한일 간의 군사정보 교류는 물론 중국과

도 평화와 안정을 위해 협력하지 않으면 안 된다고 강조했다. 하지만 막료장을 접견하는 공적인 공간에 왜, 일본 해상자위대는 '도고' 제독의 사진과 그의 전함 '미카사'의 활약을 담은 유화를 벽마다 걸어둔 걸까? 일본 해상자위대는 아직도 옛 일본 해군의 영광을 잊지 못하는 것은 아닐까? 청일전쟁과 러일전쟁의 승리가 한반도를 침탈하고 제국주의로 나아가는 기폭제가 됐다는 것을 그들은 모르고 있는 것일까?

3

위기인가, 기회인가

한일 경제 전쟁

취재_ 박영관, 선재희
촬영_ 이영재, 조정석, 최재혁

2019년 여름. 아베 일본 정부는 한국에 대해 첨단소재 수출제한 조치를 단행했다.

당시 한국 언론들은 일본이 전격적으로 경제 도발을 단행했다며 흥분했다.

하지만 사실 일본은 이미 오래전부터

우리 산업의 급소가 무엇인지 정확히 꿰뚫어 보고 있었다.

<시사기획 창>은 10년도 훨씬 전인 지난 2006년

'소재전쟁, 일본의 역습' 편을 통해 이러한 문제를 예측했다.

당시 KBS 취재팀은 일본의 소재산업 현장을 찾아다니며

전문가들을 인터뷰하고 그들의 속내를 심층 취재했다.

물론 향후 예상되는 문제점도 생생하게 보도했다. 하지만 달라진 것은 없었다.

13년이 지났지만 여전히 대한민국의 소재산업은 일본에 뒤처져 있다.

그리고 2019년 여름, 우리는 2006년 <시사기획 창>의 제목처럼

일본에 역습을 당했다.

<시사기획 창>은 2019년 8월 '위기의 첨단산업'을 다시 제작해

소재산업의 중요성을 전달했다.

일본의 소재 수출 중단이 우리 경제의 급소라는 걸 뼈저리게 느낀 만큼

이번 사태를 전화위복의 계기로 삼아야 한다는 내용이 핵심이었다.

본 장에서는 2006년과 2019년에 걸쳐 <시사기획 창>에서 취재한

한일 소재 전쟁을 자세히 소개하고자 한다.

일본은 알고 있었다

한국 기업을 겨냥한 퓨처비전

———

2006년 10월. KBS 취재팀은 도쿄 인근의 요코하마 박람회장을 찾았다. 매년 가을 이곳에서는 평판 디스플레이 전시회가 열린다. 당시 전시회에도 LCD와 PDP에 관련된 전 세계 330여 업체가 참가했다. 세계 최대 규모였다. 전시장 중앙에는 우리나라의 삼성과 LG가 터를 잡고 디스플레이 강국의 위상을 자랑했다. LG와 삼성은 경쟁적으로 세계 최대 규모의 화면과 최신 기술을 선보이며 디스플레이산업 발전을 주도해 왔다.

하지만 부품, 소재 분야는 달랐다. 일본 업체들의 독무대였다. 이번 전시회에선 특히 세계 LCD산업의 구도를 뒤바꿀 만한 모종의 변화 움직임이 일본 업체들로부터 감지됐다. 그 가운데서도 일본 샤프의 행보가 전시회의 최대 관심사였다.

샤프는 2006년 50인치 대형 TV 패널을 양산하는 8세대 LCD 공장을 세계 최초로 가동했다. 40인치 대형 TV에 사용되는 7세대 LCD 공장을 세우지 못했던 샤프가 삼성과 LG를 앞질러 간 것이다. 샤프가 취재진에게 나눠 준 홍보 영상과 책자에는 자신감이 넘쳐났다.

"2006년 가메야마 공장이 세계의 텔레비전을 진화시킵니다."
"세계에서 처음 채택된 사상 최대의 8세대 LCD 기판"

샤프는 세계 최초로 50인치 대형 TV 패널을 양산하는 8세대 LCD 공장을 미에현 가메야마시에 세웠다. 시골 동네였던 가메야마시는 일본 대표 전자업체 샤프가 주력 공장을 지으면서 갑자기 일본을 대표하는 기업도시로 떠올랐다. 일본에는 기업의 이름을 딴 도시가 몇 개 있다. 토요타 자동차를 생산하는 아이치현 토요타시와 히타치 전자제품을 생산하는 이바라키현 히타치시가 대표적이다. 당시 가메야마시는 이 두 도시처럼 '샤프시'로 불렸다고 한다. 수많은 일본 젊은이들은 청운의 꿈을 품고 가메야마시를 찾았다. 샤프의 가메야마 공장에는 특히 기존 LCD 제조 공정에 없던 '잉크젯' 기술이 세계 최초로 도입됐다.

가타야마_샤프 전무(2006년)　　프린터 등에서 사용하는 기존 잉크젯 기술을 컬러필터에 도입함으로써 만든 시스템입니다. 기존의 컬러필터 공정에 비해 재료가 아주 적어도 된다는 장점도 있지만, 가장 큰 장점은 공정이 기존 공정에 비해 몇 분의 1로 줄었다는 겁니다.

즉, 신소재를 사용해 기존의 제조 공정을 1/4, 1/5로 단축했기 때문에 그만큼 원가를 절감할 수 있었다. 한국의 전문가들도 이러한 샤프의 움직임에 잔뜩 긴장했다.

권상세_디스플레이뱅크 대표   그동안 디스플레이 산업에서 경쟁력이
없다고 생각했던 일본 기업들의 경쟁력이 다시 부활하고 있고, 그러
한 핵심적인 이유가 핵심 부품, 소재의 기본 인프라가 한국과는 엄
청나게 차이가 있기 때문이죠.

물론 샤프의 이런 변화가 샤프 혼자만의 힘으로 가능했던 것은 아니
다. 그 배경에는 2002년 일본 정부가 150억 엔을 지원해 설립한 국가
프로젝트 '퓨처비전'이 있었다. 퓨처비전에는 완제품 업체인 샤프뿐만
아니라 소재업체인 제온과 쓰미토모화학, 장비업체인 오므론 등 일본
내 26개 업체가 참여했다. 이들이 함께 연구한 핵심은 잉크젯 기술에
필요한 소재와 장비였고, 이렇게 개발된 소재와 장비가 샤프에 공급되
는 구조였다. 삼성과 LG 등 국내 기업들로선 퓨처비전에서 개발한 소
재와 장비를 돈을 주고도 살 수 없도록 돼 있었다.

석준형_2006년 당시 삼성전자 부사장   퓨처비전의 배경은 자국의 기술
을 한국이나 외국에 유출하지 않는 것이 사업 초기 설립 목표였습니
다. 따라서 퓨처비전에 해당하는 설비라든지 소재는 구매를 할 수
없게 돼 있습니다.

문제는 퓨처비전의 이런 행보가 시작부터 한국 기업을 겨냥하고 있
었다는 점이다. KBS 취재팀은 그 배경을 묻기 위해 퓨처비전 설립을

주도한 일본 도호쿠 대학 오미 다다히로 교수를 만났다. 오미 교수는 일본 언론과의 인터뷰에서 한국으로의 기술 유출 문제 때문에 퓨처비전에서 개발된 기술은 엄격하게 관리했다고 말했다. 그러한 그의 자세는 KBS 취재진 앞에서도 변하지 않았다. 오미 교수는 개발된 소재와 장비가 한국 기업에 넘어가지 못하도록 철저하게 단속하겠다며 한국 기업을 강하게 비판했다.

오미 다다히로_도호쿠대 교수(2006년)　왜 그렇게까지 엄격하게 했냐면, 삼성이 일본에서 배운 것이 하나도 없다고 말한다는 거죠. 저는 그것을 간과할 수 없었습니다. 농담도 적당히 해야죠. 일본이 아무것도 주지 않는다면, 대체 삼성이 어디까지 갈 수 있는지 한번 보여주고 싶습니다.

심지어 오미 교수는 KBS 취재팀을 똑바로 바라보면서 일본이 소재 공급을 끊으면 한국 기업은 신제품을 개발할 수 없다고 단언했다.

오미 다다히로 도호쿠대 교수

오미 다다히로_교수 새로운 소재나 재료가 나오지 않으면 새로운 제품, 새로운 산업은 만들 수 없습니다.

일본이 계획한 퓨처비전은 결과적으로 실패로 끝났다. 영원한 강자처럼 보였던 샤프도 LCD 사업을 매각했다. 하지만 주목할 점은 일본이 이미 오래전부터 한국 산업의 약점을 꿰뚫어 보고 있었다는 것이다. 그리고 10년이 지난 지금도. 일본 정부는 소재를 무기로 한국 경제를 공격하고 있다.

오미 교수를 인터뷰하는 동안 취재진은 불쾌했다. 한국 기업을 무시하는 듯한 오미 교수의 태도는 어디에서 나오는 것일까? 교수 개인의 성격 탓일까, 아니면 잃어버린 10년처럼 한국 기업에 수모를 당한 일본인의 자존심을 대변하는 것일까? 그리고 일본의 소재산업이 세계 최고가 될 수 있었던 이유는 무엇일까?

소재, 한국은 안 된다?

일본 최대 섬유업체 도레이의 변신

———

2017년 10월. 서울 플라자호텔에서 일본 도레이의 기자 간담회가 열렸다. 이 자리에서 닛카쿠 아키히로(日覺 昭廣) 사장은 한국에서의 사업 확대 계획을 발표했다. 2020년까지 총 1조 원을 투자하겠다는 내용이었다. 연간 4700톤의 국내 최대 탄소섬유 생산 능력을 보유한 도레이 첨단소재는 국내 전기전자벨트와 자동차부품 산업벨트를 형성하고 있는 경상북도의 탄소산업 클러스터에 주도적으로 참여해 관련 산업 발전에 기여한다는 구체적인 방안도 제시했다.

도레이는 어떤 회사일까? 1926년 설립 이래 혁신적인 첨단소재를 개발하면서 새로운 가치를 창조해 온 도레이를 KBS 취재팀이 직접 찾았다.

일본에서 가장 큰 호수인 비와호가 있는 시가현. 80년 전 이곳에서 일본 최대의 섬유업체로 알려진 도레이가 처음 문을 열었다. 하지만 일본 최대의 섬유업체라는 말은 지금의 도레이에게는 절반 정도만 맞는 얘기다.

후지카와 주니치_도레이사 전 상무　제가 1970년 도레이에 입사했을 때부터 들은 말이 '이 회사는 합성섬유만으로는 살아남을 수 없다. 그러니 자네들은 합성섬유 이외의 새로운 사업을 창출해야 한다'는 것이었죠.

KBS 취재팀은 도레이가 일본 언론에조차 공개한 적이 없다는 공장을 찾았다. 새로운 사업을 위해 세운 공장 가운데 한 곳이다. 어렵게 공장 내부로도 들어갈 수 있었다. 하지만 막상 촬영이 시작되자 제한이 잇따랐다. 지정된 4곳 이외에서는 촬영할 수 없고, 카메라의 방향도 통제받았다. 극도로 보안에 신경 쓰는 모습이 역력했다. 이곳에서는 LCD의 핵심 소재 가운데 하나인 컬러필터를 생산하고 있었다. 섬유와는 좀 동떨어진 전자재료이다. 21세기에는 소재가 산업의 핵심이 될 것이라는 사실을 도레이는 그만큼 먼저 내다본 것이다. 도레이는 그동안 탄소섬유와 폴리에스터 필름을 세계 최초로 생산했고, 현재 세계시장점유율 1위인 소재도 30개나 된다. 그런데도 사장은 만족하지 않고 있다고 한다.

후지카와 주니치_전 도레이 상무　사장으로부터 '기술 개발을 더욱 촉진하라. 15년이나 10년이 아니라 더 짧은 기간에 기초연구부터 사업화까지 될 수 있도록 하라.'는 경영 지시가 내려왔습니다.

몇 년 뒤, 어떤 변화를 본 것일까? 지금도 세계 최고라는 일본 소재 기업들이 다시 한번 발걸음을 재촉하고 있었다.

장기 불황이 계속되던 2001년. 일본 정부는 소재 관련 연구소들을 하나로 통합해 '물질·재료연구소(物質·材料研究機構)'를 출범시켰다. 일본 쓰쿠바에 있는 물질·재료연구소의 연구원은 1,000여 명, 연 예산도 200억 엔(2006년 기준)이다. 이곳에서는 신소재 개발을 위한 수많은 연구가 진행되고 있었다. 전기적, 공학적 특성을 측정하는 세계 최고 수준의 기법을 개발하거나, 제5세대 단결정 초합금(내열 합금)을 개발하거나, 질소가 들어간 세라믹을 이용한 형광체를 개발하는 등 하나같이 세계 최초, 세계 최고를 자부하는 기술들이었다.

연구소 통폐합을 통해 일본 정부는 연구의 효율을 높이는 한편 세계 시장에서 치열한 신소재 개발 전쟁을 벌이고 있는 일본 기업들을 지원하기 위한 진지를 새로 구축한 셈이다. 일본 정부와 기업들이 이처럼 신소재 개발에 박차를 가하고 있는 이유는 일본 경제의 새로운 활로가 거기에 있다고 보기 때문이다. 그렇다면 일본은 어떻게 세계 최강의 소재산업을 꽃피울 수 있었을까? 그리고 우리는 왜 소재산업에서 일본에 뒤처지는 걸까?

지금은 세계 최고라는 일본의 소재산업도 1960년대까지는 미국과 유럽에서 수입하는 소재를 국산화하는 게 고작이었다. 이런 일본의 소재산업이 변화하게 된 계기는 뜻밖에도 환율이었다. 1971년 이른바 '닉슨 쇼크'로 1달러에 360엔 하던 환율이 300엔으로 떨어지자 수출에 비상이 걸렸다. 일본 기업들은 미국과 유럽에 없는, 그래서 그들이 살 수밖에 없는 새로운 소재를 만들어 달라고 일본 소재업체에 주문했다. 이때부터 일본에서는 본격적으로 신소재 개발이 시작됐다. 그 뒤 1985년 '플라자합의'로 환율이 다시 1달러에 100엔대까지 떨어지자 일본 기업들은 획기적인 신상품을 만들기 위해 소재에 대한 투자를 더욱더 강화했다. 결국 일본이 1980년대 후반부터 세계적인 소재 강국으로 떠오르기까지는 엔화 강세라는 악조건을 이겨내기 위한 20년 가까운 긴 투자의 세월이 필요했다. 그리고 이런 투자는 '잃어버린 10년'이라는 장기불황 속에서도 꾸준히 계속돼, 이제는 일본 경제가 잃어버린 10년을 되찾고 새로운 도약을 꿈꾸는 힘이 되고 있다.

그렇다면 우리나라 소재산업과 일본의 소재산업은 무엇이 다른 걸까? 일본은 소재를 먼저 개발한 뒤 부품을 만들고 완제품을 생산하는 방식으로 산업을 성장시켜 왔다. 그러나 우리는 거꾸로 완제품 산업이 먼저 성장한 뒤 부품산업을 육성해 왔고, 이제 마지막으로 소재산업을 남겨 놓고 있다.

한국은 과연 지금 신소재 개발 경쟁에 뛰어들어 성공할 수 있을까? 일본의 전문가들은 안 될 것이라고 말한다. 하지만 우리의 산업 발전은 다른 어느 나라도 경험하지 못했던 길을 걷고 있기 때문에 쉽게 성패를 속단하기는 어렵다. 분명한 것은 성공의 가능성을 높이려면 지금까지 우리에게 부족했던 것들을 시급히 채워 나가야만 한다는 사실이다. 즉, 기업들은 장기적인 안목으로 서로 협력해서 과감히 투자하고, 정부와 대학은 이런 기업의 기초연구를 뒷받침해 줘야 한다. 10년 뒤 뭘 먹고살 것이냐는 걱정 속에서 소재산업이 한국 경제의 든든한 버팀목이 되기 위해서는 과감한 결단과 투자가 필요해 보인다.

일본은 삼성전자를 노렸나

무너진 한일 분업

일본은 한때 전 세계 메모리 반도체 1위였다. 1986년 6인치 웨이퍼 양산 라인에 선도적으로 투자하면서 미국이 주도권을 잡고 있던 메모리 반도체 분야를 제패할 수 있었던 것이다. 하지만 1990년대 일본에 장기 불황이 찾아오면서 일본 기업들은 투자를 망설였다. 이때 삼성이 과감하게 투자하면서 일본을 추월했다.

이경묵_서울대 교수　　1990년 초반에 삼성이 역으로 8인치 웨이퍼에 먼저 선제적 투자를 하면서 일본 업체들을 뛰어넘을 수 있었어요.

그런데 일본이 따라잡힌 건 반도체산업만이 아니었다.

박재근_한양대 교수　　일본의 소니나 NEC와 같은 전자회사들은 TV 로부터 시작해서 거의 모든 가전제품 분야에서 1등을 하는 기업들이에요. 그런데 메모리 반도체에서 한국과 경쟁해 지게 되면서 IT 제품, 즉 TV라든지 이런 가전제품에서도 한국 기업, 즉 삼성이나 LG와의 경쟁에서 져버렸던 것입니다.

반도체에 이어 디스플레이에서도 한국이 일본을 앞서가면서 전자업계 판도가 뒤바뀐 것이다. 일본 산업계는 이런 변화를 지켜볼 수밖에 없었다.

박재근_한양대 교수   반도체 칩이나 패널, 디스플레이 패널 그리고 완제품 TV라든지 냉장고, 세탁기, 스마트폰 시장에서도 이제 일본은 한국과 경쟁이 안 되는 나라가 돼버렸습니다. 그러니까 70~80년대 그렇게 화려했던 시절을 떠올리면 얼마나 아쉽겠습니까?

하지만 한국 역시 문제가 없었던 건 아니다. 일본은 반도체 산업을 육성하면서 소재와 장비업체를 함께 키웠지만 우리는 지난 수십 년 동안 그러지 못했다. 대신 국내 반도체 기업들은 일본으로부터 소재와 장비를 사서 반도체 강국 자리를 지켜왔다.

안기현_반도체산업협회 상무   한국은 제조 기술을 계속 발전시키고, 그 과정에서 일본의 제일 좋은 소재를 써서 소재 기술을 발전시켰습니다. 한국의 제조 기술 발전, 일본의 소재 기술 발전, 이렇게 협력해서 반도체 기술을 발전시킨 겁니다.

안기현 반도체산업협회 상무

아베 총리

일본은 일류 소재를 공급하고 한국은 그것을 수입해서 세계 최고의 반도체를 만든다. 이런 오랜 분업 구조가 하루아침에 깨질 수도 있다고는 생각하지 못했다. 포문은 아베 총리가 열었다.

아베_일본 총리(2019년 7월 3일)　바세나르 협정이라고 하는 국제적인 규약이 있는데, 일본도 여기에 포함돼 있습니다. 그 의무에 따라 상대국(한국)이, 직설적으로 말씀드린다면 약속을 지키지 않고 있다면, 지금까지의 (무역) 우대 조치를 취할 수 없습니다.

일본은 '안보 문제'라는 납득하기 힘든 이유를 내세워 반도체와 디스플레이 핵심 소재 세 가지의 대한국 수출을 규제했다. 일본의 세계시장점유율이 70%에서 90%에 달하는 독점적인 소재들이다.

반도체의 기본 원리는 석판화와 비슷하다. 반도체의 중요한 기술을 영어로 포토(photo), 리소(litho), 그라피(graphy)라고 한다. 포토는 빛을 의미한다. 리소는 돌을 의미하고, 그라피는 그림을 그리는 것이다. 그러니까 '빛을 이용해서 실리콘이라는 돌에다가 미세한 그림을 그리는 기술'이라고 볼 수 있다. 이 기술이 어려운 이유는 갈수록 크기가 작아지는데, 그 안에 더 미세한 그림을 그려서 용량을 늘려야 하기 때문이다. 일본이 규제한 소재들은 이런 최첨단 공정에 꼭 필요한 것들이다.

일본이 대한국 수출을 규제한 핵심 소재 세 가지는 ①고순도 불화수소 ②EUV 포토레지스트 ③플루오린 폴리이미드이다.

아베 총리의 발언 이후 NHK는 한국에 대한 우대 조치가 사라질 것이라며 향후 파장을 신속하게 보도했다. 이번 수출규제로 일본 업체는 앞으로 세 가지 소재를 한국에 수출할 때마다 정부의 승인을 받아야 한다. 전에는 3년마다 포괄적으로 승인을 받았는데, 이 절차가 까다로워졌다는 것이 핵심이다.

KBS 취재팀이 만난 일본 업체 관계자는 행정적인 절차가 늘어나면 결국 매출도 줄어들 것이라며 일본 정부의 수출규제를 걱정했다.

일본 업체 관계자　　지금까지는 일정에 맞춰 협의하고 샘플 교환 등을 해 왔는데, 행정적인 절차가 크게 늘면서 매우 번거롭게 됐습니다. 이익을 많이 내던 제품들이 규제 대상에 포함되면서 상품 개발이 늦어지고 매출도 줄어들 가능성이 있습니다.

심사 기간은 90일 정도지만 그 이상 늘어날 수도 있다는 게 더 큰 문제다. 특히 포토레지스트와 불화수소 같은 소재는 보존 기간이 짧아 더 걱정이다. 냉장돼 있는 것을 꺼내 실온에 놔두면 그때부터 유효기간이 카운트되기 때문에 미리 사 놓을 수 없다는 것이다.

KBS 〈뉴스9〉는 일본 정부의 소재 수출규제를 강하게 비판했다. 우리 정부의 경고에도 불구하고 일본이 세 가지 반도체 핵심 소재의 한국 수출 길을 막았다며 양국 관계가 더욱 경색될 것이라고 경고했다. 삼성 등 한국의 산업계에도 비상이 걸렸다. 아베 총리 발언 직후 이재용 삼성전자 부회장은 급하게 일본을 찾았다. 일본이 규제하기로 한 반도체 소재 공급을 안정적으로 확보하기 위해서다. 이재용 부회장이 일본 출장을 마치고 한국에 돌아온 다음 날 문재인 대통령은 피해가 발생할 경우 우리 정부로서도 필요한 대응을 하지 않을 수 없다며 우회적으로 일본을 비판했다. 하지만 일본 정부는 공세의 고삐를 늦추지 않았다. 세코 히로시게(世耕 弘成) 일본 경제산업성 장관은 마치 매뉴얼에 따라 진행하는 것처럼 연일 한국을 압박했다. 2019년 7월 9일에는 "한국 대응에 달렸다. 당연히 규제 품목이 확대될 가능성이 있다."고 했고, 8월 2일에는 "아시아에서 유일하게 화이트리스트에 올랐던 한국은 명단에서 제외될 것이다. 8월 7일 공포돼 8월 28일부터 시행된다."고 선언했다.

반도체와 디스플레이는 2018년 우리나라 전체 수출의 1/4을 차지했다. 반면에 일본이 규제한 세 가지 소재는 모두 합쳐도 일본 전체 수출의 0.05%도 되지 않는다. 그렇다면 아베 정부는 자신들에게는 피해가 적으면서 한국에는 큰 피해를 줄 수 있는 것이 무엇인지를 정확히 알고 있었던 것이 아닐까? 어느 날 갑자기가 아니라 이미 오래전부터 아베 정부는 치밀하게 한국 경제의 급소를 노렸던 것이다.

〈시사기획 창〉 취재진은 일본 내 상황을 보다 더 정확하게 알아보기 위해 일본 소재업체 10곳에 취재 요청 이메일을 보냈다. 하지만 모두 취재에 응할 수 없다는 답변을 보내왔다. 국가 정책에 대해서는 의견을 밝힐 수 없다는 업체도 있었고, 모든 언론 취재를 거절하고 있다는 기업들도 있었다. 일본 소재업체들은 왜 정부 정책에 대해 말을 못 하는 것일까?

취재진은 비공식적으로 몇몇 소재업체 관계자를 만나 그들의 속사정을 들을 수 있었다. 특히 '안보 문제'라는 일본 정부의 설명에 대해서는 납득하기 어렵다고 속내를 털어놨다.

미나미카와_일본 반도체 애널리스트　　경제산업성 사람과 얘기를 나눴는데요, 일본 측의 주장은 "한국에 수출한 불화수소 재료가 어딘가를 경유해서 제3국에 간 것이 아닐까?"하는 가능성이 있다고 말하고 있습니다. 이에 대해서 일본 소재업체들은 어떻게 생각하느냐면 "처음 그런 얘기를 들었습니다."라고 해요. 어떤 협의도 없이 갑자기 일본 정부가 움직였기 때문에 당혹해하고 있다는 것이 지금 상황입니다.

40년 동안 반도체 분야를 취재하고 스무 권 넘는 관련 서적을 펴낸

이즈미야 씨도 7월 한 달 동안 두 차례나 경제산업성 관료들을 만났다고 했다. 이즈미야 씨 역시 일본 공무원들과 얘기를 나누면서 한국에서 제3국으로 유출됐다는 똑같은 말을 들었다고 했다.

2019년 11월 11일. 한국반도체디스플레이기술학회 초청으로 서울을 찾은 이즈미야 씨는 좀 더 구체적으로 일본 정부의 의심을 설명했다.

2019년에 발표된 '일본 재무성 무역통계'를 보면 2018년에 '고순도 불화수소' 수출액이 급증했다. 일본 정부는 왜 2018년 한국행 '고순도 불화수소' 수출량이 급증했는지 한국 정부에 설명해 달라고 몇 차례 요구했지만 답을 듣지 못했다고 했다. 한국무역협회에서 발표한 자료에서도 '고순도 불화수소' 수입액이 급증했다. 일본 정부는 왜 2018년 한국 기업들이 일본으로부터 고순도 불화수소를 다량 수입했는지 알 수 없다며, 혹시 북한이나 중국 등 제3국으로 넘어간 것 아닌지 의심하고 있다는 것이다.

수출량을 보면 더욱 분명하게 알 수 있다. 2018년에는 '고순도 불화수소'뿐만 아니라 '불화수소' 수출량도 급증했다.

일본 정부는 한국에서 제3국으로 뭔가가 유출됐다는 얘기를 계속 흘리고 있지만 정작 그게 무엇인지, 어디로 갔다는 것인지에 대해서는 침묵하고 있다. 우리 정부도 우리의 무역관리체계에 문제가 있다는 근거를 대라고 요구하고 있지만 일본 정부는 어떤 근거도 제시하지 못하고 있다.

김용래_산업부 차관보 그쪽(일본)에서 이 조치를 취하게 된 이유 중에 하나가 '부적절한 사례'가 발견됐기 때문이라고 했습니다. 그런데 그

부적절한 사례에 대해서 애기가 나온 지가 지금 한 달이 넘었습니다. 저희가 (일본에) 여러 번 애기를 했습니다. 요청을 했습니다. 부적절한 사례가 도대체 어떤 내용들이냐? 한 번도 저희는 설명을 들은 적이 없습니다. 그것에 대해서.

우리 기업들도 제3국 유출은 결코 있을 수 없는 일이라며 단호한 입장이다. 안기현 반도체산업협회 상무는 "전략물자에 들어 있는 품목은 '어디에 쓰는 거다'라고 등록을 하고 수입을 하기 때문에 우리가 받아서 제3국으로 갈 가능성은 전혀 없습니다. 왜냐하면 그 페널티가 우리가 감내할 수 있는 수준을 벗어나기 때문입니다. 기업의 사활을 걸고 그런 일을 벌인다? 글쎄요. 상식적으로 그런 일이 발생할 가능성은 전혀 없습니다."라고 말했다. 그렇다면 왜 일본은 '제3국 유출' 운운하면서 한국에 대한 소재 수출을 규제하는 것일까? 일본의 속내는 무엇일까?

〈시사기획 창〉은 일본이 규제한 세 가지 소재 가운데 하나인 'EUV 포토레지스트'에서 답을 찾아봤다. EUV 포토레지스트는 한국 정부가 큰 관심을 갖고 있는 비메모리 반도체 산업의 핵심 소재이기 때문이다.

이병훈_광주과학기술원 교수　　일본으로서는 한국이 반도체 제조업, 특히 비메모리 제조를 강화하는 것에 대해 위기감을 갖고 있습니다. 그런데 비메모리 반도체를 타격할 수 있는 가장 쉬운 방법이 일본이 이번에 선택한 EUV 포토레지스트의 수출을 막는 겁니다.

삼성전자는 2019년 상반기에 133조 원을 투자해 시스템 반도체, 즉 비메모리 반도체를 육성하겠다고 밝혔다.

이재용_삼성전자 부회장   지금까지 반도체는 '산업의 쌀'로 불렸습니다만 이제 데이터 기반의 4차 산업혁명 시대에는 거대한 세상을 움직이는 작은 엔진이자 우리의 미래를 열어 가는 데 꼭 필요한 동력이라고 확신합니다. 메모리에 이어서 파운드리(foundry)를 포함한 시스템 반도체 분야에서도 당부하신 대로 확실한 1등을 하도록 하겠습니다.

그렇다면 일본이 1차 공격 대상으로 삼은 건 삼성전자가 아닐까? 2006년 샤프를 중심으로 '퓨처비전'을 이끌었던 오미 도호쿠대 교수의 인터뷰가 다시 떠올랐다. "농담도 적당히 해라. 일본 도움 없이 삼성이 어디까지 가는지 보고 싶다."

비메모리 반도체란 무엇일까? 스마트폰을 예로 들어 설명해 보겠다. 스마트폰 한 대에 들어가는 반도체는 보통 100개 정도이다. 스마트폰을 분해해 보면 한마디로 반도체 덩어리라는 것을 쉽게 알 수 있다. CPU에 해당하는 애플리케이션 프로세서가 있고, 통신을 할 수 있는 통신 칩, 아주 빠른 속도로 데이터를 저장하는 D램이 있다. 또 속도는 느린데 많은 데이터를 저장하는 낸드 플래시 메모리와 음향을 처리하는 오디오 칩도 들어 있다. 여기서 D램처럼 저장 기능을 하는 반도체가 메모리 반도체이고 연산과 논리 등 정보처리에 쓰이는 반도체를 비메모리 반도체라고 한다. 세계 시장 규모도 비메모리 분야가 메모리

보다 2배 이상 크다.

이병훈 광주과학기술원 교수는 "우리가 메모리 시장을 잡았어요. 그다음에 이제 우리는 비메모리 시장 쪽으로 들어가려고 합니다. 그런데 비메모리 시장은 크게 '제조'와 '설계'로 나눠져 있어요. 비메모리 시장에서 설계 분야는 미국이 단 한 번도 자리를 내준 적이 없어요. 제조 분야가 남아 있는데, 제조 분야의 시장이 점점 더 커지고, 미국도 그것을 제3국에 넘기려고 하는 상황입니다."라고 말했다.

현재까지 비메모리 제조 분야는 타이완의 TSMC가 1위인데, 여기에 삼성이 도전장을 낸 것이다. 삼성은 10억 분의 7미터, 7나노 공정을 세계 최초로 개발해 TSMC를 추격할 계획이다. 이 공정의 핵심이 EUV, 극자외선 소재와 장비라고 한다. 결국 EUV 포토레지스트라는 소재 하나만 없어도 삼성의 양산 계획은 차질이 불가피한 상황이다.

미나미카와_IHS마킷 반도체 애널리스트 삼성이 지금 계속 쫓아와서 (TSMC를) 거의 다 따라잡았습니다. 그런데 또 (생산이) 늦춰져 버린다면 최첨단 반도체를 쓰는 미국 퀄컴, 엔비디아, 애플 등은 당초 삼성과 거래할 물량을 TSMC로 넘길 수 있다는 거죠. 그렇게 되면 삼성은 큰 영향을 받을 거라고 생각합니다. 미래의 최첨단 반도체와 관련되는 일이기 때문에 그 부분은 큰 문제가 될 거라고 생각합니다.

삼성이 비메모리 반도체를 생산하지 못하더라도 미국 기업들은 TSMC로부터 구입하면 된다. 일본 정부로서는 미국의 눈치를 보지 않으면서 한국을 계속 공격할 수 있게 된다는 것이다. 이렇게 되면 결국 한국만 세계 반도체 시장에서 손해를 볼 수밖에 없다.

　김용래 산업부 차관보는 "시스템 반도체라는 것은 우리나라가 앞으로 끌고 나가야 될 미래의 먹거리 산업입니다. 이 부분을 일본에서 사실은 건드린 것이 아닌가, 저는 그렇게 생각합니다. 우리가 미래 성장해 나가야 될 그런 부분을 주저앉히겠다고 하는 것으로 저희는 받아들일 수밖에 없습니다."라고 말했다.

한일 소재산업의 격차

99.99와 99.999의 엄청난 차이

———

일본 정부는 화이트리스트, 즉 '백색 국가'에서 한국을 제외함에 따라 더 많은 물품의 수출을 규제할 수 있게 됐다. 일본 경제산업성 장관은 수출입 금지 조치가 아니라고 강변하고 있지만, 일본 정부가 수출을 통제하는 전략물자는 모두 1,194개로 조사됐다. 이 가운데 무기와 관련돼 전에도 개별 허가를 받던 품목과 일본에서 생산하지 않는 품목, 한국이 수입하지 않는 품목 등을 제외하면 159개 품목이 우리에게 문제가 될 수 있다. 여기에는 미래 자동차산업과 항공우주산업, 기계산업 등에 필요한 핵심 소재와 장비가 포함돼 있어서 우리나라 모든 제조업계가 촉각을 곤두세우고 있다.

장웅성_산업부 R&D전략기획단 부단장 기계 산업의 핵심이라고 하는 CNC 제어장치들, 또 우리나라가 전 세계에서 가장 로봇을 많이 사용하고 있는 나라임에도 불구하고 로봇과 관련된 핵심적인 제어 부

장웅성 산업부 R&D전략기획단 부단장

품들, 미래 차와 관련된 수소차 부품 또는 전기차 배터리와 관련된
소재, 탄소복합재료 CFRP 같은 재료도 현재는 일본이 상당히 세계
적 지배력을 갖고 있는 소재이기 때문에 저희들한테 미치는 영향이
클 거라고 봅니다.

일본 안에서도 우려하는 목소리가 나오고 있다. 한국 기업들이 일본
업체로부터 수입하지 않고 개발할 수도 있다는 것이다.

미무라_일본상공회의소 회장   한국이 국내에서 부품을 스스로 만들게
될지도 모릅니다. (강제징용 문제 등은) 양국 간 적극적인 대화로 풀
어 가길 기대합니다.

그런데 얘기를 다시 들어 보면 부품산업에 대해 걱정하면서도 소재
산업은 언급하지 않고 있다. 소재산업은 단기간에 어떤 성과를 내기
어렵기 때문에 한국이 추격하기 힘들다는 자신감이 깔려 있는 것으로
보인다.

장웅성_산업부 R&D전략기획단 부단장 　원천기술에서 상업화까지 걸리는 시간이 최소한 20년입니다, 최소한. 그래서 이걸 '인내의 산업'이라고 표현하고, 마치 바이오산업에서 신약을 개발하는 그런 프로세스랑 상당히 유사한 산업 특성을 가지고 있습니다.

일본에서 수출을 규제한 소재를 다른 곳에서 대체 수입하거나 국산화하는 게 힘든 것도 소재산업의 이런 특성 때문이다. 예를 들어 불화수소의 경우 우리나라는 99.9%, 중국은 99.99%까지 만드는데, 일본에서 수입하는 반도체 공정용 고순도 불화수소는 99.999%이다. 이게 얼마나 다를까?

이덕환_서강대 교수 　99.99하고 99.999가 뭐가 그렇게 다르냐? 이게 일반적인 상식이고요. 반도체 공정에서는 전혀, 하늘과 땅만큼 다른 겁니다. 99.99를 가지고 99.999로 만드는 일이 그렇게 쉬운 일이 아니라는 거죠. 고순도 불화수소를 정제하는 기술은 일본만 가지고 있습니다. 순도가 낮은 걸 갖고 좀 불량률이 많이 나면 뭐 그거 손해 감수하고 하면 되지 않느냐? 그건 현장을 모르는 얘기죠. 불량률이 높은 D램은 아무도 안 사 갑니다.

EUV 포토레지스트도 일본이 독자적으로 개발했다. 이런 소재들은 각종 특허로 보호 장벽을 만들어 놔서 뚫고 들어가기 쉽지 않다는 특징을 지니고 있다.

이병훈_광주과학기술원 교수　소재는 그 특허와 관련된 제한이 있는 경우가 되게 많이 있습니다. (일본) 회사들이 대부분 많은 지적재산권을 이미 가지고 있기 때문에 우리가 그걸 무조건 카피한다고 해서 만들어질 수 있는 상황은 아니라는 거죠.

일본 산업계는 '암묵지'를 중요하게 생각한다. 현장에서의 오랜 경험을 통해 체득되는 지식을 말하는데, 소재산업에는 첨단 기술뿐 아니라 이런 암묵지가 녹아들어 있다고 얘기한다.

박재근_한양대 교수　일본은 장인정신이라는 게 있다는 말이지요. 스시를 만든 사람이 동경대를 나왔는데, 할아버지, 아버지 때부터 스시를 만드니까 동경대 공부를 하고 나서도 또 스시 만드는, 굉장히 독특한 문화를 가지고 있어요. 그리고 지금 이슈가 되는 게 반도체 소재 분야에 있어서는 기초 정밀화학 기술이 굉장히 중요한데, 일본은 1940년대부터 노벨상을 탔지 않습니까?

일본은 지금까지 노벨 화학상 수상자 8명, 물리학상 수상자 9명을 배출했다. 2019년에도 노벨 화학상 수상자가 나왔다. 2019년 10월 스웨덴 왕립과학원 노벨위원회는 일본 화학자 요시노 아키라 씨를 노벨 화학상 수상자로 선정했다. 리튬 이온 배터리 발전에 기여한 공로를 인정받은 것이다. 요시노 씨는 교토대학 대학원을 졸업한 뒤 화학업체인 아사히카세히에 입사해 '충전할 수 있는 전지' 개발에 매진했다고 한다. 한 회사에서 30년 가까이 한 우물만 판 결과였다. 이렇게 탄탄한 기초과학이 일본 소재산업을 뒷받침하고 있다. 일본은 또 2001년에 소재와 관련된 각종 연구기관을 하나로 통폐합해서 물질·재료연구소를 만들었다. 물리와 화학, 금속재료 등 다양한 영역의 벽을 넘어 소재 분야의 장기 연구를 총괄하는 지휘본부를 세운 것이다.

기타가와_물질·재료연구소 이사(2006년)　　산업계가 기초부터 연구해 5년이나 10년씩 걸리는 것을 개발하기에는 갈수록 힘들어지고 있습니다. 산업계의 경쟁이 매우 치열하기 때문에 10년 후를 위해 그렇게 많은 투자를 할 수 없기 때문이죠.

적어도 10년 후의 기술, 10년 후의 시장을 보고 10년 후의 상품을 개발해야 할 만큼 소재산업은 오랜 시간에 걸쳐 꽃을 피우는 분야이다.

한국 경제는 가마우지 신세?

소재 국산화의 길

———

일본의 한 경제평론가는 한국 경제를 '가마우지 경제'라고 평했다. 잡은 물고기를 어부에게 뺏기는 가마우지처럼 핵심 부품과 소재를 일본에서 수입하기 때문에 한국은 수출을 많이 할수록 일본에게 이익을 뺏긴다는 것이다. 이 때문에 우리 정부도 2001년에 '부품소재 특별법'을 만들었고, 부품 분야에서는 상당한 성과를 거뒀지만 소재 분야의 격차는 좀처럼 좁히기 힘들었다.

김용래_산업부 차관보　소재라는 것은 '인내의 산업'입니다. 그리고 장벽이 상대적으로 부품보다 높습니다. 그래서 지금도 소재 강국은 제조업 강국이고, 선진국입니다. 소위 말하는 미국, 독일, 일본 정도입니다.

그렇다면 왜 우리나라 기업들은 소재산업에서 성과를 내지 못하는 걸까? KBS 취재팀은 반도체 소재를 만들어 대기업에 납품하는 한 중소기업을 찾았다. 화학물질을 기화시켜서 웨이퍼 증착막을 만드는 데 필요한 소재를 개발하는 기업이었다. 회사 사장은 메모리 반도체를 만드는 중요한 재료이기 때문에 반드시 국산화해야겠다는 신념을 갖고 사업에 뛰어들었다고 한다. 하지만 생각보다 훨씬 더 많은 시간이 걸렸다. 자체적으로 5년, 또 대기업에서 3년을 거쳐 양산됐다고 한다. 하지만 더 힘들었던 건 지금 대기업이 무엇을 필요로 하고, 또 어떤 방향으로 나갈 것인지에 대한 정보였다고 한다.

이종수_메카로 대표   20개, 30개를 개발하기도 어렵지만, 개발한다고 해도 양산에 적용되는 것은 그중에 또 한 개일 수 있습니다. 그런 부분들은 대기업이 특정하게 지정을 해주시고, 또 거기에 맞춰서 경제성이 나오도록 도와준다면 저희가 개발을 안 할 이유가 없고요.

48년 전 염료 사업으로 출발했던 경인양행은 15년 전부터 소재 분야에 뛰어들었다. 최근엔 일본이 수출을 규제한 플루오린 폴리이미드에 쓰이는 핵심 소재를 독자 개발했다.

조성용_경인양행 대표   투명 폴리이미드의 핵심 모노머(monomer)는 이 장비를 사용해서 저희가 양산을 하게 됐고요. 그건 뭐 기존 일본 업체들하고는 완전히 다른 저희 자체 공정기술이다, 이렇게 얘기를 할 수 있습니다.

반도체와 LCD용 포토레지스트의 주요 재료인 감광재의 경우 세계 시장의 1/3을 점유해 일본에도 수출한다고 한다. 다만 일본이 수출을 규제한 EUV 포토레지스트는 일본과의 기술 격차가 커서 아직 시간을 갖고 도전해야 할 과제로 남아 있다.

조성용_경인양행 대표 반도체 핵심 소재는 개발 관련 장비, 이런 것도 상당히 비용이 많이 들고, 그 다음에 양산 설비도 또 구축하는 데 상당히 비용이 많이 듭니다. 그래서 사실 뭐 중견기업이 그런 것들을 이렇게 단독으로 도전하기는 상당히 부담이 있는 게 사실이고, 거기에다가 또 이제 시간 문제도 있습니다. 반도체 같은 경우는 그렇게 또 상당히 인내를 갖고 오랫동안 기다려야 되는 경우가 많고….

규제도 발목을 잡고 있다. 화학물질 관리와 안전에 관한 규정이 강화되면서 실험실이나 공장을 늘리려면 투자 비용이 대폭 늘어난다는 것이다.

조성용_경인양행 대표 이런 법규들의 당위성은 분명 인정하지만, 현재 산업의 현 시점을 앞질러 가서는 워낙 반도체 핵심 소재에 진입하는 장벽이 높은 것에 플러스해서 새로운 비용 부담이 너무 과다하게 작용을 하고 있거든요.

신기술을 개발하기 위한 각종 실험 절차도 너무 까다롭다는 게 업계의 하소연이다.

이덕환_서강대 교수   모든 소재는 100% 화학적 공정을 통해서 만들어져요. 그 과정에서 사용하는 독성 물질의 수는 헤아릴 수도 없습니다. 그런데 우리는 사회적으로 독성 물질은 가지고 들어오지 말라고 선언을 해놨어요.

이번 사태가 발생한 뒤 정부와 정치권은 업계의 얘기를 들으며 대책을 찾고 있다.

김성일_동진쎄미켐 사장   국산화된 첨단 전자 소재를 평가할 수 있는 테스트베드를 조기 구축했으면 합니다. 그래야 빠르고 정확하게 개발하고, 현재와 같은 사태가 재발되지 않을 것이라고 생각하고요.

박성기_원익IPS 사장   대기업의 기술이 많이 발전하겠지만 중소기업의 기술력도 함께 발전할 수 있길 바랍니다. 이번 기회에 정부가 대기업과 중소기업의 컨소시엄을 만들어 줬으면 해요. 의지만 있으면 기술은 얼마든지 따라갈 수 있을 거라고 봅니다.

무엇보다 중요한 것은 최종적으로 소재와 장비를 사용하는 대기업의 관심과 의지이다.

안진호_한양대 교수   중소, 중견 기업이 아무리 노력을 해도 그 제품의 완성도는 90% 이상을 넘어가기는 사실 힘든 게, 나머지 10%는 최종적으로 사용하는 수요 기업(대기업)이 만족할 만한 성능을 가지는가에 대한 검증이거든요. 사실은 그 마지막 10%를 채우는 검증이 라는 단계가 돈도 많이 들고 시간도 많이 들지만 대기업과의 관계, 그 도움이 없으면 불가능한 겁니다.

KBS는 지난 2006년 당시 부품소재산업진흥원과 함께 소재 기업들을 대상으로 설문 조사를 실시한 적이 있다. 그런데 '원천 소재 개발이 왜 힘든가?'라는 질문에 대해 대기업의 70%가 'CEO 재임 기간 중에 성과가 나오기 어렵기 때문'이라는 이유를 꼽았다. 소재 개발에는 10년 이상 걸리는데, CEO 임기는 보통 3년에서 길어야 5년이다 보니 대기업 경영자 입장에선 관심이 없었다는 것이다. 실제로 국내 중소기업이 어떤 소재를 국산화해도 대기업이 일본 기업에게 가격 인하를 요구하거나 일본 기업이 가격을 낮춰 국내 기업을 견제하는 경우도 많았다. 결국 이번 사태를 계기로 대기업 총수들이 생각을 바꾸고 기업 행태를 고쳐 나가야만 소재산업 국산화가 힘을 얻을 수 있다는 것이다.

김용래_산업부 차관보 소재, 장비 산업 부분들이 받쳐 주지 않으면 앞으로 나갈 수가 없다는 것을 기업들도 물론 잘 알고 있습니다. 하지만 전에는 이 부분을 쉽게 일본에서 갖고 왔었습니다. 그런데 그 부분에 지금 망이 끊어진 거죠. 앞으로는 국내 공급망에 훨씬 더 많은 노력과 힘을 기울이리라 저는 생각을 하고요, 그렇게 나가야 된다고 생각합니다.

왜 정부가 나서야 하나

'소재 백년대계'를 위한 전략

———

냉정하게 돌아보면 한국과 일본의 분업 구조를 하루아침에 바꾸기는 어렵다. 비록 일본 정부가 먼저 그 구조를 흔들었다고 해도 현재는 여전히 분업 구조를 유지할 수밖에 없는 상황이다.

이덕환_서강대 교수 '금 나와라 뚝딱' 하면 금이 나올 수 있는 것처럼 착각을 하는 거죠. 기술은 그런 게 아니죠. 모든 나라가 원하고 모든 과학자가 원하고 모든 기업이 원하는데, 만들 수 있는 나라, 만들 수 있는 기업은 극도로 한정돼 있는 게 첨단기술입니다. 그렇게 분업을 해 오던 상황을 전혀 무시하고 갑자기 왜 이건 안 했느냐고 하는 지적은, 그건 무의미한 거죠. 이걸 깨뜨리면 우리도 피해를 보고, 물론 다른 나라도 그 어려움을 겪지만 우리가 겪는 어려움이 가장 심각한 거죠.

그렇지만 계속해서 일본에 소재를 의존할 수는 없고, 그래서도 안 된다는 공감대가 빠르게 확산되고 있다.

황철주_주성엔지니어링 대표   다른 나라가 만들어 놓은 원천기술에서 벗어나지 않고 있고, 다른 나라들이 만든 협력회사의 인프라를 공유하고 있고, 그런 사람들과 공동 개발을 해 오면서, 하면서 세계 1등을 하려고 하고 있다… 이거는 경쟁 국가가 본다 그러면요, 금방 추월할 수 있는 구조라고 생각해요. 지금이라도 정부와 대학과 국가 출연 연구소, 대기업, 중소기업 다 힘을 합쳐서 함께 극복을 해야 됩니다.

선진국들은 소재산업에서 국가의 미래를 찾고 있다. 일본은 이미 2007년부터 10년 넘게 '원소전략 프로젝트'를 가동하고 있다. 희토류 같은 희귀원소를 사용하지 않고 첨단 기능을 가진 물질이나 소재를 개발하겠다는 전략이다. 미국도 2011년부터 '소재 게놈 이니셔티브'라는 전략을 추진하고 있다. 인간 게놈 프로젝트처럼 각종 소재를 분석하고 선점해서 미국 제조업을 부활시킨다는 계획이다. 민주당 오바마 전 대통령이 시작해서 공화당 트럼프 대통령이 이어받았다.

장웅성_산업부 R&D전략기획단 부단장   선진국들은 다 소재와 관련해서는 국가적 아젠다(의제)입니다. 마찬가지로 이번 기회에 저희들도 국가가 이 소재산업을 어떻게 가져갈 건지에 대한 좀 큰 그림이 만들어져야 된다고 보고, 이 (일본의) 규제 조치와 상관없이 대한민국

제조업은 현재 위기를 맞고 있고, 저희들이 이런 위기를 극복하는 데 주어진 시간도 길지 않습니다.

2006년 일본에서 만난 쓰쿠바대 슈이치 교수는 한국처럼 정권마다 산업정책이 바뀌는 상황에서는 소재산업의 기반이 되는 기초과학기술을 발전시키기 어렵다고 지적했다. 자신은 30년 동안 형상기억합금 한 분야를 계속 연구하고 있는데, 한국 교수들은 수시로 연구 주제를 바꿔 가는 상황이 안타깝다는 얘기이다.

슈이치_쓰쿠바대 교수(2006년)　한국을 보면 그때그때 중요한 분야에 연구비가 나옵니다. 하지만 그것을 따내기 위해 연구자는 자신의 연구 주제를 바꿔야 합니다. 이런 일이 일어나면 오랜 기간 동일한 연구를 지속하기가 힘들어집니다. 그러면 그 연구의 수준이 높아질 수 없고, 그 분야에서 권위도 생기지 않습니다.

일본의 수출규제 이후 정부는 수입선을 다변화하고 국산화를 앞당기기 위해 각종 대책을 내놓고 있다. 업계에서는 갑자기 끓어오른 이런 관심과 지원도 고맙지만, 멀리 보고 산업을 육성할 수 있는 환경을 만들어 달라고 부탁한다.

실제로 국내 부품소재 생산업체의 한 고위 인사도 반도체의 소재, 부품, 장비 국산화는 의지뿐만 아니라 10년 이상 긴 호흡으로 꾸준히 추진하지 않으면 절대 달성 불가능한 영역이라고 말했다. 때문에 지속적으로 국산화를 추진하기 위해 적어도 생태계가 경쟁력을 가질 수 있게 정부가 나서야 한다고 덧붙였다. 이웃나라 정부가 우리 경제의 약점을 공격하고 대한민국을 뒤흔드는 사태가 다시 되풀이되지 않도록 하려면 정치 지형이 어떻게 바뀌더라도 변하지 않을 장기적 소재산업 국가 전략을 함께 세워 나가야 한다. 일본 정부의 도발을 소재 강국으로 도약하는 계기로 만든다면 지금의 위기는 새로운 기회가 될 수 있다.

4

일하는 방식을 바꿔라

근로시간 단축의 명과 암

취재_ 박영관
촬영_ 김철호, 이재섭

일본은 2019년 4월부터 '근로시간 단축법'을 대기업에 적용하고 있다.

근로자가 한 달 동안 일할 수 있는 총 근로시간은 약 240시간이다.

건설업 등 일부 업종을 제외하고 이를 위반할 경우 30만 엔 이하의 벌금 또는

6개월 이하의 징역형에 처할 수 있도록 하고 있다.

2020년 4월부터는 중소기업 등에도 이 법이 적용된다.

그런데 자세히 들여다보면 일본의 근로시간 단축이 우리보다 훨씬 더 유연하다.

노사가 합의하면 월 100시간, 연 720시간까지 더 근무할 수 있기 때문이다.

우리가 주 52시간을 추진하는 지금 일본은 왜

근로시간 단축을 기업에 좀 더 유연하게 허용한 것일까?

저녁이 있는 삶

한국보다 유연한 일본의 근로시간

———

"일반 직장인들의 퇴근 시간은 오후 6시지만 그 시간을 지키기 어려운 게 우리 사회의 현실입니다. 퇴근 시간이 이렇게 늦어질 경우 기업이나 개인, 가정에는 어떤 영향을 미치는지 그 경제적 손익을 따져 봤습니다…. 화려한 서울의 야경, 그 불빛 속에는 밤늦도록 사무실에 남아 있는 직장인들이 있습니다. 직장인들이 늦도록 퇴근하지 못하는 이유는 그러나 일 때문만은 아닙니다."

직장인 A　나보다 상관인 사람들이 앉아 있는데, 윗사람들 눈치 보고 앉아 있다 보면 늦어요.

직장인 B　다들 자고 있을 때 들어가거나 그럴 때는 문을 열고 들어가기가 미안해요.

지난 2001년 KBS 9시 뉴스의 보도 내용이다. 19년이 지난 지금 우리 사회는 얼마나 달라졌을까? 주 5일제 도입 등 변화가 적지 않았지만 여전히 일하는 시간은 OECD 국가 평균보다 훨씬 많다. 저녁이 있는 삶, 일과 삶의 균형을 위해 정부는 주 52시간으로 근로시간 단축을 추진하고 있다.

다만 시행준비가 덜 된 소규모 기업에 대해서는 유예기간을 좀 더 주기로 했다. 이재갑 고용노동부 장관은 2020년 1월부터 주 52시간제 적용 대상인 50~299인 기업에 대해 1년의 계도기간을 부여한다고 밝혔다. 당초 노동부는 50~299인 기업 중에서도 규모가 작은 50~99인 기업에만 계도기간 1년에 선별적으로 6개월 추가하는 방안을 검토했지만 1년의 계도기간을 일괄적으로 부여하기로 결정한 것이다. 생산성 향상 없이 근로시간만 줄일 경우 부작용이 고스란히 경영 사정 악화로 이어질 수 있다는 우려를 감안한 것으로 보인다.

하지만 노동계는 강하게 반발하고 있다. 중소기업이 겪는 일시적인 업무량 급증은 불공정한 원·하청 구조에서 비롯된 것으로, 사안을 잘못 파악하고 있다는 주장이다. 노동계는 정부가 추진 중인 시행규칙 개정이 행정권 남용을 통한 기본권 침해의 소지도 있다며 헌법소원을 제기하겠다는 목소리도 나온다.

첨예하게 대립하고 있는 '근로시간 단축'. 해결할 수 있는 방법은 없을까? 이웃나라 일본도 우리와 비슷한 고민을 하고 있다. 일본은 2017년 상반기에 근로시간 단축을 포함한 '일하는 방식 개혁' 법안을 통과시켰다.

아베 신조_일본 총리(2017년)   일본의 일하는 방식에 근본적인 변화를 가져올 개혁을 추진하는 데 동참해 주시기 바랍니다.

뜻밖인 점은 일본의 근로시간 단축이 우리보다 훨씬 더 유연하다는 것이다. 연장 근로 한도는 월 45시간, 연 360시간이다. 월간, 연간 연장 근로 한도를 정해 기업이 일감 집중 시기에 따라 탄력적으로 활용할 수 있다. 노사가 합의하면 월 100시간, 연 720시간까지 더 근무할 수 있다. 우리나라는 주 12시간밖에 연장 근무할 수 없는데, 왜 일본은 월 45시간을 더 근무할 수 있도록 한 것일까? 우리가 주 52시간을 추진하는 지금 일본은 왜 근로시간 단축을 기업에 좀 더 유연하게 허용한 것일까?

과로가 미덕이었던 일본 사회

트럭 운전사 하야시 씨의 하루

———

일본 도쿄와 오사카를 잇는 토메이(東名) 고속도로. 올해 46세의 하야시 씨는 26년째 트럭을 몰고 이 길을 오가고 있다. 짐을 싣고 내리는 시간까지 포함해 하루에 12시간 이상 일한다.

하야시 아라이_트럭 운전사　　아침 6시 반이나 7시부터 저녁 6시 반이나 7시까지 일하고 있습니다. 예전에는 운전 시간이 정해져 있지 않아서 달릴 수 있을 만큼 달렸는데, 지금은 4시간에 한 번씩 휴식하고 있습니다. 장시간 운전을 하다 보면 저도 모르게 졸음운전을 하게 되거든요. 트럭을 운전하면서 가장 신경을 쓰는 것은 무엇보다 사고 예방이죠. 사고를 일으키지 말아야 한다고 하루에도 몇 번이나 다짐합니다. 일단 사고가 나면 모든 게 끝나거든요. 그래서 운전을 할 때 특히 사고에 주의하고 있습니다.

한 달 수입은 29만 엔, 우리 돈 3백만 원 정도. 일하는 시간은 길고 수입은 많지 않다 보니 트럭 운전은 젊은 사람들이 특히 꺼리는 직업이 됐다.

하야시 아라이_트럭 운전사　지금 젊은 사람들은 장시간 노동을 싫어하는 것 같습니다. 노동시간이 길어지면 놀 시간도 없고, 돈을 쓰지도 못하고, 급료는 급료대로 그렇게 좋지 않으니까 이 일을 하려고 하지 않아요. 한다고 해도 얼마 안 가서 그만두고요. 특히 우리와 같은 트럭 운전사들은 다양한 짐을 실어야 해요. 손으로 직접 옮겨야 하는 짐들도 많고요. 아무래도 손으로 직접 짐을 옮기다 보니까 시간도 많이 걸리고 체력적으로 힘들 때도 많아요. 때문에 요즘 젊은이들은 그렇게까지 힘든 일을 하려고 하지 않는 것 같습니다. 좀 더 편안한 일도 많으니까요.

장시간 노동으로 인한 교통사고나 운전자 과로사도 자주 발생한다.

지크하라_트럭 운전사　쉴 때 잘 수 있는지, 잘 수 없는지에 따라 달라요. 이렇게 더우면 자기도 힘들고….

이 때문에 일본 정부는 화물운송회사들에게 근로시간을 단축하라며 경고 신호를 보내고 있다.

호시노 하루히코_전일본트럭협회 부장　트럭 운전자들의 노동시간은 다

트럭 운전사 하야시 씨

른 업종과 비교할 때 20% 정도 길고, 임금은 20% 정도 낮습니다. 이 것이 트럭 업계의 현실이죠. 트럭 업계의 장시간 노동은 물론 트럭 운송회사만의 문제는 아닙니다. 더 큰 요인은 화주 쪽, 짐을 의뢰하는 쪽에 있습니다. 짐을 실을 때 2~3시간 기다리게 하거나, 짐을 내릴 때 또 기다리게 하거나 작업을 시키기 때문에 노동시간이 더 길어지는 겁니다. 실제로 2016년부터 화주와 운송회사에서 시범적으로 여러 가지 실험을 해 봤어요. 일본 전국 각지에서 여러 업종의 화주와 운송회사가 함께 참여해 파일럿 사업 형태로 실증 사업을 벌이고 있습니다. 또 얻어지는 장점들을 모아 가이드라인 형태로 정리하고 있습니다. 트럭 운전자의 장시간 근무를 금지하는 규정도 마련하고 있습니다. 2024년부터는 초과 운전을 할 경우 운송회사 대표를 형사 처벌할 수 있도록 노력하고 있습니다. 목표는 연간 960시간. 960시간 안에 모든 근로자가 일을 끝내도록 하겠다는 계획입니다. 연간 960시간을 12달로 나누면 한 달에 80시간인데요, 현재는 100

시간이 넘는 경우도 많아요. 100시간이 되면 아무래도 운전기사도 힘들고, 젊은 사람들이 운전기사라는 직업에 매력을 느끼지 못하게 되니까 큰 문제가 아닐 수 없습니다. 과로사로 이어질 수밖에 없다는 거죠.

힘들어도 묵묵히 참고 일하는 건 오랜 시간 동안 일본 사회에서 당연한 미덕이었다.

장기권_오테마에대학 교수　일본인들의 어떤 근본 의식 속에 일을 한다는 것, 노동을 한다는 것은 아주 성스러운 것입니다. 일본 말에 이런 말이 있습니다. 일을 한다는 것은 주변을 편하게 하는 것이다. 그러니까 결국 그런 의식이 바탕에 있기 때문에 누가 강요하지 않아도 자기 일을 정말 늦은 시간까지 하게 되고⋯.

그런데 이렇게 일하는 게 더 이상 미덕이 아니게 됐다. '가로우시(かろうし)', 즉 과로사라는 일본말이 2001년 옥스퍼드 영어사전에 등재될 정도로 부작용이 커진 것이다.

과로사를 막을 수 있을까?
한 요리사의 과로 자살

———

테라니시 씨의 남편도 1996년 과로사로 숨졌다. 테라니시 씨는 요즘
도 매일 아침 남편이 생전에 좋아하던 커피를 영정 앞에 올린다.

테라니시 에미코_과로사 유가족　남편은 아침에 일어나면 커피부터 찾
았어요. 하루 일과는 커피로 시작했거든요. 그래서 지금도 저는 아
침에 커피를 남편 영정에 올리는 거예요.

테라니시 씨의 남편 테라니시 아키라 씨는 요리사였다. 7개 매장을
가진 대형 음식점에서 17년 동안 요리사로 일하다가 1993년에 가장 큰
매장의 점장으로 승진했다.
테라니시 씨의 남편은 점장이 된 뒤에도 영업시간이 끝나면 직접 새로
운 메뉴를 개발하다가 새벽에 퇴근해서 가족들을 깨우곤 했다고 한다.

"남편은 이 회사에서 17년간 조리사로 근무했어요. 17년 가운데 16년은 조리장을 담당하는 주방장이었어요. 그러다 보니까 아무래도 메뉴를 개발하는 것에 관심이 많았어요. 새로운 메뉴를 개발하거나 계절 재료를 이용한 창작 요리라든지… 손님들이 좋아할 만한 신상품을 늘 만들어야 했어요. 가게 영업이 끝나면 혼자 남아서 새로운 창작 요리를 연구하거나 여러 가지 시작품을 만들어서 맛도 보고요. 그렇게 만든 음식을 집에 가져와서 한밤중에 가족들에게 먹어 보게 하고 맛이 어떠냐, 보기는 어떠냐 그런 얘기를 많이 했었습니다."

하지만 상황은 점점 나빠졌다. 1990년대 거품경제 붕괴로 기업들은 회식비와 접대비를 깎고, 가정에서도 외식비를 줄이던 바로 그 시기였다. 회사 측에서 내려보낸 매출 목표는 남편에게 큰 압박이었다고 한다.

"7개 매장 가운데 남편이 맡고 있는 매장이 가장 규모가 컸기 때문에 부담이 무척 컸어요. 전년도보다 매출이 좋지 않았어요. 남편이 담당하는 가게는 다다미방이 있어서 연회를 많이 했어요. 고객들도 회사 단체 손님들이 많았고요. 그런데 세계적인 불황이 찾아오니까 대부분의 회사들이 접대비나 교제비 등을 가장 먼저 삭감한 거죠. 남편의 매장도 그 영향으로 매출이 줄었어요. 이전에는 영업 담당자가 연회를 하는 회사들을 찾아다니며 영업을 했는데, 인건비가 삭감되면서 남편이 영업맨 역할도 하게 된 거죠. 점장이 직접 고객을 개척하고 새로운 손님을 끌어오라는 게 회사의 명령이었어요. 모르는 회사에 무턱대고 찾아가서 서비스 쿠폰을 나눠주며 '저희 가게를 이용

테라니시 씨는 매일 아침 남편이 생전에 좋아하던 커피를
영정 앞에 올린다.

해 주세요'라고 말했다고 합니다. 남편이 돌아가시기 6개월 전까지
그런 일을 했으니까요. 남편의 사망 원인은 과로사입니다. 남편은
열심히 일했어요. 목표를 달성하면 회사는 그 이상의 할당량을 계속
줬어요. 목표를 달성하지 못하자 '역시 당신에게는 큰 점포를 맡길
수 없다'며 참을 수 없는 모욕을 줬어요."

사망하기 6개월 전에 테라니시 씨의 남편은 작은 매장으로 옮기라는
발령을 받았다. 남편은 회사를 찾아가 애원했다. 정 그렇다면 점장이
아니라 요리사로라도 일하게 해 달라고 요청했다. 하지만 회사는 그것
마저도 거절했다. 이후 남편은 심각한 우울증에 시달려야 했다.

"월 350시간, 연 4천 시간이라는 장시간 노동을 했습니다. 남편이
요리사였을 때도 장시간 노동을 했지만 그건 남편이 원했고, 남편이
하고 싶은 일이었습니다. 그러나 점장은 요리는 전혀 하지 않는 직
책인 데다 경영은 남편에게 맞지도 않고 싫어하는 일이었어요. 남

편은 저에게 자주 이렇게 말했어요. '한가한 곳에 가면 내 요리 실력을 더 쌓을 수 있을 텐데'라고요. 저는 남편의 이런 생각을 존중했어요. 어쩌면 남편은 경영자보다는 진짜 요리업계의 장인이 되고 싶었던 것 같아요. 일본에서 장인이란 자신의 분야에서 자신만의 세계를 만들어 가는 사람이거든요. 장인은 자신만의 실력을 쌓아야 하는데, 경영을 하다 보면 그럴 시간이 없거든요. 아무튼 쓰러지지 않도록 휴식을 취하면서 일하라고 말할 수밖에 없었어요.

그런데 남편이 죽기 6개월 전부터 정신적으로 매우 초조해하는 모습이 보였어요. 퇴근 후에도 계속 그랬고요. 아무것도 아닌 일에 화를 내거나 화가 나면 저에게도 자주 화풀이를 했어요. 뭔가 좀 이상하다고 생각했어요. 좀 쉬라고 말해도 남편은 일할 사람이 없어 쉴 수 없다고 대답했어요. 항상 영업 실적, 숫자, 매출… 매출만 머릿속에 있으니까 장시간 일을 해도 보람이 없었어요. 본인이 잘 못하고 싫어하는, 억지로 시키는 일은 남편에게 엄청난 스트레스였고, 정신적인 피로가 점점 쌓여만 갔죠."

테라니시 씨의 남편은 결국 자살이라는 극단적인 선택을 하고 49살에 세상을 떠났다.

테라니시 에미코_과로사 유가족　　저는 언젠가 남편이 쓰러질 거라고 생각했어요. 하지만 왜 자살을 했는지는 이해가 안 됐어요. 남편은 긍정적인 사고방식을 가진 사람이었거든요. 아마 건강했더라면, 우울증에 걸리지만 않았더라면, 회사를 그만두고 다른 가게로 갔을 거예요. 그런데 왜 그렇게 안 한 건지, 왜 죽음을 선택한 건지 이해가 안 됐어요. 일본에서는 자살에 대한 편견이 강합니다. 괴로움에서 도망쳤다든가, '가족이 있는데 왜 혼자 죽었지'라든가, 무책임하다든가, 그런 부정적인 평가를 받게 되거든요 저 역시 그런 편견이 있었어요. 그래서 정말 속상했어요. 긍정적인 남편이 왜 자살을 했는지… 너무나 속상해서 견딜 수 없었어요. 그런데 우울증에 대해 알게 되면서 이해가 되더군요. 그 계기는 역시 회사의 상사와 사장이었습니다.

1996년 2월 남편은 스스로 목숨을 끊었어요. 남편이 숨지기 며칠 전 직장 상사들이 찾아왔어요. 남편을 괴롭혔던 사장이랑 바로 위 상사였는데요. 처음에 그들은 남편이 누워 있는 머리맡에서 무릎을 꿇고 울면서 사과했어요. '용서해 주세요'라고요. 그것을 보고 저는 '회사에서 뭔가가 있었구나' 하고 직감했습니다.

장례식이 끝나고 한 달 뒤 교토의 변호사에게 상담하러 갔어요. 그랬더니 그 변호사가 자살은 산재로 인정받지 못한다고 하더군요. 인정 기준도 없고 평가 기준도 없어서 감독관청에서 인정하지 않을 거라고 말했습니다. 그렇다면 어떻게 해야 산재를 인정받을 수 있냐고 물었죠. 변호사는 증거를 모아 오라고 했어요. 가능성은 낮지만 그래도 재판에서 이기기 위해서는 증거가 필요하다는 겁니다. 애타는 심정으로 그냥 1년을 보냈어요. 뭘 어떻게 해야 할지 도무지 모르겠더군요.

아무리 생각해도 남편이 자살한 원인은 '일' 이외에는 찾을 수 없었어요. 예를 들면 빚이 있거나 여자 문제가 있거나 하는 그런 고민이 없었거든요. 만약 그랬다면 어딘가에서 그런 소문이 들려왔겠지요.

1년이 지났지만 그런 소문은 없었어요.

그러던 어느 날 '과로사 110번'이라는 무료 서비스 전화가 있다는 걸 알게 됐어요. 전화를 걸었더니 오사카에 있는 이와키 변호사를 연결해 줬어요. 이와키 변호사는 "지금은 자살에 대해 국가 인정 기준이 없으니까 정부에서도 인정하지 않고 있지만, 자살도 일 때문에 생긴 것이라면 당연히 산재로 인정해 줘야 한다"고 말했습니다. 변호사님의 말씀을 듣고 용기를 냈어요. 억울하게 숨진 남편을 위해서라도 산재를 꼭 인정받아야겠다고 결심했죠. 증거 수집은 쉽지 않았어요. 증거는 크게 두 가지였습니다. 우선 남편의 장기 노동시간을 확보하는 것과 또 직장에서 무슨 일이 있었는지에 대해 진술해 줄 참고인도 필요했습니다. 2년간 준비했어요. 사무원에게서 남편의 타임카드 복사본을 어렵게 받아냈어요. 또 회사를 퇴직한 사람들을 찾아다니며 남편의 직장생활이 어땠는지도 물어봤어요. 그들은 남편이 처했던 힘든 상황을 자세히 얘기해 줬어요. 현직에 있을 때는 회사에 불리한 증언을 하는 것이 쉽지 않았지만 퇴직 후에는 솔직하게 말해 줬어요. 정말 고마웠어요.

테라니시 씨는 어렵게 모은 두 가지 증거를 들고 변호사와 함께 일본 정부에 노동재해 신청을 했다. 남편이 숨진 뒤 정확히 3년이 지나서였다. 신청서를 내고 반년쯤 지났을 때 후생노동성에서 정신장애에 관한 가이드라인이 작성됐다. 작업 중 우울증이 산재로 인정받을 수 있는 근거가 새롭게 만들어진 것이다. 그리고 1년 반이 지나서 테라니시 씨의 남편은 노동재해로 인정받았다.

이와키 유타카_변호사   일본 오사카에서는 1988년 '과로사 110번(한국의 112와 유사한 전화 서비스)'이 만들어졌어요. 제가 막 변호사를 시작할 때였는데요, 주로 장시간 근무에 대한 노동자들의 불만이나 문제점 등을 상담해 주는 전화였습니다. 당시 일본은 버블(거품)경제 시대였어요. 공장이 24시간 가동되는 등 장시간 일하는 사람들이 많았어요. 경영자들은 이런 사람들을 '기업의 전사'라고 부르며 칭송했어요. 그런데 노동자들 사이에서는 '이렇게 일해도 괜찮을까?' 하는 불안이 컸어요. 이러한 불안감이 점점 더 확산되면서 자연스럽게 '과로사 110번'이라는 전화가 생긴 겁니다. 굉장히 많은 사람들로부터 전화를 받았고, 그때부터 저는 노동 상담 전문 변호사로 활동하게 됐습니다. 당시 기업들은 대부분 종신고용제를 운용하고 있었어요. 일단 일을 시작하면 정년이 보장되고 급여도 계속 올라가는 시스템이었습니다. 그러니까 어떤 의미에서 본다면, 일만 제대로 하면 퇴직할 때까지 안심할 수 있었습니다. 그 무렵에도 자살은 있었겠지만 아마 지금보다 훨씬 적었을 겁니다. 대신 무조건 24시간 일하라고 강력히 요구받았던 시대였습니다.

몸이 망가지는 것은 주로 30대, 40대, 50대 남성들이었습니다. 그들이 뇌나 심장병 등으로 쓰러지게 된 것이 과로사의 출발선이었습니다. 그런데 그 이후 버블이 끝나고 1990년대 중반 무렵부터 심한 불황에 빠지게 되면서 기업의 구조조정이 시작되고, 퇴직을 강요하는 사례도 많아졌습니다. 그런 압박 속에서 장시간 노동을 하게 되면서 우울증에 걸리는 사람도 급격하게 늘었습니다. 그런 의미에서 본다면, 과도한 노동이나 직장 내 권력 남용에 의한 자살이 늘어나기 시작한 것은 90년대 중반부터입니다.

사회적으로 문제가 확산되자 일본 정부는 2000년에 과로로 인한 자살도 산업재해로 인정했다. 그리고 2014년에는 '과로사 방지법'까지 만들었다. 하지만 아직도 과로사는 계속 이어지고 있다.

이와키 유타카_변호사　'과로사 110번'을 시작한 지 올해로 30년이 됩니다. 출범 당시에는 '종신고용'이나 '연공서열'이 노동자의 기본 스타일이었는데, 지금은 완전히 바뀌었죠. 지금은 들어선 순간부터 경쟁이 시작됩니다. 중장년도 마찬가지로 경쟁해야 합니다. 그리고 비정규직이 많이 늘었습니다. 과거에는 대부분 정규직이었는데, 지금은 비정규직이 절반 가까이 되는 것 같습니다. 그런 상황에서 우울증이 확산되면서 자살도 계속 높은 수준을 유지하고 있습니다. 특히 젊은이들을 중심으로 한 정신적 장애가 점점 늘어나면서 지금은 뇌, 심장병 건수보다 정신장애 건수가 계속 증가하고 있는 추세입니다. 사회적 상황이 바뀌면서 산재 신청 상황도 완전히 달라졌습니다. 옛날에는 중장년 남성이 많았는데, 지금은 젊은이들이 많습니다. 그리고 남녀 차이가 없습니다. 공무원도 많고, 교사나 의사 등 온갖 업종의 사람들의 산재(과로사)가 늘고 있습니다.

그렇다면 근무 환경의 변화가 과로사의 직접적인 이유일까? 왜 일본에서는 과로사가 줄어들지 않는 걸까?

이와키 유타카_변호사 역시 비정규직이 늘어나고 종신고용이 무너져가는 상황에서 사회 전체가 어쨌든 자기가 성과를 올리지 않으면 자신을 지킬 수 없다고 해야 할까요? 노동 환경이 점점 더 악화되고 있습니다. 노동기준법이 있지만 이것을 지키지 않는 기업들이 아직도 많다는 것이죠. 노동이 늘어나도 그것을 규제할 상한선이 없습니다. 지금 상황에선 거의 무제한 노동을 하고 있는 곳이 많습니다. 이러다 보니까 노동자들은 심한 스트레스를 받을 수밖에 없는 겁니다. 심한 압박을 받으면서 장시간 노동을 하게 되면 뇌와 심장, 정신적 장애가 발병할 확률이 높아집니다.

그렇다면 2014년 제정된 '과로사 방지법'이 이러한 문제들을 해결할 수 있을까? 전문가들은 법률이 제정되더라도 해결은 쉽지 않을 것이라고 전망했다.

이와키 유타카_변호사 '과로사 방지법'은 일반 법률과 달리 이념법입니다. 기본적인 사고방식이나 이러이러한 방향으로 정책을 만들어나가겠다는 상징적인 법률입니다. 때문에 과로사 방지법이 생겼다고 해서 금방 노동시간이 짧아지는 것은 아닙니다. 국민이 다 함께 생각하며 필요한 사항을 법률로 만들어 나가자는 마음가짐이라고 할까요? 그런 법률입니다. 그러기 위해 우선 조사, 연구를 하고 형사처벌을 하고, 다양한 상담 활동을 정비하고 민간단체를 지원하는 내용을 골자로 하는 법률입니다.

다시 말씀드리지만 '과로사 방지법'이 만들어졌다고 해서 금방 달라지지 않아요. 오히려 과로사 처벌을 완화하는 내용을 담은 법률이 통과되기도 했어요. 모순이 있는 겁니다.

그렇지만 과로사 방지법이 만들어져서 국민들의 의식은 꽤 달라졌어요. 역시 과도하게 일을 하면 몸도 마음도 병에 걸리게 된다는 것이 상식으로 자리 잡았으니까요. 그리고 국가 입장에서도 과로사를 근절하기 위해 형사처벌을 하기 때문에 예전에는 본인 책임이다, 임의로 일을 했다는 말을 아무렇지도 않게 얘기하곤 했지만, 지금은 국민들의 시선이 엄격해졌어요. 즉, 언뜻 보기에는 완화되는 것처럼 보이지만, 국민의 의식이 조금씩 달라지고 있다는 점에서 본다면 분명히 좋은 기능이 있습니다.

최근 '과로사 방지 대강'이 개정됐는데요, 그 안에는 과로사를 근절하기 위해 이러이러한 게 필요하다고 구체적인 방지 대책을 국가가 만들어 놨어요. 예를 들면 '인터벌 규제'인데요, 하루 10시간 근무할 경우 근무와 근무 사이에 인터벌(휴식 시간)을 확보하자는 겁니다. 이는 법률로 정한 건 아니지만, 전 국민을 대상으로 계몽을 하고 있습니다. 그러니까 당장 노동시간 단축이나 건강 확보로 연결되지는 않고 있지만, 길게 보면 3년, 5년, 10년 단위로 보면 법률이 바뀌어 가는 조건이 확대되고 있는 겁니다.

저희도 계속 노력해서 '과로사 방지법'을 바탕으로 한 계몽 운동을 넓혀 나갈 겁니다. 또 '과로사'를 완화하려는 안 좋은 법률에는 단호히 반대할 겁니다. 저희는 이 두 가지 활동을 펼치면서 과로사를 막고 최종적으로는 과로사를 근절할 수 있는 방법을 찾을 겁니다.

회사 가기 싫어요

최고 기업 엘리트 여직원의 자살

―――

2015년 크리스마스 밤에도 안타까운 소식이 들려왔다. 일본 최대 광고회사인 덴츠의 신입사원이던 24살 다카하시 마츠리 양이 스스로 목숨을 끊었다. 명문 도쿄대학을 졸업하고 남들이 부러워하는 대기업에 입사한 지 불과 아홉 달 만이었다.

덴츠의 종업원 수는 관련 회사까지 포함해 모두 4만 7천여 명. 평균 연봉은 1,300만 엔으로 우리 돈 1억 5천만 원 정도이다. 일본에서는 꿈의 직장 중 하나이다. 그런 직장에 입사한 젊은이가 왜 6개월 만에 자살을 한 것일까? 일본 열도는 충격에 휩싸였다.

대학을 졸업하자마자 덴츠에 입사한 그녀는 인터넷 광고를 담당했다고 한다. 입사한 지 5개월쯤부터 업무량이 늘었고, 그녀는 자신의 신세를 비관하는 내용의 글을 트위터에 올렸다.

그녀가 2015년 11월 17일 트위터에 올린 글이다.

"매일 아침 일어나기 싫지 않니? 실종되고 싶지 않니?"

이런 글도 올렸다.

"신이여, 회사 가기 싫어요."
"도쿄대학을 나왔지만 차라리 부자인 50대 남자에게 시집가서 전업
주부로 살고 싶다."
"살기 위해 일하는 건지 일하기 위해 사는 건지 모르게 됐을 때부터
가 인생."

다카하시 양은 숨지기 전 한 달 동안 105시간이나 야근을 할 만큼
과로에 시달렸다고 한다. 중간에 17분가량 회사를 떠난 것을 제외하면
53시간 연속 근무한 적도 있다고 한다. 과로가 계속되자 우울증 증세
를 보였고, 일로 인한 스트레스를 소셜미디어에 올리기도 했다. 그녀
의 어머니는 두 번 다시 이러한 비극이 일어나서는 안 된다며 딸의 죽
음을 안타까워했다.

다카하시 유키미_다카하시 마츠리의 어머니　　과로사는 내 딸 마츠리만의
문제가 아닙니다. 대기업이든 중소기업이든 직종에 관계없이 일본
전국에서 비슷한 비극이 발생하고 있습니다.

실제로 2015년 한 해 동안 과로사로 숨진 일본 직장인은 251명에 달
했다.

야마모토 도시히로_덴츠 대표 (2015년 당시)　　이 문제를 매우 심각하게 받아들입니다. 다시 한번 상황의 심각성을 깨달았습니다.

1년 뒤인 2016년 12월 20일 오후. 덴츠의 이시이 다다시 대표이사는 기자회견을 열고 다카하시 양의 자살에 대한 책임을 지고 사퇴하겠다고 밝혔다. 이시이 사장은 기자회견에서 "신입사원의 과중한 노동을 저지하지 못했던 것은 부끄럽기 짝이 없는 일이다. 기업 풍토의 나쁜 면에 대해 손을 쓰지 못했다"며 "다카하시 마츠리 씨의 명복을 빌며 모두에게 사죄한다"라고 말했다. 덴츠는 다카하시 마츠리 씨에 대해 '파워 하라'가 있었다는 사실도 인정했다. '파워 하라'란 '파워 해러스먼트(power + harassment)'를 줄여 표현한 신조어로, 직장이나 일터에서 상사 등이 자신의 지위를 이용해 부하를 괴롭히는 것을 가리키는 말이다. 도쿄 노동국도 덴츠 법인과 다카하시 씨의 상사였던 간부 1명을 노동기준법 위반 혐의로 검찰에 송치했다.

일본 사회에는 '서비스 잔업'*이라고 부르는 음성적인 연장 근무도 널리 퍼져 있다고 한다. 업무시간으로 기록되지 않는, 그래서 일을 하고도 수당을 받을 수 없는 시간외근무이다.

최용진_일본 기업 취업 직장인　　회사 규정이라든지 아니면 어떤 제도적으로는 일을 할 수 있는 시간이 정해져 있기 때문에 그 외에는 시간외수당을 신청할 수 없는 그 시간대를 서비스 잔업, 서비스 야근

---

* 초과근무 수당을 받지 않고 일하는 시간 외 근무. 일본의 노동기준법에서는 법정 노동시간을 초과하여 일을 시킬 경우 통상 25% 이상의 할증 임금을 지급할 의무가 있음.

시간이라고 그렇게 많이들 부르고요.

그런데 OECD 통계를 보면 고개를 갸웃거리게 된다. 2016년 일본 근로자의 연간 근로시간은 1,724시간으로 프랑스나 영국보다는 길지만 미국보다는 짧다. 우리나라는 2,052시간이었다. 연간 1,724시간은 휴가와 공휴일을 감안한다 해도 하루 8시간이 채 안 되는 짧은 근무시간이다. 과로사가 심각한 일본의 현실과 큰 차이를 보이는 이유는 전체 근로자의 40%에 육박하는 비정규직 때문이다.

김명중_닛세이기초연구소 부연구위원　OECD에 제출되는 자료는 파트타임 근로자, 비정규직 근로자 비율이 포함된 거예요. 그러니까 비정규직 비율이 지금 37점 몇 프로가 되거든요. 계속해서 상승하고 있는데, 당연히 전체 근로시간은 짧아지겠죠.

일본 정부 통계에 따르면 2016년 정규직의 연간 근로시간은 2,024시간으로, OECD 통계보다 300시간이나 많았다.

오오타케 후미오_오사카대학 교수　정규직 노동자, 특히 남성 노동자에 한해 본다면 주당 노동시간은 별로 변화가 없습니다. 지난 30년 동안 바뀌지 않았다는 연구 결과도 있습니다.

실제로 지금도 일본 직장인들의 근무시간은 우리나라 근로자들에 비해 결코 적다고 볼 수 없다는 게 일본 기업에 다니는 한 한국인 직장인의 얘기다.

한 달에 100시간 넘게 초과근무를 해 '과로사 라인'(발병 전 1개월 기준)을 넘긴 근로자가 월평균 170만 명에 이른다는 일본. 과로사 방지법까지 만들어 노동자의 근로시간을 단축하겠다고 했지만 여전히 불법 근로시간 연장은 곳곳에서 벌어지고 있다.

'서비스 잔업'이라는 이름 아래 음성적으로 이어지는 초과근무시간과 부하 직원의 업무를 대신 떠안는 관리직 근로자들의 노동시간 연장은 좀처럼 개선되지 않고 있다.

시간이 흘러도 일본에서 근로시간이 줄어들지 않는 진짜 이유는 무엇일까?

초과근무는 어쩔 수 없는 것?

근로시간이 줄지 않는 이유

———

20세기에 일본은 급속한 경제 발전을 통해 선진국으로 도약했다. 그런 자신감을 바탕으로 30년 전인 1988년에 주 5일 근무제를 도입하고, 근로시간 단축을 추진했다. 주 40시간 근로에 연장 근로 한도는 360시간으로 근로기준법을 개정한 것이다. 그런데 이 법 36조, 노사 합의로 연장 근로시간을 무제한 늘릴 수 있도록 한 이른바 '36협정' 때문에 사실상 의미가 없었다. 회사로서는 앞장서서 근로시간을 줄일 이유가 사라졌다.

오오타케 후미오_오사카대학 교수　　노동시간이 길어지면 정신건강을 악화시킬 수 있고, 정신건강이 악화되면 과로사 문제가 나올 수 있다는 연구 결과가 있어요. 그렇게 되면 결과적으로 기업의 이윤도 떨어질 거고요. 기업들도 이러한 사실을 잘 알고 있을 겁니다. 그렇다면 왜 기업들은 스스로 노동시간을 단축하지 못하는 걸까요? 이유는 크게 두 가지가 있다고 봅니다. 첫 번째는 자기네 회사만 노동시간을 단축해서 만약 노동 비용이 올라가면 경쟁력이 떨어질 수 있다는 불안감 때문이죠. 그러니까 어떤 공적 개입(법률이나 정부의 명령 등)이 없으면 기업 스스로 노동시간을 단축하기가 굉장히 어렵다는 거죠. 두 번째는 장시간 노동으로 겨우겨우 운영해 나가는 회사, 그러니까 생산성이 낮더라도 장시간 노동으로 회사를 어렵게 운영해 나가는 회사도 분명 있다는 점입니다.

일본의 산업계는 노동시간을 단축하면 기업의 경쟁력이 떨어진다며 강하게 반발했다.

이토 게이치_일본 전국노동조합총연합 간사　　과로사하는 사람이 생기는 건 당연히 기업에게도 큰 손해입니다. 그들도 과로사를 초래해도 된다고는 절대 말 안 합니다. 과로사를 없애고 싶다고 말하죠. 그렇지만 그들은 진짜 장시간 노동을 줄이면 기업 입장에서 경쟁력이 상당히 떨어질 거라고 우려합니다. 노조에서는 노동시간을 줄여서 단위시간당 노동생산성을 올리는 게 중요하다고 말합니다. 하지만 경영자들은 장시간 노동을 시키고 싶어 해요. 일본의 경우 '서비스 잔업'이라고 해서 오래 일해도 초과근무수당을 청구하지 않고 무보수 노동을 하는 풍조가 있거든요. 기업들은 이런 서비스 잔업에 완전히 익숙해져 있는 것입니다.

1990년대 이후 장기 불황이 이어지자 노동자들도 수당이 깎이는 걸

일본 근로자의 근무 현장

원하지 않았다.

오오타케 후미오_오사카대학 교수　사부로쿠 협정*, 그러니까 시간외
근무에 관한 노사협정인데요. 일본 노동기준법 제 36조에 기초하고
있습니다. 노동자에게 잔업이나 휴일 근무를 시킬 경우 노동자 대표
와 협정을 맺어야 한다는 강제 조항입니다. 노사가 합의하지 않으면
잔업이나 휴일 근무를 시킬 수 없다는 것인데, 반대로 노사가 합의
만 하면 잔업이나 휴일 근무를 얼마든지 할 수도 있습니다. 그러니
까 노동자가 장시간 노동을 인정하는 대신 경영자는 고용을 안정화
시켜 준다는 겁니다. 한국도 마찬가지겠지만 일본의 경우 가능한 한
해고하지 않으려는 시스템을 갖고 있습니다. 이렇다 보니 경영자 입

---

* 　정식 명칭은 '36협정'. 시간외근무에 관한 노사협정. 일본 노동기준법 36조에 기초하여 회사는
　법정 노동시간(대부분의 경우 1일 8시간, 주 40시간)을 넘는 시간외근무를 명령할 경우 노조
　등과 서면으로 협정을 맺고 관계 기관에 의무적으로 신고해야 함. 위반하면 6개월 이하의 징
　역 또는 30만 엔 이하의 벌금에 처함.

장에서는 불황 때 직원들을 해고하지 않으려고 평상시에 노동자를 적게 뽑을 수밖에 없습니다. 그러다 경기가 좋아지면 새로 인원을 뽑지 않고 대신 기존 노동자에게 장시간 노동을 시키는 거죠. 그러니까 노동조합의 입장에서는 근로자들의 고용 안정을 위해 장시간 노동을 알면서도 인정할 수밖에 없었다고 생각합니다.

이토 게이치_일본 전국노동조합총연합 간사　일본은 전 세계에서도 유일하게 명목 임금이 1997년 정점을 찍은 뒤 계속 내려가고 있습니다. 이유는 뭘까요? 우선 비정규직 노동자의 증가를 1차적 원인으로 꼽을 수 있습니다. 여기에 낮은 가격으로 시장점유율을 높이려는 기업들의 국내 전략과 수출 전략 때문이라고 저희는 보고 있습니다. 임금은 전혀 올라가지 않는 상황에서 고용이 불안해지자 노동자들은 장시간 노동을 하더라도 추가근무수당이라도 벌자는 행동을 취하게 됩니다.

30년 전부터 추진했던 일본의 근로시간 단축은 그동안 큰 진전이 없었다. 하지만 일하는 시간을 줄여야 한다는 공감대는 점점 더 커지고 있다.

근무시간이 아니라 결과로 말하라

감자칩 제조회사 칼비의 근무 혁명

———

도쿄 외곽에 사는 홋카야 씨는 자전거를 타고, 다시 전철로 갈아타 출근한다. 도쿄 중심가에 있는 회사까지 가는 데 걸리는 시간은 약 1시간. 홋카야 씨가 다니는 직장은 감자칩으로 유명한 일본의 제과업체인데, 기업 문화가 독특하다. 사무실에 들어가면서 먼저 컴퓨터를 이용해 그날 일할 자리를 정한다.

사원은 물론 임원들도 정해진 자리가 없다. 근무시간도 짧다. 하루에 7시간 반, 연장 근무는 거의 없다. 오래 일할수록 오히려 능률이 떨어진다는 게 회사 경영진의 생각이다.

나카무라 유스케_칼비 인사담당 직원　10년 전에 비해 근로자 1명당 연간 100시간 정도 줄어든 것 같습니다. 잔업하지 않고 성과로 평가하기 때문에 잔업을 할 필요가 점점 없어졌기 때문입니다. 회사가 직원에게 '그만큼 고생했으면 됐어'라거나 '긴 시간을 쓴 만큼 열심히 했네'라고 말하지 않습니다. 무슨 일을 했는지, 그 직원으로부터 어떤 결과가 나왔는지만을 평가합니다.

그렇다면 칼비는 직원들의 업무 성과를 어떻게 평가하고 있을까?

홋카야 마리나_칼비 직원 칼비 직원들은 연초에 상사와 함께 계약을 맺습니다. 예를 들어 "올해 저는 이런 목표를 가지고 이걸 달성하겠습니다."라는 계약을 맺는 것이죠. 연초에 설정한 목표가 연말에 어느 정도 달성됐는지에 따라 개인을 평가하면 됩니다. 한마디로 개인의 성과를 평가 기준으로 삼는 것이죠. 때문에 그 사람이 회사에서 근무하든, 집에서 근무하든 중요하지 않습니다. 상사는 그 사람이 실제 어떤 성과를 냈는지 눈여겨보면 되기 때문이죠. 이전에는 잔업 수당이 많은 사람이 부러움을 받았지만 지금은 그렇지 않아요. 오래 일해서 돈을 얻는 것보다는 확실히 성과를 내는 것이 더 중요해졌어요. 사원들의 인식도 많이 바뀐 것 같아요.

이 회사의 변화는 10년 전부터 시작됐다. 연공서열제를 폐지하고 철저한 성과주의를 도입했고, 연장근무수당을 없애는 대신 기본급을 인상했다.

나카무라 유스케_칼비 인사담당 직원 2012년 인사제도를 바꿨어요. 그전에는 다른 회사와 똑같이 각종 수당이 있었어요. 결혼을 하면 결혼 수당, 주택 수당, 잔업 수당 등이 있었어요. 그래서 기본 제도

를 바꿀 때 모두 임금이 오르게끔, 내려가지 않고 기본적으로 오를 수 있도록 바꿨습니다. 돈을 목적으로 잔업을 하려는 사람은 많지 않을 겁니다. 그것보다 짧은 시간에 성과를 내는 사람들이 인정받고, 그 사람들이 관리직으로 많이 승진했어요. 거의 대부분 승진한 것 같아요. 30살 전후로 과장이 되는 경우도 많았어요. 그래서 사람들은 '아, 길게 일해 봤자 평가되지 않는구나'라고 생각하기 시작했습니다. 그것보다는 성과를 내서 위로 올라가자는 동기부여가 확실히 있었던 것 같아요. 그래서 소수파의 반대 의견에도 불구하고 강하게 밀어붙인 겁니다.

근무시간이 줄었어도 매출과 영업이익은 오히려 증가했다고 한다. 직원들은 한 달에 서너 번은 출근하지 않고 집에서 일한다. 근무시간은 사무실과 똑같이 오전 7시 반부터 오후 5시까지이다.

홋카야 마리나_칼비 직원　　2011년 입사를 해서 모바일 워크 재택근무를 시작한 것은 2013년 6월부터입니다. 입사 당시에는 재택근무가 없었어요. 지금은 재택근무를 한 달에 3번 정도하고 있습니다. 아이가 있기 때문에, 통근이 왕복 2시간 걸리는데, 그 시간을 가사에 사용할 수 있어서 아주 감사하게 생각하고 있습니다. 아이는 좀 있으면 2살이 됩니다. 아무래도 애가 어리다 보니까 제가 돌봐 줘야 안심이거든요. 재택근무 신청은 간단해요. 기본적으로 전날 상사에게 '이날 재택근무로 이러한 일을 할 겁니다'라고 신청하게 돼 있습니다. 그리고 다음 날 '이런 일을 했습니다'라고 보고하면 됩니다.

재택근무가 끝나면 홋카야 씨는 평소보다 일찍 보육원에서 딸을 데려온다. 두 살 난 딸 아오이와 함께하는 시간은 세상 무엇과도 바꿀 수 없는 소중한 순간이다.

"딸이 보육원에서 돌아오면 딸에게 먹일 간식을 만들어 줄 수도 있습니다. 재택근무를 하면서부터는 통근 시간이 그만큼 절약되기 때문에 차분하게 식사도 준비하고 그림책도 읽어 줄 수 있거든요. 이전에 회사로 출근할 때는 허둥지둥 정신이 없었어요. 역시 아이나 가족과 함께하는 게 가장 행복하기 때문에 그런 시간을 통해 재충전을 하고 다시 또 열심히 일하게 돼요."

과로사의 그림자 속에서 상당수 일본 기업들은 이렇게 일하는 방식을 바꾸고 있다. 그리고 일본 정부도 변화의 시동을 걸었다.

"일하는 방식을 바꿔라"

일본 정부의 근로시간 개혁

———

"직원 여러분, 오늘은 '프리미엄 프라이데이'입니다. 정리하고 퇴근
하세요. 오후 3시에 사무실 문을 닫습니다."

평소보다 3시간 일찍 끝나는 날, 퇴근해서 쓰라며 많지는 않지만 봉
투에 돈을 담아 직원들에게 나눠주는 회사도 있었다.

이시이 카나_직장인　　평소처럼 일할 수 있는 시간이 충분하지 않아서
오늘 정말 힘껏 일했어요. 일을 일찍 끝내야 했으니까요. 지금부터
제 일하는 방식도 바뀔 거라고 생각해요.

일본 정부는 2017년 2월부터 매달 마지막 금요일을 '프리미엄 프라
이데이'로 정해서 기업의 참여를 권장하고 있다. 근로시간을 줄이고 과
로사를 방지하겠다는 아베 정부의 의지가 담긴 조치였다.

회사에서 일하는 직원들

아베 신조_일본 총리　연장근로의 한도에 대한 명확한 기준이 무엇보다 중요합니다. 국민 여러분이 일본의 일하는 방식에 근본적인 변화를 가져올 개혁을 추진하는 데 동참해 주시기 바랍니다.

아베 총리는 '일하는 방식 개혁' 법안을 강하게 밀어붙였고, 2018년 6월에 의회에서 통과시켰다. 법안은 연장근로를 주중에는 연간 최대 720시간, 주말을 포함해 960시간으로 제한하고 있다. 주 40시간 기본 근무에 우리나라는 주 12시간, 연 624시간 연장근무를 허용하는 데 비해 일본은 주 평균 18.5시간, 연 960시간으로 상한선을 정한 것이다. 우리는 주 최대 52시간, 일본은 58.5시간 근무가 가능하다.

다카하시 료_일본 후생노동성 공무원　아베 총리가 의장이 돼 노사 대표와 함께 '일하는 방식 개혁 협의회'를 국가 차원에서 설치했습니다. 장시간 노동을 시정하기 위해 노력해야 한다는 것, 이것이 가장 큰 목적입니다.

위반할 경우 벌금 30만 엔, 또는 6개월 이하 징역에 처한다는 처벌 조항도 처음 만들었다.

다카하시 료_일본 후생노동성 공무원 이것(처벌 조항)은 새로운 대책입니다. 지금까지 장시간 노동은 (노사)협정만 맺어져 있다면 그 범위 내에서 장시간 노동을 시킨 경우 형사처벌 대상이 아니었습니다.

하지만 아직도 일본의 많은 대기업들은 이를 지키지 않고 있다. 실제로 2020년 1월 니혼게이자이(日本經濟)신문 보도에 따르면, 대기업에 근로시간 단축법이 적용된 2019년 4월부터 11월까지 월 240시간 이상 일한 근로자(임원 제외)는 평균 295만 명에 이른다. 일본 총무성의 조사 결과에 따른 것으로, 위법 사례에 해당하는 근로자만도 어림잡아 118만 명이 넘는다고 한다. 이는 전체 근로자의 약 5%에 해당한다.

과로사를 막지 못하는 노동법

근로시간 단축의 명암

———

"판자의 단면 각 부분에 주의하자!"

"산업재해 제로를 실현하자!"

매일 아침 활기찬 구호로 시작하는 야마다제작소. 이 중소기업은 2대째 이어 오는 장인기업이다. 직원은 18명, 리튬배터리 등 각종 기계의 부품을 생산하고 있다. 하지만 직원들은 이 회사가 단지 부품을 생산하는 일반적인 공장이 아니라고 생각한다. 자신들이 만드는 제품이 사회에 공헌하고 있다는 자부심이 대단하다.

"우리들은 제품을 만들어 사회에 공헌하는 문화형(文化型) 기업을 만들겠습니다."

야마다제작소의 경영이념은 이러한 직원들의 생각을 잘 담아내고 있다.

직원들이 지켜야 하는 '회사의 행동이념'도 좀 특이하다.

1. 감사하는 마음으로 사람과 사람 사이의 관계를 소중히 하고 깊이 연구하고 자아실현을 이루겠습니다.
2. 우리가 만들어 내는 제품은 풍요로운 사회를 만드는 것이며, 이에 자부심을 갖겠습니다.
3. 감성을 높이고 시대 변화에 적응해 고객 만족과 신뢰 관계를 추구 해 가겠습니다.

〈시사기획 창〉 취재팀은 일본은 물론 전 세계에서도 주목받고 있는 이 회사를 찾았다. 그리고 사장인 야마다 시게루 씨를 어렵게 만나 현재 일본 기업이 처한 상황을 적나라하게 들을 수 있었다.

기자　아침 조례가 활기차던데요. 조례는 언제부터 시작했나요?

야마다 시게루_야마다제작소 대표이사　1999년부터 시작했습니다. 20년이 다 돼 가네요. 한국에도 있겠지만 흔히 5S라는 것이 있어요. 정리(整理), 정돈(整頓), 청소(淸掃), 청결(淸潔), 습관(習慣)의 일본어 발음이 S자로 시작되는데요, 저는 이 중에서도 정리, 정돈, 청소 3가지가 매우 중요하다고 봐요. 아침 조례는 이 세 가지를 철저히 실천하자는 행동입니다. 저는 이 활동을 통해서 정리, 정돈, 청소뿐만 아니라 사원들이 활기차게 일하는 그런 일터를 만들고 싶어요. 외국에서도 저희 회사를 보기 위해 많이들 와요. 지금까지 세계 56개 나라에서 방문했어요. 지난달에도 독일에서 오셨어요. 일본 국내에서도 연간 200개 정도의 회사가 저희 회사에 견학을 옵니다.

기자　지금 일본에서는 초과근무를 줄이려고, 노동시간을 줄이려고 정부가 움직이고 있는데요. 중소기업 입장에서는 어떻게 생각하시는지요?

야마다 시게루_야마다제작소 대표이사　솔직히 말하면 부담스러운 면이 많습니다. 무엇보다 납기 대응이 어려울 것 같습니다. 적은 인원으로 운영하는 게 중소기업이기 때문이죠. 야마다제작소의 경우 오전 8시부터 오후 5시까지 점심시간 1시간을 제외하면 하루 8시간 근무하고 있어요. 여기에 2, 3시간 초과근무를 해서 납기를 간신히 지키고 있거든요. 물론 초과근무를 한 만큼 직원들에게는 수당을 지급합니다. 기본급에 초과근무 수당을 합치면 일본 대기업의 평균 임금 정도가 됩니다. 그런데 지금 일본은 저출산 고령화 문제가 심각해요. 앞으로는 더 심각해질 겁니다. 만 18살 정도면 고등학교를 졸업해서 취직할 나이인데요, 2030년이 되면 고등학교를 졸업해 취직하는 숫자가 지금의 절반 수준으로 줄어들 거라는 데이터도 나와 있어요. 그러니까 지금까지는 우리가 인재를 구했지만 앞으로는 인재가 가고 싶은 기업을 선택하게 될 겁니다. 그렇다면 어떻게 해야 할까요? 젊은 사람들에게 매력적인 기업이 되어야 해요. 매력적인 기업이란 무엇일까요? 근무시간이 줄어들더라도 근로자에게 피해가 가지 않아야 합니다. 이게 어떻게 가능할까요? 방법은 생산성을 높이는 겁니다. 노사가 하나가 돼 지혜를 모아야 합니다. 어떻게 생산성을 높여 나갈지, 앞으로 계속될 과제입니다. 하지만 반드시 도전해야 할 일입니다. 그렇다면 생산성은 어떻게 높일 수 있을까요? 저희 회사에서는 직원의 능력에 따라 업무량이나 업무 강도를 조정합니다. 베테랑 직원이 1부터 100까지 전부 다 할 필요는 없거든요. 그러기 위해서는 우선 업무를 세세하게 분석해야 합니다. 예를 들어 '이 부분에서 이 부분까지는 신입 사원이 할 수 있겠다', '이 부분은 중견 사원이 할 수 있겠다', '이 부분은 베테랑이 해야 한다'라는 걸 제대로 분석하고 계속 개선해야 합니다. 우리는 이러한 노력이 '생산 개혁', 제조업의 생산성을 높이기 위한 최선의 방법이라고 확신합니다.

일본 정부의 근로시간 단축은 노동자들이 기피하는 운송, 건설, 제조 분야에 큰 타격을 주고 있었다. 〈시사기획 창〉 취재팀은 일본 오사카부 상공노동부 고용추진실을 찾아 그들의 속사정도 들어 봤다. 마에다 신지 노동정책 과장을 만났다.

기자 오사카는 흔히 일본 경제의 중심이라고 하는데요. 지금 일본 정부는 일하는 방식을 바꾸려고 합니다. 근로시간 단축이죠. 이에 대해 현장의 목소리를 듣고 싶습니다.

마에다 신지_오사카부 상공노동부 노동정책 과장 노동기준법을 바꾸는 '일하는 방식 개혁'은 국가에서 정한 겁니다. 오사카처럼 중소기업이 많은 곳은 큰 영향을 받고 있습니다. 오사카의 중소기업들은 정부가 근로시간을 줄이면 납기를 맞추지 못하는 등 인력 부족이 심각할 거라며 걱정하고 있어요. 초과근무시간을 줄이려 해도 현실적으로 쉽지 않다는 겁니다. 아마 정부도 이러한 오사카의 실정을 충분히 알고 있을 거라고 생각해요. 하지만 어떻게 하겠습니까? 제도가 바뀌면 오사카의 기업들도 대응을 해야 합니다. 지자체 입장에서는 제도가 어떻게 바뀌었는지 등을 중소기업인들에게 제대로 전달하고 대처하도록 유도하는 것이 중요합니다. 만약 기업이 어려움을 겪고 있다면 노동 상담도 해 주고 지원책도 강구해야겠죠.

기자 구체적으로 근로시간 단축으로 어려움을 겪는 중소기업을 위해 어떤 지원을 하고 있죠?

마에다 신지_오사카부 상공노동부 노동정책 과장 우선 인력 확보를 위해 노력하고 있습니다. 근로시간 단축으로 제조업과 운수업, 건설업계가 심각한 인력난을 겪고 있어요. 오사카부에서는 '인재확보추진회의'라는 조직을 창설했습니다. 행정과 업계는 물론 관련 기관들도 참여해서 업계의 이미지 제고 활동이나 업계의 노동환경 개선을 위한 활동 등을 펼치고 있습니다. 예를 들어 '오사카 시고토 필드(오사카 일자리 현장)'라는 취업지원센터도 만들었습니다. 직장을 찾는 많은 분들이 이곳에서 상담을 받아요. 물론 대부분의 사람들은 사무직을 원하고 있습니다. 이른바 화이트칼라를 지향하는 성향이 강해서 아무래도 현장과 관련된 곳에는 가기 싫어하는 경향이 있습니다. 그러니까 그런 인식을 바꾸는, 예를 들면 제조업 현장에서 제품을 만드는 즐거움을 느낄 수 있도록 해서 그런 곳에 인력을 공급하는 시스템이 필요합니다. 실제로 저희들은 그곳을 찾는 사람들에게 제조업이나 운수업과 같은 분야도 있다며 여러 가지 카운슬링을 해 주고 있어요. 물론 정부도 여러 가지 지원제도를 갖고 있어요. 일본 전국 47개 도도부현에 '일하는 방식 개혁 추진 지원센터'를 설치했고요. 계몽 책자 등을 배부하고 있어요. 결국 젊은이들이 현장으로 나올 수 있도록 산업계는 노동 환경을 개선해야 해요. 근로시간 단축도 그런 환경 개선 가운데 하나입니다. 그리고 이러한 노력을 통해 생산성 향상으로 이어지도록 하는 것이 저희들의 임무입니다.

아베 정부가 추진하는 근로시간 단축은 직원들에게도 큰 관심거리였다. 근로시간이 단축되면 회사는 제대로 운영될 수 있을까, 자신들의 급여는 깎이지 않을까, 등등을 걱정하고 있었다.

히구치 다카시_야마다제작소 직원　　초과근무시간을 줄이려면 무엇보다 평상시의 생산성을 유지해야겠죠. 시간이 줄어들었다고 생산성이 떨어지면 회사가 제대로 운영될 수 없으니까요. 그러니까 지금 초과 근무하는 만큼의 업무량을 어떻게 기본 근무시간 안에 끝낼 것인가, 우선 현장에서는 그걸 매달 해결해 나가야 합니다.

중소기업 입장에서는 대기업 눈치도 봐야 한다. 근로시간을 줄이면 작업 기간이 늘어나고 그만큼 비용도 증가할 텐데, 갑의 입장인 대기업에게 말도 꺼내기 어렵다는 것이다.

야마다 시게루_야마다제작소 대표　이제까지 해왔던 조건으로 그걸 참는 게 아니라 역시 확실하게 '시간이 더 걸리면 그만큼 돈을 더 받겠습니다', '납품은 이날 이전까지는 못해요. 그래도 괜찮으시죠?'라고 우리도 말해야 하는데, 그런 말을 좀처럼 할 수 없는 상황이에요.

회사 대표는 직원들이 많이 불안해하고 있다고 말한다. 근로시간이 줄어들면 당장 수입도 적어지기 때문이다.

야마다 시게루_야마다제작소 대표　초과근무시간이 60시간, 70시간, 80시간이 될 때는 2대 1 정도의 비율입니다. 3분의 1이 초과근무수당, 3분의 2 정도가 기본급이 됩니다. 만약 근로시간이 줄어들면 그만큼의 수입이 줄어드는 거죠. 우리 회사의 경우 직원들은 한 주에 평균 15시간 정도 초과근무를 합니다. 월요일부터 금요일까지 매일 3시간 정도 되는 겁니다. 지금까지는 결산상여금이라는 제도를 이용해 대부분의 직원들에게 한 주 평균 15시간의 초과근무수당을 기본적으로 지급해 왔지만 이것도 사라질 수 있겠죠.

실제로 근로시간이 단축되면 기업들은 85조 원이 넘는 임금을 절감할 수 있다는 연구 보고서도 나왔다. 그만큼 노동자들의 수입이 줄어든다는 얘기다.

야마구치 아카네_다이와종합연구소 연구원　연장 근무시간이 다른 노동자에게 전혀 전가되지 않았을 경우에는 임금으로 보면 연간 8.5조 엔의 임금 절감 효과가 있다고 보고 있습니다. 상당히 충격이 큰 법안이라는 점은 틀림없습니다. 기업 입장에서는 어떻게든 불필요한 업무를 줄이기 위해 노력할 겁니다. 사내용 서류를 간소화한다든지, 회의를 가능한 한 줄인다든지 하는 아주 사소한 것부터 시작하겠죠. 또 초과근무를 원칙적으로 8시 이후는 금지, 밤 10시 이후에는 전면 금지로 하고 아침형 근무를 장려하는 기업도 나오고 있어요. 그런 기업은 노동생산성이 향상되면서 초과근무시간도 상당히 줄어드는 일석이조 효과를 얻고 있습니다. 아예 근무 방식 자체를 바꾸거나 유연 근무 방식을 도입해 노동생산성을 높이는 방안도 하나의 대안이 되겠죠. 지금 일본은 하나의 큰 전환기에 와 있다고 생각합니다. 인구 감소와 인력 부족이 점점 심각해지는 상황에서 노동자 측에서나 기업 측에서나 지속 가능한 노동시장을 만들어 나가기 위해서는 부담이 없는 근무 방식을 택할 때가 됐습니다. 향후 노동 공급의 성장잠재력도 한정되어 가는 상황에서 일본 입장에서는 피할 수 없는 선택입니다. 물론 단기적으로는 어려움을 겪는 기업도 나올 겁니다. 하지만 장기적으로 보면 일본 전체에 도움이 되는 법안이라고 생각합니다.

기자　하지만 이번 법안 중에는 '고도 프로페셔널'(고도의 전문성이 요구되는 업종)은 초과근무 규제 적용에서 제외됐는데, 이에 대해서는 어떻게 생각하십니까?

야마구치 아카네_다이와종합연구소 연구원　　고도 프로페셔널 제도의 목적은, 시간과 성과가 비례하지 않는 업무가 점점 증가하고 있는데 그런 업무를 하는 사람들이 시간에 얽매이지 않는, 재량이 있는 업무 방식을 갖도록 하는 겁니다. 이 제도 자체는 다양한 업무 방식의 추진, 생산성 향상의 의미에서 긍정적입니다. 다만 고도 프로페셔널 제도와 같은 재량 노동제에 대해 과연 진정한 재량권이 있는지, 적절한 업무에 적용되고 있는지, 또 그 일을 하는 사람들의 건강에는 문제가 없는 것인지는 분명히 짚고 넘어가야 할 문제입니다. 유럽과 미국에서도 '화이트 칼라 이그젬션(White Collar Exemption)'과 같은 재량 노동제가 널리 퍼져 있습니다. 그런데 이들 나라에서는 한 사람이 맡는 업무가 명확히 정해져 있습니다. 따라서 재량 노동제를 도입했다고 해도 쉬지 않고 일을 해야 하는 건 아닙니다. 하지만 일본의 경우는 다릅니다. 일본은 사원 한 사람이 해야 하는 업무가 다양합니다. 그렇기 때문에 일본에서 재량 노동제는 일정 금액만 주면 얼마든지 일을 시킬 수 있는 제도라고 오해하기 쉬운데요, 이런 잘못된 인식부터 바꿔야 합니다. 또 앞으로 고용의 유연성이 높아지면 유능한 사람들은 가혹한 재량 노동제를 실시하는 기업을 떠나게 됩니다. 그렇게 되면 악질적인 재량 노동제나 고도 프로페셔널 제도를 악용하는 기업은 더 이상 발붙일 수 없게 되는 거죠. 일본 정부가 추진하는 노동시간 단축이 단기적으로는 부정적인 영향이 다소 발생할 수 있습니다. 하지만 장기적으로 본다면 지속 가능한 노동시장을 만들어 간다는 의미에서 없어서는 안 될 법안이라고 생각합니다. 일본 경제에도 장기적으로 긍정적인 영향이 있을 겁니다.

하지만 노동계는 일본 정부가 이른바 '과로사 라인'을 넘어간 게 가장 큰 문제라고 지적한다. 연간 최대 960시간을 구체적으로 살펴보면 한 달에 최대 100시간, 6개월 평균 월 80시간의 연장근로를 허용하고 있다. 그런데 월 80시간은 과로사를 판정할 때 일본 정부가 기준으로 삼는 경계선, '과로사 라인'이다.

이토 게이치_일본 전국노동조합총연합 간사   이미 과로사가 발생한 상한선을 노동기준법에 넣은 거예요. 그러니까 이번 법률 안에서는 사람이 과로사해도 합법이에요. 솔직히 말해서 배신당한 심정입니다. 어떻게든 이 법안을 막고 싶었습니다.

우여곡절 끝에 통과된 근로시간 단축 법안은 2019년 4월 1일 대기업부터 적용됐고, 1년 뒤인 2020년에는 골목 상점까지 모든 사업장으로 확대된다.

저출산과 초고령화라는 두 가지 악재가 한꺼번에 덮친 일본. 노동력 부족을 해결하기 위해 노동시간 단축과 비정규직 고용 확대는 어쩌면 당연한 것인지도 모르겠다. 일본 정부가 추진하는 '일하는 방식의 개혁'도 이런 관점에서 본다면 상당히 설득력 높다.

결국 근로시간 단축의 성패는 노동생산성에 달려 있다. 근로시간을 단축하더라도 동일한 생산성이 나온다면 경영자 입장에서는 이보다 더 좋은 것은 없을 것이다. 아울러 인건비를 줄인 만큼의 보상을 근로자에게 제공할 수 있을 것이다.

두 마리 토끼를 한 번에 잡는다?

일본의 노동 개혁

———

일과 삶에 대한 일본 사람들의 가치관은 느린 것 같으면서도 꾸준히 바뀌고 있다.

장기권_오테마에대학 교수 일본과 한국은 정책 추진 과정에서 큰 차이가 있는 것 같습니다. 이번 근로 개혁에 대해서도 일본의 경우 이미 오래전부터 사회에서 많이 논의가 됐어요. 사회적 화두가 있었고, 많은 토론과 대화를 통해서 지금 법안까지 이어져 왔습니다. 어떻게 보면 일본은 아주 느리다고 볼 수 있죠. 회사에서도 마찬가지예요. 아주 느리지만, 그런데 중요한 문제가 나오면 함께 이것을 헤쳐 나가요. 화(和)라는 것을 중시합니다. 우리가 일식(日食)이라고 하지만 일본인들은 화식(和食)이라고 하지 않습니까? 화(和)라는 글자는 하나의 한자이기 이전에 일본인들의 감성을 나타내는 중요한 코드입니다. 그러니까 아무리 좋은 법안이나 정책이 있어도 반드시 반대되는 의견들을 항상 들으면서 어떤 화(和)를 통해서 답을 이끌어 내는 것이 일본인의 특징입니다. 일본인들은 어떤 현상이든 진득하고 길게, 그리고 많은 의견을 들어 가면서 조용히 추진해 나간다는 요소가 강합니다. 제가 가르치는 일본 학생들의 2/3는 아르바이트를 하고 있습니다. 노동을 바라보는 일본 젊은이들의 인식도 한국과 좀 차이가 있는 것 같습니다. 뭐랄까요, 일본 대학생들이 한국 대학생들보다 자립심이 강하다는 걸 느낍니다. 일본 대학생들은 집에서 거의 용돈을 안 받습니다. 제가 학생들에게 "부모님한테 용돈을 받고 있는 학생은 손들어 봐요?"라고 하면 아주 적은 수의 학생만 손을 들어요. 그럼 그 학생들이 자기 용돈을 뭘로 충당하느냐 하면 바로 아르바이트입니다. 일본 대학생들에게 아르바이트는 아주 상식적입니다. 한국 대학생들도 아르바이트를 많이 하지만 전체 비율로 보면 일본이 더 높을 겁니다. 더 큰 차이점은 아르바이트를 하는 학생들의 노동관입니다. 일본 학생들은 아르바이트 시간이 다가오면 놀다가도 자리를 쉽게 뜹니다. 20분, 30분 전에 아르바이트 현장에 도착해야 하거든요. 옷도 갈아입고 10분 정도 마음을 가라앉힌 다음 일을 시작하거든요. 어떤 특수한 케이스가 아니라 대부분의 대학생들이 그런 자세입니다. 아르바이트를 그만둘 때도 한 달 전 고용주에게 통보합니다. 다른 사람을 채용할 시간을 주는 것이죠. 이런 것이 통상적인 경우입니다.

KBS 취재팀은 건설 현장의 도장 기술을 가르치는 한 업체를 찾았다. 이곳에서 기술을 가르치는 75세 후쿠하라 씨는 현장에서 은퇴했다가 다시 강사로 취업했다.

재일교포 3세인 양풍미 양은 지난해 고등학교를 졸업하고 이곳에서 기술을 배우고 있다. 도장 작업 현장은 지저분하고 위험하다는 인식 때문에 여성 인력이 거의 없었다.

양풍미_도장기술 수련생　　남성 사회 특유의 관습이 아직 남아 있다고 느끼고 있어요. (작업 현장에) 화장실 같은 것도 아직 여성용이 적다 든지 그런 점에서요.

가르치고 배우는 사람 모두 정성을 다하는 모습이었다. 남성이든 여성이든 장인은 기술로 말하기 때문이다.

후쿠하라 요시오_도장 기술 강사　　자기 실력을 키우는 것, 역시 장인은 자기 실력을 키우는 게 가장 중요합니다. 빨리 깔끔하게 하는 게 가장 좋습니다.

이러한 벤처기업이 만들어진 것은 5년 전, 모기업인 도장 회사의 기술 인력이 부족해지면서 관심 있는 사람들에게 직접 기술을 가르쳐 육성하자는 게 목표였다.

다케노베 유키오_다케노베 대표　　모회사인 다케노베는 직원이 250명이고, 오사카 지역에서 가장 큰 도장 회사입니다. 직원 250명이 모두 남성인데, 특히 최근 15년 동안 아무도 이 회사에 들어오지 않았습니다. 이대로 가면 언젠가 없어질 처지였어요.

그런데 기술 수강생을 모집하자 뜻밖에도 여성들이 지원한 것이다. 그중에는 결혼과 출산으로 직장을 그만둬야 했던 여성과 대졸 고학력 여성도 많았다.

미즈시마 지에_직원　　전기설비 회사에 먼저 현장관리로 취직을 했는데, 결혼과 임신으로 2년 만에 퇴직을 했습니다. 장인이 되면 제가 지금껏 해 왔던 현장관리 일보다 빨리 집에 갈 수 있으니까 분명 아이를 키울 수 있을 것이라고 생각했어요.

회사는 여성들이 일과 육아를 병행할 수 있도록 보육원을 만드는 등 지원 방안을 늘려 갔다.

미즈시마 지에_직원　　2016년 8월에 찍은 사진인데요, 이때 제가 임신 8개월이었을 때이고, 아들이 3년 6개월이었어요.

이런 노력이 알려지면서 심각한 인력난에서는 벗어났지만, 회사가 더 성장하기 위해서는 아직 갈 길이 먼 상황이다. 당장 문제는 근로시간 단축이다.

다케노베 유키오_다케노베 대표　　지금까지 장시간 일했던 시간이 짧아지는데, 단가가 같다면 당연히 실적은 떨어집니다. 그러니까 부가가치를 높이거나 생산성을 높인다, 그중 한 가지를 높이지 않으면 안 되는 상황입니다.

일본 정부도 기업 생산성 향상을 돕기 위해 전국 47개 광역자치단체에 지원센터를 만들었다. 기계설비 도입 보조금과 세제 혜택 등도 추진하고 있다.

마에다 신지_일본 오사카부 노동정책 과장 　전국의 광역자치단체에 '일하는 방식 개혁 추진 지원센터'라는, 근로시간이 줄어도 기업의 성장이 멈추지 않도록 생산성 향상을 위한 대응책을 지원하는 거점 같은 곳을 만들었습니다.

아베 정부가 추진하는 일하는 방식 개혁은 근로시간 단축과 함께 생산성 향상을 강조하고 있다는 게 우리와는 다른 점이다. 우리나라는 2017년 처음으로 15세에서 64세 사이 생산가능인구가 감소했지만, 일본은 1996년부터 줄기 시작했고, 특히 2012년부터 3년 동안은 매년 116만 명씩 급감했다. 지금도 해마다 50만 명 넘게 줄어드는 추세이다.

오오타케 후미오_오사카대학 교수 　인구가 줄어드는 상황에서 GDP를 늘리려면 생산성을 올리는 수밖에 없어요. 생산성을 올리기 위해서는 두 가지가 있는데, 일하는 사람이 더 높은 생산성을 올리는 것, 또 하나는 더 많은 사람들이 일하는 겁니다.

일본의 경우 더 일할 수 있는 사람은 여성과 고령자뿐이다. 이들을 끌어들인다 해도 근로시간 감소에 따른 생산 차질을 메우기는 쉽지 않다는 게 일본 정부의 고민이다.

김명중_닛세이기초연구소 부연구위원　　노동 투입을 늘리는 걸로는 더 이상 생산량을 증가시키거나 부가가치를 유지할 수 없는 거죠. 그러니까 그럼 자본의 분배량을 늘리거나 기술 혁신, 즉 일하는 방식 개혁을 통해서 생산성을 향상시켜서 어느 정도 생산량을 창출하지 않으면 안 되는 상황입니다.

일본의 근로시간 단축 법안은 예외 업종 등에 있어서도 우리나라와 차이를 보이고 있다. 우리나라는 4개 운송업과 보건업 등 5개 업종을 특례 업종으로 정했다. 반면에 일본은 건설과 운송, 의료 분야는 5년간 유예기간을 두고, 연구개발 분야는 아예 적용 대상에서 제외했다. 외환 딜러 등 고소득 전문직, 이른바 '고도 프로페셔널'도 예외로 인정하면서 일본 사회에 많은 논란을 불러오고 있다.

다카하시 료_일본 후생노동성 공무원　　연 소득 1,075만 엔 정도 수준을 생각하고 있습니다. 그런 분들에 대해 '1시간 초과근무를 했으니 얼마다'라는 식으로 임금을 지급하는 것은 적절하지 않다고 생각합니다.

노동계는 연봉 기준이 앞으로 하향 조정될 수 있고, 그러면 더 많은 노동자가 제외될 수 있다는 의심을 거두지 않고 있다.

이토 게이치_일본 전국노동조합총연합 간사   이번에 연봉 천만 엔 이상 이라고 해서 대상을 좁혔지만, 본인이 동의했다는 이유로 노동시간 규제 적용을 받지 못하는 노동자를 계속 늘리려고 하고 있어요. 그 첫 단계가 실현되고 말았어요.

일본 대학생들은 요즘 취업 걱정이 없다고들 한다. 베이비붐 세대인 단카이 세대가 은퇴하면서 기업마다 인력 부족을 우려하는 상황이지만 대학 도서관은 방학 기간에도 학생들로 붐빈다. 취업은 쉽지만 누구나 원하는 기업에 들어갈 수 있는 건 아니다. 일본 대기업 초임은 20~30년 전과 비슷한 월 2백만 원 수준. 많은 곳도 250만 원 정도이다.

장기권_오테마에대학 교수   일본 대학생들이 대체적으로 평균 기업에 취업할 때 월 급여가 20만 엔 전후입니다. 조금 폭이 있다고 해도 약 18만 엔에서 23만 엔 전후입니다. 결코 많지 않다는 거죠. 그런데 약 25년, 약 30년 전 버블경제가 붕괴되었을 때 그때 급여 수준이 약 17만 엔이었습니다. 그러니까 거의 25, 30년 동안 대출 초임이 거의 변화가 없다는 이야기죠.

학생들은 취업에 대비해 상사와의 관계 등 일본의 기업 문화에 대해 얘기를 나누고 있었다. 문제는 과거 일본의 경제 성장을 이끌었던 기업문화가 요즘 젊은이들과는 잘 맞지 않는다는 것이다.

오오이시 히로오_워크아카데미 대표   지금 신입 사원은요, 22살 전후의 사람들은 제가 보기에는 불쌍한 세대입니다. 예전에 일본 기업에서, 지금도 그렇지만, 기업에 들어가면 그 기업의 방식을 가르쳤는데, 지금의 젊은 사람들은 그것을 따라가지 못해요.

일찍 퇴근해서 여가생활을 즐기고 가족과 함께하는 여유로운 삶. 누구나 꿈꾸는 행복한 저녁에 일본 사회가 일찍 다가가지 못한 것은 가정 경제를 유지하기 위한 현실적인 이유도 컸다.

장기권_오테마에대학 교수　급여만 가지고 생활하기가 빠듯합니다. 당연히 부부가 같이 일을 한다든지, 아니면 설사 그렇다고 하더라도 다시 아이들이 태어나서 양육을 하게 되면 잔업수당이 가계에서 아주 중요한 부분을 차지하는 거죠. 그러니까 잔업을 어느 정도 해야만 여유 있게 가계를 운영할 수 있다, 이건 보편적인 일본 직장인이라면 누구나 생각할 수 있는 부분이라고 생각합니다. 그러니까 곧 잔업이 회사에서 강요하는 것이 아니라 본인의 선택이라는 거죠. 잔업수당이 가계에 큰 보탬이 됩니다.

연간 960시간, 주 58시간이라는 연장근무 상한선은 그런 점을 감안한 일본 사회의 선택이다. 이 법안을 비판하는 노동계도 과거에 비해 진전됐다는 점은 인정하고 있다.

이토 게이치_일본 전국노동조합총연합 간사　노동기준법이 제정된 후 70년이 됐는데 (근로시간) 상한이 이번에 겨우 들어갔다, 그런 의미에서는 개선된 겁니다. 노사가 합의해도 한 달 100시간 이상의 노동을 시키는 건 안 되기 때문에 이건 진전된 겁니다. 그러나 100시간으로는 과로사를 막을 수 없어요. 그 부분이 진전된 측면이면서도 불충분했다고 할 수 있습니다.

우리보다 선진국인 일본이 우리보다 많은 주 58시간 일하는 상황에서, 어떻게 우리 산업의 경쟁력을 유지할 것인가는 정부와 기업이 고민하고 풀어 가야 할 과제이다.

김명중_닛세이기초연구소 부연구위원　노동자가 저녁이 있는 삶을 사는 건 중요하지만 병행해서 생산성을 향상할 수 있는 대책, 이와 관련된 여러 가지 제도 조성이라든지 이런 부분을 정부 차원에서 적극적으로 추진을 해야 될 것 같고요. 그렇지 않으면 경쟁력에서 많이 일본에 뒤처지게 되겠죠.

일본의 선택이 더 낫다고 할 수는 없다. 하지만 두 나라가 동시에 근로시간을 줄여 나가는 상황에서 일본의 경험을 통해 시행착오를 줄일 방안을 찾아볼 수는 있지 않을까?

5

지소미아, 한국의 선택은?

한·미·일의 동상이몽

취재_ 박성래

촬영_ 오범석

도깨비 같은 지소미아의 등장

———

군사정보보호협정(General Security of Military Information Agreement), 줄여서 지소미아(GSOMIA)다. 살면서 이런 도깨비 같은 용어를 쓸 사람이 몇이나 되랴 싶다. 그런데 이 생소한 단어가 도깨비처럼 나타나 2019년 한국을 뒤흔들었다. 돌이켜보면 지소미아를 둘러싼 상황은 죄다 도깨비 같았다.

일본은 도깨비같이 한국에 수출규제 조치를 발표했다. 불의의 일격에 불화수소를 구하느라 동분서주하던 한국에겐 뾰족한 대응수단이 없는 것 같았다. 하지만 도깨비같이 '한일 지소미아'란 카드가 등장했다. '저런 게 카드가 되랴' 싶었는데 정말로 도깨비같이 일본 정부는 당황한 기색이었다. 도대체 아베 총리에게 지소미아는 왜 이렇게 중요한 문제인 걸까?

지소미아를 둘러싼 이 도깨비 같은 상황들을 잘 풀어서 정리만 해줘도 밥값은 하겠다는 생각이 들었다. 갑자기 결정된 방송이라 방송일까지 남은 시간은 1주일 남짓, 번갯불에 콩 볶아 먹어야 하는 빠듯한 일정이었다.

시간의 압박감이 양어깨를 짓눌러 왔다. 하지만 시간이 촉박할수록 현장에서 실마리를 찾아내고 현장에서부터 이야기를 풀어 나가야 한다는 생각에 부랴부랴 일본전문가들을 섭외하고 도쿄행 비행기표를 끊었다. 죽으나 사나 2박 3일의 빡빡한 일정 안에 도쿄 취재와 450킬로미터 떨어진 아키타현 취재까지 소화해야 한다. 아키타현에는 북한 미사일에 대비한 군사시설이 들어설 예정이었다. 공교롭게도 아키타현은 매년 도깨비 축제가 열리는 도깨비의 고장이었다.

지소미아 종료,
제일 곤란한 쪽은?

―――

도쿄에 도착하자마자 먼저 일본 군사전문가를 인터뷰했다. 고다 요지 전 자위대 함대사령관이었다. 10여 년 전, 41년 동안의 자위대 경력을 마감하고 전역한 뒤 일본 방송과 신문에 군사 분야 논평과 자문을 해 오고 있다고 했다. 한국과의 인연도 깊은 편이었다. 대령 시절인 1996년, 한국 해군사령부를 방문해 전략회의에 책임자 자격으로 참석했다고 했다. 육해공을 통틀어 최초의 한일 군사교류였다며 자랑스러워했다.

당시 일본 언론의 논조는 대체로 '한일 지소미아가 없어지면 한국이 더 손해'라는 식이었다. 은근히 한국과의 대결의식이 묻어났다. 일리가 없지는 않다. 일본은 군사대국이다. 한국에는 없는 군사정찰위성이 7대나 되고 고성능 레이더도 많으니 한국보다 정보자산이 많다. 북한에서 발사하는 미사일을 탐지하고 추적하는 능력이 첨단을 달린다.

고다 전 사령관 역시 일본 언론을 통해 그런 포인트를 지적하고 있었지만 그게 전부는 아니라고 했다. '공은 둥글다'는 축구의 격언이 있는 것처럼 '지구는 둥글다'는 사실이 문제를 단순하게 볼 수 없게 만든다. 지구는 공처럼 둥글기에 일본 레이더는 한계가 있다.

"일본이 (북한과) 가깝다고는 해도 600킬로미터 떨어져 있습니다. 지구는 둥글기에 600킬로미터 떨어져 있으면 미사일이 20킬로미터 정도의 고도에 올라가지 않으면 일본에서는 레이더 감지가 불가능합니다. 지구는 둥그니까요. 거기에다 산의 영향도 있습니다. 600킬로미터 떨어져 있는 일본에서는 고도 40킬로미터의 미사일은 전혀 보이지가 않아요. 이것은 지구가 둥그니까 어쩔 수가 없습니다. 한국은 가깝기 때문에 레이더 감지가 가능해요."

한국이 가진 장점은 또 있다. 일본이 얻을 수 없는 정보를 한국은 얻을 수 있다고 했다.

"40년간의 군 경험으로 말씀드리자면, 어느 나라 군이라도 그렇겠지만, 한국군은 북한의 무선통신이나 휴대전화의 통신을 아마 감청하고 있을 겁니다. 그러면 언제쯤, 몇 월 며칠 몇 분까지는 정확히 모르겠지만 북한이 이동식 탄도탄 실험을 어느 지역에서 하려고 하는지에 대해서는 한국이 가장 빠르고 정확하게 알 것이라고 생각합니다. 일본이나 미국도 분명히 전파정보 수집기나 인공위성을 이용합니다. 하지만 한국처럼 24시간 하는 것은 아닙니다. 한국에서 확실한 일시는 아니지만 '이 무렵에 북한이 쏠 것 같다'는 정보가 있다면 일본과 미국이 가지고 있는 정찰기나 위성을 집중적으로 볼 수 있거나 들을 수 있다는 것입니다. 이로 인해 대응이 전혀 달라지는 거죠. 이것이 전형적인 예인데요, 이것이 일본과 미국과는 다른 한국의 강점입니다."

한일 지소미아가 종료돼 한국이 제공하는 군사정보가 없더라도 일본이 정보판단을 할 수 있겠지만, 그 능력이 현저히 저하될 것이라고 했다.

"'한국의 정보는 이렇다, 일본의 정보는 이렇다, 미국의 정보는 이렇다'는 식으로 정보를 조합해서 북한 미사일에 대한 더 정확한 추리, 추측이 가능합니다. 한국의 데이터가 없어도 가능은 하지만 정확성으로 말하면 아마 70%밖에 볼 수 없을 겁니다. 한국의 데이터가 없다면 말입니다. 일본과 미국, 한국이 100% 협력할 경우를 100으로 본다면, 한국이 없어도 70%는 가능하겠지만 100%는 안 됩니다."

한일 지소미아 종료로 '누가 더 손해'라는 식으로 이러쿵저러쿵 말은 할 수 있겠지만, 그런 말들이 무슨 도움이 되겠느냐고 했다. 지소미아 종료는 결국 서로에게 손해일 뿐이라는 말이다. 그러면서 어떤 경우에도 경제 문제를 안보 문제와 연계시켜서는 안 된다고 했다.

"한국 분들은 기분 나쁘실지 모릅니다만, 원래 안보와 경제 문제, 역사 문제는 분리시켜야 합니다. 이것만은 무너뜨려서는 안 되는 하나

고다 요지 전 자위대 함대사령관

의 관계입니다. 한국 대통령이 일반적으로는 해서는 안 되는, 경제
문제와 역사 문제, 안보 문제를 연계시켜서 결국 안보 문제에 영향
을 끼친 것이라고 생각할 수밖에 없습니다. 지금의 상황을 이해하려
고 한다면요. 아주 유감스럽습니다."

'경제 문제와 안보 문제를 먼저 연계시킨 건 일본 정부가 아니었느
냐'고 되물었다. 애시 당초 일본 정부가 수출규제 조치의 근거로 제기
한 것이 북한으로 흘러가 군사적으로 전용될 가능성 아니었던가? 안보
상의 이유로 한국을 신뢰하지 못하겠으니 수출규제를 할 필요가 있다
는 것 아니었던가?

"일본이 한국을 신뢰하지 않으니까 안전보장이 어떻게 돼도 괜찮다
는 것이 아니라, 일본은 한국의 무역관리에 대해 의문을 가지고 있
고 그것을 확실히 해 달라는 것입니다. 이 문제는 무역 문제 내부에
서 하나의 요소로서 안보적인 우려입니다. 하지만 (일본이) 한국을
신뢰하지 않으므로 지소미아는 필요 없다는 논리는 맞지 않습니다."

인터뷰 현장에선 더 이상의 질문을 하지 못했다. 사안이 복잡하기도 했고, 통역을 통해 축약돼 전달되는 답변만으로는 여기서 한 발 더 나아간 질문이 여의치 않았다. 그런데 나중에 인터뷰 번역문을 읽어 보고 곰곰이 생각해 보니, 더 질문할 여지가 있었던 것 같다.

물론 안보전문가에겐 안보가 가장 중요한 문제이니 이해가 가는 측면이 있다. 그렇지만 한일 지소미아가 마치 안보의 전부인 양 말하는 것은 적절하지 않을 수도 있다. 고다 전 사령관은 지소미아 종료를 선언한 한국의 태도가 마치 '안전보장은 어떻게 돼도 괜찮다'는 식인 것처럼 말한다. 지소미아는 곧 안보이므로 지소미아를 종료시키면 안보를 도외시하는 것이라는 논리다. 이런 식이라면 한일 지소미아가 체결된 2016년 11월 이전에는 한국에 안보가 없었다는 얘기가 된다. 그럴 리가 있겠는가?

한일 지소미아가 있음으로 해서 한국도 일본도 더 나은 정보를 얻을 수 있다는 고다 전 사령관의 말은 옳다. 그러나 지소미아는 안보 그 자체가 아니라 안보를 위한 하나의 고려 사항일 뿐이다.

한국과 일본 사이에는 지소미아 말고도 여러 가지 문제들이 얽혀 있다. 안보전문가는 다른 무엇보다 안보가 우선이니 지소미아는 건드리지 말라고 말하고 싶겠지만 한일 관계에서 결정을 내리는 정치지도자들은 고려해야 할 사항들이 훨씬 많다. 뒤에서 더 자세히 다루겠지만 아베 총리가 한일 지소미아를 중요하게 여기는 데에는 순수한 안보적 판단을 넘어서는 안보 외적인 이유가 있다. 그렇지 않다면, 2016년 11월 이전까지는 없이도 잘 지내 왔던 한일 지소미아의 종료에 대해 그토록 민감하게 반응할 이유가 있겠는가?

지금 와서 생각해 보면, 고다 전 사령관의 강조점은 따로 있었던 것 같다. 의문을 풀어 줄 실마리는 바로 '미국'이었다. 고다 전 사령관은 '한일 지소미아 종료로 가장 곤란해지는 건 미국'이라고 반복적으로 강조했다.

"한국의 보도도 보고 있고 일본의 보도도 보고 있는데요, 양측 모두 '지소미아가 없어지면 한국이 잃는 것이 크다', '일본이 잃는 것이 크다'는 얘기를 하고 있습니다. 가장 많은 피해가 가는 나라는 미국입니다. 그래서 저는 개인적으로 지금도 믿고 있지만 지소미아를 파기하면 안 된다고 생각했었고, 지금도 그렇게 생각하고 있습니다."

한일 지소미아가 겉보기에는 한국과 일본 사이의 문제로 보이지만 내막을 들여다보면 미국이 나온다는 얘기였다. 이번 취재 중 처음으로 나타난 미국의 그림자였다.

또다시 나타난 미국의 그림자

———

이때만 해도 미국이 드리우고 있는 그림자는 흐릿했다. 그러나 아키타현으로 가는 길에 그림자가 조금은 더 분명해졌다.

고다 전 사령관의 인터뷰를 끝내고 부랴부랴 도쿄역으로 향했다. 동북지방 아키타현 아키타시로 가는 신칸센 열차를 타기 위해서였다. 그날따라 통역이 제공하는 차가 고장이 나는 바람에 택시를 타야 했다. 택시기사가 '도쿄역에서 어디로 가느냐'고 묻기에, 아키타로 간다고 했더니 반색을 한다.

"아! 제 고향이 바로 아키타예요. 그런데 아키타엔 무슨 일로?"
"아키타에 북한 미사일을 탐지, 요격하는 군사시설을 짓는다기에 취
　재하러 갑니다."

아키타현은 일본 혼슈 동북부 해안에 위치해 있다. 동해를 사이에

이지스 어쇼어, 이지스함의 레이더와 요격미사일을 지상에 설치해 '육상 이지스'라고도 불린다.

두고 북한과 마주하고 있어서 북한이 태평양으로 미사일을 쏘면 미사일이 지나가는 길목이다. 일본 정부는 아키타현과 혼슈 남부 야마구치현에 북한 미사일을 탐지하고 요격하기 위한 군사시설 1기씩을 배치한다는 계획을 발표했다. 일명 '이지스 어쇼어(Aegis Ashore)', 이지스함의 레이더와 요격시설을 그대로 육지에 옮겨 놓았다고 해서 '육상 이지스'라고도 불린다. 택시기사는 자신도 그 소식을 들었노라고 했다. 그리고 개인적으로 들은 말이라며 흥미로운 말을 꺼냈다.

"누가 그러는데, 그게 일본을 방어하기 위한 시설이 아니라 미국을 방어하기 위한 시설이라고 하던데요."

북한에서 하와이로 미사일을 쏘면 지나는 길목이 아키타현이고, 괌으로 미사일을 쏘면 지나는 길목이 야마구치현이라고 했다. 미국 영토인 하와이와 괌을 북한 미사일로부터 방어하려고 일본 정부가 '육상 이지스'를 설치하려고 한다는 뜻이었다. 귀가 솔깃해졌다.

한일 관계를 취재하러 일본에 왔는데, 취재 첫날에만 두 번째로 나타난 미국의 그림자였다. 여전히 흐릿하긴 했지만….

신칸센에서 만난 불침항모론

———

저녁 무렵, 아키타행 신칸센에 올랐다. 식당 칸도 없고 도시락도 팔지 않았다. 복도를 지나는 카트에서 주전부리를 사서 저녁을 때웠다.

요기를 하면서도 조금 전 택시기사의 얘기가 뇌리를 떠나지 않았다. 택시기사의 '카더라'를 어디까지 믿어야 할지 몰랐다. 할 수 있는 건 인터넷 기사 검색뿐이었다. '이지스 어쇼어'를 검색어로 치니 영어로 된 기사와 일어로 된 자료 몇 가지가 올라왔다. 단연 눈길을 끈 것은 미국 국제전략문제연구소(CSIS)의 짧은 보고서였다. 제목은 다음과 같았다.

'태평양의 방패: 거대한 이지스함으로서의 일본'

'이지스'는 그리스 신화에 처음 나온다. 대장장이 신 헤파이스토스가 신들의 왕 제우스를 위해 만들어 준 명품 방패가 'Aegis(아이기스)', 즉 이지스다. 일본은 태평양에서 미국을 방어해 주는 방패이며, 그런 의미에서 일본은 거대한 이지스함과 같다는 뜻이다.

CSIS의 토머스 카라코 선임연구원이 쓴 이 보고서는 1982년 나카소네 전 총리의 '불침항모론(不沈航母論)'에서부터 이야기를 풀어 간다.

"수십 년 전, 나카소네 야쓰히로 전 일본 총리는 일본을 두고, 소련 폭격기를 방어하기 위한 '거대한 항공모함'이라고 표현했다. 이러한 비유가 복잡하고 미묘한 미일 관계를 전부 담아내지는 못하겠지만, 일본의 독특한 지리적 전략적 위치에 대해 중요한 것을 말해 주었다고 할 수 있다. 오늘날 아시아 태평양 지역의 항공기 위협과 미사일 위협은 그때와는 다르며, 미일의 방어태세는 이런 위협에 대응해야 할 것이다. 약간의 변화가 일어나고 있긴 하지만, 일본은 (거대한 항공모함) 대신에 거대한 이지스함 같은 것으로 변모하고 있다고 말해도 좋을 것이다."

나카소네의 '거대한 항공모함'이 그 정치적 후계자 아베에 이르러 '거대한 이지스함'으로 변모했다는 얘기다. 그런데 나카소네의 '불침항모론'이란 무엇일까?

나카소네의 '거대한 항공모함'

———

1983년 1월, 나카소네 신임 일본 총리가 처음으로 미국을 방문했다. 워싱턴포스트가 나카소네 전 총리를 위한 조찬회를 마련했다. 그런데 나카소네는 이 자리에서 메가톤급 폭탄발언을 쏟아 냈다. 다음 날 워싱턴포스트 1면에 나카소네의 발언이 대문짝만하게 실렸다.

'일본은 소련에 대항하는 침몰하지 않는 항공모함이 되어야 한다.'

당시는 미국과 소련 간의 냉전이 절정에 달해 있었다. 미국의 골칫거리 중 하나는 소련의 초음속 장거리 폭격기 Tu-22M이었다. 베일에 싸인 이 신형 폭격기가 미국 본토에 핵폭탄을 투하할 수도 있을 거라면서 미국이 상당히 두려워했다고 한다. 본토에 핵폭탄이 떨어지는 것은 미국으로선 최악의 악몽이다. 그 충격이 어느 정도일지는 9.11 테러의 충격을 떠올려 보면 충분하다. 그래서 미국은 소련 초음속 폭격

구소련의 초음속 장거리 폭격기 Tu-22M(백파이어)

기 Tu-22M에 '백파이어(Backfire)'라는 식별명을 붙여 주었다.

나카소네의 발언은 일본 열도가 불침의 항공모함이 되어 소련의 '백파이어'로부터 미국을 멀리서부터 방어해 주겠다는 것이었다.

나카소네가 사용한 정확한 용어에 대해서는 논란이 있다. 워싱턴포스트가 녹음한 나카소네의 실제 발언을 들어보면 '불침항모'가 아니라 '거대한 항공모함'이었다고 한다. 통역을 거치면서 '불침항모'로 바뀌어 보도되었다는데, 나중에 나카소네 본인은 굳이 문제 삼지 않고 자신의 발언을 '불침항모론'이라 부르고 있었으므로 '불침항모'라 해도 무방할 것이다.

아무튼 일국의 총리가 자신의 국토를 다른 나라의 방어를 위한 항공모함으로 만들겠다는 충격적인 발언이었다. 이 발언이 워싱턴포스트에 실리자 미국도 일본도 발칵 뒤집혔다.

일본 기자들은 발언의 진위를 확인하기 위해 우왕좌왕했다. 특종을 건진 돈 오버도퍼 당시 워싱턴포스트 기자의 회고에 따르면, 조찬회에는 케서린 그레이엄 사주와 워싱턴포스트 기자 등 23명이 참석했는데, 일본 기자들은 단 한 명도 없었다. 신임 총리의 첫 방미를 수행 취재하던 일본 기자들은 이른바 '물을 세게 먹고', 본국 데스크한테서 평생 먹을 욕을 한 번에 먹고 있는 상황이었다.

일본 기자들은 총리에게 몰려가 물었다. 일본 기자들 앞에서 나카소네는 와전이라며 잡아뗐다. 그러다 귀국하는 비행기 안에서야 기자들에게 비로소 인정했다.

돈 오버도퍼 기자는 이 모든 소동들이 나카소네의 치밀한 계산하에 이뤄졌다고 믿고 있다. 조찬 자리에서 워싱턴포스트 기자들이 녹음기를 식탁 위에 놓고 켜는 걸, 나카소네 총리도 눈으로 다 봤고, 녹음기가 돌아가고 있다는 걸 다 알고 있는 상태에서 그 발언을 했다는 것이다. 게다가 나중에 미국 관계자에게 확인한 바에 따르면, 나카소네는 조찬회 몇 시간 후 레이건을 만난 자리에서도 똑같은 얘기를 했다고 한다. 나카소네는 폭탄발언을 던졌다가 잡아뗐다가 하는 방식으로 논란을 증폭시키며 자신이 알리고 싶은 메시지와 뉴스를 키운 것이다.

나카소네 전 총리는 도대체 무슨 생각으로 이런 폭탄발언을 한 걸까? 아무리 동맹이라 해도 다른 나라의 방어를 위해 자기 나라를 거대한 항공모함으로 만들겠다는 발언이 일국의 총리 입에서 나올 수 있는 발언일까?

이에 대한 나카소네 전 총리의 대답이 KBS 영상자료실에 남아 있었다. 2002년에 방송된 '세계를 움직이는 사람들'이라는 프로그램이었다.

나카소네 전 총리의 불침항모론

"저의 전임자였던 스즈키 총리가 임기 말에 레이건 대통령과 공동 기자회견을 하면서 문제가 발생했습니다. 스즈키 총리는 일본과 미국의 관계에서 군사적 문제는 빼겠다고 했는데, 이에 대해 미국이 대단한 불만을 표시하고 있었습니다. 동맹이라는 것은 군사적인 공동방어를 의미하는데, 군사적인 관계를 빼겠다는 스즈키 총리의 발언은 무슨 뜻이냐며 심한 오해를 했죠."

전임 스즈키 젠코 총리는 레이건 대통령과의 정상회담 직후 '미일 동맹은 군사동맹은 아니다'라고 했다. 어찌 보면 이해할 수 있는 측면이 있다. 일본은 헌법상 군사력 사용이 제한된 나라다. 그 평화헌법을 만들어 준 것이 바로 미국이었다. 그런데 미국은 소련의 위협을 우려한 나머지 내심 일본이 군사적 역할을 해 주기를 바라고 있었다. 이런 미국의 바람을 외면하고 스즈키 총리는 미일동맹에 '군사적 의미는 없다'며 매정하게 선을 그어 버린 것이다.

"그러던 차에 제가 미국을 방문했던 것입니다. 저는 일본과 미국의 불편한 관계를 바로잡아야겠다고 생각했습니다. 그리고 워싱턴 포스트가 마련한 조찬회에서 일본열도를 침몰하지 않는 항공모함처럼 만들어 소련 '백파이어'의 태평양 진출을 막겠다는 표현을 썼죠. 그게 미국 TV와 신문에 크게 보도되면서 미국이 일본에 갖고 있던 불신을 한꺼번에 해소할 수 있었습니다. 말하자면 충격요법 같은 것이었습니다. 충격적인 표현으로 미국의 불신을 씻기 위한 것이었지요. 사실 그런 불신감을 없애는 데는 1~2년이 걸릴 수도 있었습니다. 조금은 과격한 표현이었지만 미국의 의혹을 씻었다는 점에서 저에게는 커다란 보람이었습니다."

불침항모의 역사

역사적으로 '불침(不沈)'이란 단어는 일본에게 아픈 기억을 불러일으킨다. 2차 대전 당시 일본이 세계 최대의 전함으로 내세웠던 '야마토함'에 자랑처럼 붙은 수식어가 '불침'이었다. 불침의 야마토함은 1945년 오키나와 앞바다에서 허망하게 침몰하고 말았다. 미군의 집중폭격과 어뢰를 견딜 수 없었던 것이다.

미국에도 비슷한 용어가 있었다. '침몰시킬 수 없는 항공모함(unsinkable aircraft carrier)', 즉 불침항모였다. 그런데 미국의 불침항모는 진짜로 침몰하지 않는다. 미국에서 말하던 불침항모는 배가 아니라 섬이기 때문이다. 옆 사진을 보면 이해가 편하다.

하늘에서 보면 정말 항공모함 같다. 글자 그대로 불침항모였다. 1950년대 미국은 이 부근에서 핵실험을 수십 차례나 했다. 총 30메가톤의 핵폭탄이 떨어졌다. 그래도 이 불침항모는 침몰하지 않았다.

에니웨탁 섬은 원래 일본군이 점령하고 있던 곳이었는데, 미군이 물

마셜제도 에니웨탁 섬, 2차 대전 말기 건설된
미군 활주로가 보인다(출처: 미국 정부 Trust
Territory of the Pacific Islands Archive).

리치고 점령했다. 섬 하나를 점령하면 일단 공병대가 투입돼 활주로를
닦는다. 그리고 여기서 폭격기들이 출격해 또 다른 섬을 공격한다. 그
섬을 탈환하면 또 공병대를 투입해 활주로를 닦는다. 이렇게 징검다리
식으로 섬들을 하나씩 하나씩 점령하고, 또 활주로를 닦고, 또 다른 섬
을 점령하기를 반복한다.

　그 종착지는 어디였을까? 바로 일본 본토였다. 2차 대전 당시 일본
본토를 폭격하기 위한 개념이 바로 불침항모였다. 불침항모의 미국 버
전도 일본에겐 아픈 기억일 수밖에 없다.

그런데 일본 총리가 미국식 불침항모 개념을 들고 와서 미국을 방어해 주겠다고 했다. 미국으로선 '불감청고소원(不敢請固所願)', 즉 감히 청하지는 못하나 원래부터 바라던 바였다.

나카소네는 왜?

———

나카소네 전 총리에겐 커다란 모험이었다. 미국인들은 좋아했지만 일본인들은 싫어한 쪽이 더 많았다. 이 발언이 보도된 이후 신임 나카소네 내각의 지지율이 큰 폭으로 떨어졌다. 당시만 해도 전쟁을 직접 경험한 일본인들이 훨씬 많았고 평화헌법은 지금보다 훨씬 인기가 많았기 때문이다.

신임 총리가 지지율 하락을 각오하고 불침항모론을 제기한 것은 언뜻 이해하기 힘든 대목이다. 정치인에게 지지율보다 더 중요한 게 있을까? 드물지만 그런 경우가 있을 수 있다. 나카소네에게는 지지율 하락과 맞바꾸어도 좋을 만큼 충분히 가치 있는, 거의 신앙에 가까운 어떤 신념이 있었을 것이다. 그게 무엇일까? 나카소네는 미국의 신뢰를 얻어서 무엇을 하려고 했을까?

"21세기를 맞기 위해서는 21세기에 맞는 국가상을 새롭게 만들지 않으면 안 됩니다. 국가의 상은 헌법에서 나오는데, 지금의 헌법은 일본 민족이 스스로 만든 것이 아니라 맥아더 장군이 만들어 준 겁니다. 국민에게는 헌법 제정의 권리가 있습니다. 헌법을 제정할 수 있는 권리를 사용해 자신들의 헌법을 만들어야 그 국민에게 주권이 있는 것입니다. 일본 헌법에도 국민 주권은 제1장에 씌어져 있습니다. 그러나 일본은 주권을 행사하지 못하고 있는 나라입니다. 그래서 세계에 통용되는 헌법을 국민 모두가 만들어 21세기에 맞는 국가상을 재정립하고자 하는 겁니다. 이렇게 만든 헌법에 의해 정부나 의회는 물론 외교 사회복지 교육 안전보장 등 모든 것이 새롭게 설 수 있으니까요. 21세기에 맞는 새로운 일본의 국가상을 위해 모두가 새롭게 바꿔 보자는 겁니다. 저는 이것이 우리들의 사명이라는 것을 알리는 데 주력하고 있습니다.”

일본 열도가 미국 방어를 위한 불침의 항공모함이 되는 한이 있더라도 헌법을 개정해 군사력을 행사할 수 있는 이른바 '보통국가'로 변모하겠다는 구상이었다. 그러기 위해서는 미국의 신뢰를 얻는 일이 무엇보다 중요했던 것이다. 나카소네는 미국과의 관계를 개선하는 데 각별한 공을 들였고, 자신의 방미 성과를 한마디로 압축해 자랑했다.

“'Hi, Ron!', 'Hi, Yatsu!'라고 부르는 사이가 되었다고 생각합니다.”

나카소네의 이런 구상을 외교적으로 뒷받침하려던 인물이 아베 신타로 외무장관이었다. 바로 아베 신조 총리의 아버지이다. 젊은 아베

나카소네 전 총리와 아베 신타로 전 외무장관

아베 신타로 전 외무장관과 아버지 밑에서
비서관으로 일했던 아베 신조 일본 총리

신조는 외무장관인 아버지 밑에서 비서관으로 일하면서 이 모든 과정들을 지켜보고 있었다.

아베 총리의 트럼프 대통령 대접은 극진하기로 유명하다. 대표적인 경우가 2019년 5월 트럼프 대통령이 일본을 국빈 방문했을 때이다. 아베 총리는 트럼프 방일 나흘 동안 함께 골프를 치고, 함께 스모를 관람하고, 함께 햄버거를 먹고, 함께 로바다야끼 만찬을 했다. 어느 야당 정치인은 '트럼프의 관광 가이드냐'고 비꼴 정도였다.

공동기자회견에서 아베 총리는 트럼프 대통령을 세 번이나 '도널드'라 불렀다. 아무리 사이가 좋다고 해도 정상들끼리 이름을 부르는 것은 아무래도 낯간지러운 일이다. 친한 척하기 좋아하는 트럼프 대통령도 같은 자리에서 꼬박꼬박 '아베 총리'라 불렀다. 레이건 대통령을 '론'이라 부른다고 자랑했던 나카소네 전 총리를 떠올리지 않을 수 없는 대목이다. 아베 총리는 나카소네 전 총리를 벤치마킹하고 있는 걸까?

거대한 항공모함이
거대한 이지스함으로

———

신칸센은 후쿠시마와 센다이를 지나 아키타현으로 접어들고 있었다. 아키타현의 절경이라는 다자와 호수는 어둠에 묻혀 보이지 않았다. 늦은 밤 아키타역에 내리니 볏짚 옷을 입은 도깨비 나마하게가 취재진을 맞아 주었다.

역전 호텔에서 눈을 붙이고 '육상 이지스' 배치 예정지를 취재하러 나섰다. 취재진을 안내해 주기로 한 'STOP 이지스! 아키타 포럼' 사무실은 호텔에서 걸어서 갈 만한 거리에 있었다. 사무국장 사토 씨는 한국 취재진의 갑작스러운 방문에 의아해하는 동료 여성 활동가에게 '한국의 NHK가 육상 이지스 배치 문제를 취재하러 왔다'고 일러 주었다. 사실 이번처럼 하루 이틀 전에 취재 협조를 부탁하는 건 일본에서는 상당히 실례되는 일인데, 갑작스러운 요청에도 싫은 내색 없이 성심성의껏 도와주어 고마웠다.

안내하는 사토 씨의 차를 따라 해안가를 달렸다. 동해다. 바다 저 건너편이 북한이다.

아키타는 동해에 면해 있는 조용한 고장이다. 아니, 조용한 고장이었다. 몇 년 전 북한이 태평양으로 미사일을 쏘아 대기 전까지는 말이다. 사토 씨는 북한 미사일이 바다 건너 서쪽에서 날아와 아키타를 지나 동쪽 태평양으로 간다고 했다.

2017년 9월 3일, 북한이 6차 핵실험을 했다. 다음 날 아베 총리가 입장을 밝혔다.

"어제 트럼프 대통령, 푸틴 대통령과 통화했습니다. 오늘은 문재인 대통령과 통화했습니다. 그리고 국제사회와 긴밀히 협력해 나가기로 합의했습니다."

국제사회와 협력한다고 했지만 그 어느 나라보다 미국과의 협력을 강조했다.

"미국과 협력해 해상 이지스와 패트리어트 미사일-3를 배치함으로써 미사일 방어 시스템을 향상시키는 데 최선을 다하겠습니다. 추가로 육지에 육상 이지스를 배치하여 미사일 방어 능력을 더욱 향상시키고자 합니다."

북한의 위협에 맞서 일본이 이미 운용하고 있던 해상 이지스, 즉 이지스함과 패트리어트 미사일 외에 새로운 전략자산 '이지스 어쇼어'를 배치하겠다고 발표한 것이다.

아키타 해변에서 북한 미사일의 궤적을 가리키는 현지 주민들

'이지스 어쇼어'는 '육상 이지스'라고도 불린다. 말 그대로 해상 이지스, 즉 이지스함에 실려 있는 레이더와 미사일을 그대로 육상에 배치해 북한 미사일을 탐지, 요격하는 시설이다. 며칠 뒤 자위대 고위 간부들과의 회의 자리에서 아베 총리는 더 구체적인 방안을 밝힌다.

"북한이 도발을 반복하고 있으므로, 그러한 위협을 억지하기 위해 행동에 나서야 합니다. 올해 동해에서 실시된 미일 합동군사훈련에서는 처음으로 미국 항공모함 2대가 참여한 바 있습니다. 또한 전략 폭격기 합동훈련도 실시하고 있습니다. 일본의 방위 시스템과 능력을 향상시키기 위해 미국과 구체적인 행동을 취해야 합니다."

아베 총리의 강조점은 미국과의 협력에서 일본 자체의 방위력 증강으로 옮아 가고 있었다.

"스스로를 방어할 의지가 없는 나라를 도와주러 올 나라는 없습니다. 동시에 지역의 평화와 안정 없이 이 나라의 평화도 있을 수 없습니다. 일본 방위 능력을 강화함으로써 우리는 일본이 할 수 있는 역할을 확대해 나갈 것입니다."

아베 총리는 북한의 핵과 미사일 위협을 구실 삼아 일본의 군사적 역할을 확대하겠다는 강한 의지를 밝혔다. 동석했던 오노데라 당시 방위상은 '육상 이지스' 배치를 서두르겠다고 했다.

"북한의 탄도미사일 능력 증강에 따른 위협으로 인해, 우리의 포괄적 능력을 향상시키는 일이 시급한 과제가 되고 있습니다. 새로운 전략자산, 특히 '육상 이지스'를 최대한 빠른 시일 내에 배치하고자 합니다."

육상 이지스 배치 계획은 속전속결로 진행됐다. 불과 2달 후인 11월 육상 이지스 배치 후보지 2곳이 언론을 통해 흘러나왔다. 혼슈 북부 아키타현과 혼슈 남부 야마구치현이었다. 해당 지역주민들은 대책위원회를 꾸리고 반대운동에 나섰다. 'STOP 이지스! 아키타 포럼'도 그렇게 탄생했다.

육상 이지스 후보지 졸속 선정

―――

'STOP 이지스! 아키타 포럼' 사토 사무국장은 후보지 선정이 졸속이라고 했다. 일본 방위성의 조사보고서가 오류투성이였다.

대표적으로 후보지 주변의 산들의 높이에 오류가 있었다. 육상 이지스는 레이더로 미사일을 탐지하는데, 후보지 주변에 높은 산이 있으면 레이더에서 내보내는 전파가 차단되므로 산의 높이가 중요하다. 그런데 방위성이 조사한 19개 산의 높이 가운데 9군데에서 오류가 발견되었다. 2019년 6월 이와야 다케시 방위상이 아키타를 방문해 오류를 인정하고 사과하기도 했다.

이처럼 오류가 무더기로 나온 이유는 황당하기까지 하다. 도쿄신문 기사의 한 대목은 이렇다.

"조사에서는 미국 구글의 위성사진을 이용한 서비스인 '구글 어스'를 지도 데이터로 사용했다. 담당자가 산 정상을 가리키는 지점을 착각

해 고도를 712미터로 표시된 수치를 그대로 보고서에 적었다고 한
다."

그러니까, 방위성 담당자가 '구글 어스'를 이용해 산의 높이를 쟀는
데, 컴퓨터 화면에서 정상의 위치를 엉뚱한 곳에 찍는 바람에 9군데나
오류가 났다는 것이다. 일본 방위성이 '육상 이지스' 배치를 얼마나 서
둘렀는지를 간접적으로 보여 주는 대목이다.

일본 방위성은 단순 실수였다고 했지만, 사토 사무국장은 믿을 수
없다고 했다.

"산의 높이를 실제로 재지 않았어요. 구글지도 같은 것을 보고 자기
들이 마음대로 써 넣은 거죠. 실제 수치와 다른 수치를 발표한 것은,
자기들한테 유리한 수치를 발표했다는 것은 주민들을 깔본 게 아닐
까요? 완전히 거짓 발표니까요."

꿩도 먹고 알도 먹는 미국

———

해변 가까운 곳에 아라야 자위대 훈련장이 나타났다. 길 건너편 골프장엔 초록빛 잔디가 싱그러웠다. 체육관을 비롯해 주민들이 운동을 하는 체육시설도 바로 붙어 있었다. 이런 위치에서 어떻게 총 쏘고 대포 쏘는 훈련을 하랴 싶었다.

현장에서 '육상 이지스' 배치에 반대하는 주민 두 명을 만났다. 시골 할아버지 풍의 이토 씨와 마을 회장 이가라시 씨였다. 두 사람에 따르면, 아라야 훈련장은 수십 년간 버려져 있다시피 했다. 철조망에 붙은 출입금지 팻말도 육상 이지스 배치 계획이 발표되고 나서 최근에 단 것이라고 했다. 이토 씨에게 왜 육상 이지스 배치에 반대하냐고 물었다.

"이 지역에는 1만 4천 명이 살고 있어요. 아니, 1만 3천 명입니다. 5,400가구가 있어요. 이런 곳에 요격 미사일 기지를 설치한다면 공격하는 쪽은 제일 먼저 여기로 미사일을 쏘겠죠. 만약에 북한이 미사일을 발사하면 한두 발이 아니라 몇백 발이겠죠. 그게 한 번에 오면 이지스 미사일은 대응하지 못할 겁니다. 빗나간 미사일은 전부 민가에 떨어질 거예요. 노인들도 많은데, 어떻게 피난할 수 있겠습니까?"

이토 씨는 육상 이지스가 먼저 배치된 루마니아와 폴란드 이야기를 꺼냈다.

"지금 육상 이지스가 이미 유럽의 루마니아와 폴란드에 배치 중입니다. 하지만 거기는 미사일 기지로부터 사람들이 거주하는 곳까지 4.5킬로미터, 3킬로미터 떨어져 있어요. 민가에서 떨어져 있습니다. 하지만 여기는 민가가 미사일 기지에서 이렇게 가까워요. 저쪽으로 가면 주택단지가 많은데, 거기는 수백 미터밖에 안 떨어져 있어요. 학교도 있습니다, 고등학교. 도로 하나만 건너면 학교예요. 이상하죠?"

이렇게 민가가 가까우면 전자파도 문제가 된다. 육상 이지스의 레이더는 날아오는 미사일을 탐지하기 위해 전파를 쏘는데, 이 과정에서 상당한 전자파가 발생한다.

유럽의 육상 이지스와 일본의 육상 이지스가 결정적으로 다른 점이 또 있다. 루마니아와 폴란드에 배치된 육상 이지스는 미국이 설치해 미국이 운용한다. 루마니아의 경우 설치 비용만 8억 달러에 달한다고 외신은 전하고 있다. 운용 비용까지 합치면 미국이 부담해야 할 비용

아라야 훈련장 주변 민가 그래픽

은 수십 억 달러에 이를 것이다.

반면, 일본의 경우 미국산 육상 이지스 장비를 도입해서 일본 자위
대가 운용을 맡는다. 그리고 여기서 나오는 정보는 미일 지소미아를
통해 미국에 거의 실시간으로 넘어가게 된다. 미국 입장에선 22억 달
러가 넘는 군사장비도 팔고, 거기서 나오는 군사정보도 얻는, 그야말
로 꿩도 먹고 알도 먹는 셈이 된다.

육상 이지스는 미국 방어용?

―――

아키타 주민들이 가장 수상하게 여기는 부분이 육상 이지스의 용도
다. 도쿄의 택시기사가 말해 준 대로, 육상 이지스가 일본을 방어하기
위한 것이 아니라 미국을 방어하기 위한 것 아니냐는 의심이었다. 사
토 씨와 이토 씨는 좀 더 구체적인 얘기를 했다.

"자위대 훈련장은 저쪽이에요. 북한은 저쪽이고요. 그쪽에서 미사일
이 날아오죠. 북한과 육상 이지스가 들어설 훈련장, 그리고 하와이
가 일직선이 되는 거죠."

북한이 미사일을 발사하는 무수단리와 하와이를 연결하면 그 중간
에 아라야 훈련장이 놓이게 된다는 것이다. 우연의 일치일까? 그렇게
보기엔 석연치 않은 점이 있다. 공교롭게도 또 한 기의 육상 이지스가
배치된다는 야마구치현 하기시 역시 무수단리와 괌을 연결하는 길목

에 위치하게 된다. 우연의 연속일까?

사토 씨는 또 다른 이유를 덧붙였다. 북한에서 미사일을 발사하면 불과 70~80초면 아키타에 도달한다. 그 짧은 시간에 일본에 떨어질 미사일을 요격할 수 있을까?

"시간적으로 맞지가 않죠. 미사일 장치에 미사일을 장착하는 사이에 미사일이 도달하지 않을까요?"
"그런데 왜 육상 이지스를 배치하려는 거죠?"
"그건 일본을 지키려고 하는 것이 아니라 아까 말했듯이 미국 하와 이와 괌의 기지를 지키기 위해서가 아닐까요?"

이토 씨가 목소리를 높였다.

"일본 정부는 일본 영토를 지키기 위한 것이라고 말하지만 아무도 믿지 않아요. 조금이라도 공부를 해본 사람이라면 믿지 않아요. 북 한에서 하와이에 있는 미군 기지, 그리고 괌에 있는 미군 기지로 날 아가는 미사일을 일본에서 떨어뜨리기 위해서죠. 일본 영토를 지키 기 위해서가 아니라 미국의 기지를 지키려는 거라는 걸 모두들 알고 있어요."

그렇다면 일본 정부는 왜 그러는 걸까? 미국에 절대적으로 유리한 육상 이지스를, 아베 내각은 도대체 왜 이렇게 무리하게 추진하는 걸 까?

"트럼프가 시키니까 그러는 거겠죠."

아키타행 신칸센에서 읽었던 미국 국제전략문제연구소의 보고서가 생각났다. 그 제목은 이랬다.

'태평양의 방패: 거대한 이지스함으로서의 일본'

'일본은 미국의 거대한 이지스함'이라는 토머스 카라코 선임연구원의 은유는 핵심을 제대로 찌른 것 같았다. 아베의 이지스함은 나카소네의 불침항모와 닮아도 너무 닮아 있었다.

다음 날, 도쿄에서 다케사다 히데시 다쿠쇼쿠대학 객원교수를 인터뷰했다. 일본 군사 전문가들은 어떻게 보는지 궁금했다. 이런 대답이 돌아왔다.

"하와이나 미국에 날아가는 미사일을 떨어뜨리기 위해 육상 이지스가 필요하다는 것은 일본 방위의 관점이 아니라는 견해가 있습니다. 그러나 전쟁 자체는요, 예를 들면, 미국과 북한이 전쟁상태가 되면 일본도 얽혀들 수밖에 없습니다. 하와이를 향해서 어떤 나라가 공격을 할 때는 미일동맹 전체적인 문제가 되는 겁니다. 한미동맹의 문제이기도 하고요."

다케사다 교수는 굳이 부인하지 않았다. 다만, 동맹이라는 더 넓은 시야에서 바라봐야 한다고 주문했다.

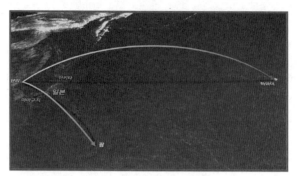

아키타현은 북한 무수단리와 하와이의 일직선상에 놓여 있고
야마구치현은 무수단리와 괌 사이에 위치해 있다.

다케사다 히데시 다쿠쇼쿠대학 객원교수

"미국에 날아가는 미사일을 왜 일본이 격추해야 하느냐, 미국에게
이용당하는 것은 싫다는 것은 좁은 생각이라고 생각합니다. 특히 북
한 미사일은 1분 30초, 짧으면 70초 만에 일본에 도달하고 하와이로
날아갈 때는 주한미군도 주일미군도 (북한을) 공격하게 될 테니까
거기도 (미사일이) 떨어질 거예요. 북한이 하와이를 공격할 때는 일
본에 미사와 기지도 있고, 한국에도 주한미군 기지가 있으니까 거기
도 동시에 공격을 받는다고 생각해야 합니다. 아시아를 자기 문제로
여기면서 지키고 있는 미국이 공격을 당한다면 한국과 일본도 자기

문제로 생각하지 않으면 안 됩니다."

일리가 있는 말이다. 북한이 미국을 공격한다면 미국만 공격하지는 않을 것이다. 한국에도 일본에도 미군 기지가 있으니 반격 능력을 무력화시키기 위해서라도 한국과 일본도 공격 대상이 될 것이다. 그러니 한미동맹도 미일동맹도 너나 할 것 없이 나서 줘야 한다는 것이다.

하지만 그게 전부가 아닐 수도 있다. 순수한 동맹 차원의 고려 이외에 다른 사항이 개입돼 있을 수도 있다. 가령 토머스 카라코 선임연구원의 은유처럼, 아베 총리가 걸어가려는 길이 나카소네의 불침항모론의 21세기 버전이라면 말이다. 즉, 일본을 미국을 위한 거대한 이지스함으로 만들어 미국을 등에 업고 헌법을 개정하고 군사대국화로 가는 길을 걸어가려는 것이라면 말이다.

미국, '한국도 동참하라'

―――

일본을 거대한 이지스함이라고 했던 토머스 카라코 선임연구원의 얘기를 들어 봐야겠다고 생각했다. 일본에서 귀국하던 금요일, 도쿄에서 인터뷰를 요청하는 메일을 보냈다. 방송일이 다음 주 화요일이니 시간이 빠듯하긴 했다. 그래도 미국과는 시차가 있으니 미국 시간으로 금요일 오전에(한국 시간으로 토요일 오전에) 시간을 내주기만 한다면 괜찮을 것이다.

김포공항에 내려 휴대폰을 켜자마자 메일을 확인했다. '받은 편지함' 맨 위에 뜬 'Tom Karako'란 이름이 반가웠다. 오후에는 외부에 나가야 하니, 미국 시간으로 금요일 오전 10시에 사무실로 오면 인터뷰를 하겠다고 했다.

남은 시간이 얼마 없었다. 밤늦게 부랴부랴 KBS 워싱턴 지국에 전화를 걸었다. KBS 해외지국 중에서 제일 바쁜 곳이라 갑작스러운 부탁을 들어줄 수 있을지가 걱정이었다. 동기인 금철영 특파원이 고맙게도 흔쾌히 맡아 주었다.

회사에서 잠시 눈을 붙이고 토요일 아침, 워싱턴 지국에서 보내온 인터뷰 영상파일을 열었다. 모니터에서 카라코 선임연구원의 인터뷰가 흘러나오고 있었다. 걱정했던 대로, 우리 프로그램과는 다른 방향이었다.

'일본이 미국의 거대한 이지스함'이라는 은유는 똑같다. 그러나 우리 프로그램의 방향은 그것에 '문제가 있다'는 것인데, 카라코 선임연구원의 관점은 그것이 '좋다'는 것이었다.

"그런 은유는 중요한 의미를 담고 있습니다. 우선, 여기엔 일본과 미국 사이의 협력 관계가 담겨 있습니다. 육상 이지스를 통해 일본과 미국은 유사한 능력을 갖게 됩니다. 한국에도 이지스함이 있죠? 따라서 협력할 수 있는 전망이 더 밝아지는 겁니다. 육상과 해상에서 여러 나라가 가진 이지스 능력을 함께 결합할 수 있습니다. 이를 통해 여러 함대들이 움직이는 것보다 저비용으로 역량을 높일 수 있습니다. 따라서 여러 나라 영토에 걸친 이지스 전투집단이 생기는 건데요, 이는 오늘날 존재하는 미사일 위협을 방어하는 좋은 기반이 됩니다."

한미일이 공동으로 직면한 미사일 위협이 있고, 이를 효율적으로 방어하기 위해서는 한미일이 단일한 이지스 시스템을 공유하는 이지스 전투집단이 돼야 한다는 얘기다. 육상 이지스는 이지스함보다 저비용으로 같은 효과를 내므로 효율적인 시스템이다. 그러므로 한국도 일본처럼 육상 이지스를 배치해 협조하는 게 좋다는 것이다.

미국 정부의 입장과 맥락이 같다. 한일 지소미아가 처음 불거졌을 때, 국내에서 한일 간의 갈등을 미국이 나서서 중재해야 한다는 목소리가 있었다. 그러나 미국 정부가 내놓은 반응은 이런 기대와 전혀 달랐다. 미국은 연일 한국에 실망했다는 반응을 흘리면서 원상회복을 요구하고 있었다. 한국 외교부가 주한 미 대사를 외교부 청사로 불러 우려 표명을 자제해 달라고 요청했지만, 결국 마크 애스퍼 국방장관이 직접 육성 메시지를 내놓았다.

"실망했고, 지금도 실망하고 있습니다. 양국이 모두 관여돼 있습니다. (한국과 일본) 두 나라 사이에서 문제를 해결하도록 독려하고 요구도 했었습니다."

미국 정부가 몹시 실망했다고 직설적으로 못을 박았다. 한국과 일본, 두 나라가 알아서 원상회복하라는 입장을 전달했다고 밝힘으로써 미국은 중재할 생각이 없다는 점도 분명히 했다. 불편한 심기를 강조하면서도 왜 실망했는지, 왜 지소미아를 원상회복해야 하는지 그 이유는 여전히 '공백'으로 남겨 두며 '침묵'하고 있었다.

카라코 선임연구원의 인터뷰는 미국의 이러한 '공백과 침묵'을 메워 주고 있었다. 이 인터뷰를 통해 도대체 왜 미국이 실망했는지, 왜 지소미아 원상회복을 요구하는지에 대한 속 깊은 생각을 엿볼 수 있었다. 그는 한국 정부의 한일 지소미아 종료 발표가 유감스럽다고 했다.

"미국에게 한국과 일본은 둘 다 긴밀한 동맹국입니다. 지소미아와 같은 군사정보 공유는 중요한 의미를 갖습니다. 동아시아 지역의 상호 안보를 위해서 말이죠. 미국 쪽에서는 이를 안타깝게 여기며 지소미아가 재개될 수 있기를 바랍니다. 동아시아 지역의 안보 위협은 워낙 중대하기에 협력을 하지 않을 경우 너무 위험해지니까요."

물론 한미일이 군사적으로 협력하면 좋은 점이 많을 것이다. 그러나 그러기 전에 먼저 한국과 일본 사이의 신뢰가 필요하지 않느냐고 물었더니 이런 대답이 돌아왔다.

"당연합니다. 신뢰 없이는, 또 최소한 존중이 없이는 국제협약을 맺을 수가 없어요. 정치적 어려움과 역사 문제 등 많은 문제가 있다는 것도 생각해야 하지만, 미래를 생각하고 북한과 중국으로 인한 새로운 안보 위험이 도사리고 있는 현실을 생각해야 해요. 지소미아를 재개하지 않을 경우 그 위험이 너무 크니까요."

말은 한일 간의 역사 문제도 중요하다고 하지만 그것은 적어도 미국의 관심사는 아니다. 미국 입장에선 북한과 중국의 위협이 더 중요하다는 얘기였다. 북한의 위협 말고도 '중국의 위협' 얘기가 나왔다. 카라코 선임연구원은 계속해서 중국의 위협을 강조했다. 그러면서 미국의 아시아 내 동맹국들에 중거리 미사일을 설치해야 한다는 입장을 밝혔다. 일본뿐 아니라 한국에도 중국을 견제할 중거리 미사일을 배치해야 한다는 것이다.

"이는 안보 안정화를 꾀할 수 있는 방법입니다. 왜냐하면 이를 통해 공격하려는 세력들의 행동을 중지시킬 수 있으니까요. 중국은 주변국을 도발하거나 공격을 하거나 압력을 가하기 전에 한 번 더 생각하게 될 겁니다."

카라코 선임연구원은 한미일이 민주주의 동맹국이라는 점을 강조했다. 동시에 중국은 민주주의 국가가 아니라는 점도 강조했다.

"우리가 처한 위험이란 어떤 국가들로 이뤄진 집단이 지배력을 갖느냐는 것입니다. 중국이 주변국에 압력을 가할 수 있게 될지, 아니면 민주주의 동맹국들이 힘을 합쳐서 그런 위협 상황을 무력화할 수 있을지 말이죠. 우리는 희망을 가져야 합니다. 지소미아 등 방어협력을 위한 다른 수단들이 재개될 수 있도록 해야 합니다."

민주주의의 가치를 공유하는 한미일 3국이 지소미아 등을 통해 주변국에 압력을 가하려는 중국에 맞서야 한다, 그러기 위해서는 한일 지소미아를 원상회복하고 그 이상의 군사협력 단계, 즉, 군수협력과 연합작전 단계로까지 발전해야 한다는 입장이다.

민주주의 동맹국들이 협력해 비민주주의 진영인 중국의 위협을 막아야 한다는 입장은 미국 정부의 공식적인 입장, 즉 미국 국방부가 2019년 6월 발표한 '인도 태평양 전략'과 궤를 같이한다.

조성렬 국가안보전략연구원 자문연구위원은 인터뷰에서 이렇게 말했다.

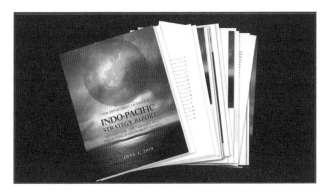

미국의 '인도-태평양 전략 보고서'

"지소미아는 기본적으로 중국의 급부상을 견제하기 위해 미국이 일본을 앞세우고 한국을 동참시켜서 이른바 넓은 의미의 대중국 포위망을 구축한 것이다, 이렇게 볼 수 있습니다. 미 국방부가 올해 6월 1일 '인도-태평양 전략 보고서'를 발표했습니다. 여기서 중국을 명확한 경쟁자로, 적대세력으로 규정을 했고요, 여기서는 일본을 가장 중심세력으로 파트너 삼고 하위체계로 한국 대만 아세안 국가들의 포지션을 정했지요."

미국의 일관된 입장은 대중국 포위망에 한국도 동참하라는 것이다. 그러기 위해 한일 지소미아를 원상회복하라는 것이다.

중거리 핵전력 조약의 폐기

———

우리가 원하든 원하지 않든, 동북아시아는 점차 강대국들의 각축장이 되어 가고 있다. 미국의 '인도 태평양 전략'은 이를 공식화한 것뿐이다. 카라코 선임연구원은 또 다른 이유를 언급했다. 바로 '중거리 핵전력 조약(Intermediate-Range Nuclear Forces Treaty: INF Treaty)'의 폐기다.

"또한 '중거리 핵전력 조약'이 폐기된 현 상황에서 미국과 아시아 내
동맹국이나 다른 파트너 국가에게 중거리 반격 능력을 갖출 수 있는
새로운 기회가 생겼다고 생각합니다."

'중거리 핵전력 조약'은 냉전 종식의 상징과도 같은 조약이었다. 1987년 미국 레이건 대통령과 소련 고르바초프 서기장이 체결한, 핵탄두 장착용의 중거리와 단거리 미사일 폐기에 관한 조약이다. 사거리

500~5500킬로미터인 중·단거리 탄도 및 순항 미사일의 생산과 실험, 배치를 전면 금지하는 내용을 담고 있다. 이 조약으로 미소 간의 군비 경쟁이 사실상 종식되었다.

그런데 2019년 8월 미국은 탈퇴를 선언했다. 미국은 러시아가 2017년에 실전배치한 9M 729의 사거리가 2000~5000킬로미터에 이른다며 조약 위반을 주장했고, 러시아는 480킬로미터에 불과하다고 반박했다. 그러면서 러시아도 탈퇴를 선언했다.

그러나 그게 다가 아니었다. 미국 입장에선 러시아보다 중국이 더 문제다. 중국은 중거리 핵전력 조약의 당사자가 아니기에 그동안 아무런 제약 없이 중거리 미사일을 배치하고 있었는데, 미국만 조약에 손발이 묶여 있었다는 것이다.

카라코 선임연구원의 얘기는 미국의 손발을 묶고 있던 중거리 핵전력 조약이 이제 사라졌으니 미국이 중국에 대항할 중거리 미사일을 본격적으로 배치할 수 있게 됐다는 뜻이다.

그런데 이 중거리 미사일을 어디에 설치하는 게 좋을까? 미국 본토는 해당 사항이 별로 없다. 중거리 미사일로는 중국까지 도달하지 않기 때문이다. 카라코 선임연구원은 미국의 '아시아 내 동맹국'을 언급했다. 일본 오키나와 등에 속속 배치되고 있는 미사일들이 그것이다. 미국의 '거대한 이지스함으로서의 일본'이다. 그리고 일본 다음 차례는? 한국일 가능성이 높다.

동아시아는
신냉전의 각축장?

———

스티브 월트 하버드대 교수는 국제정치 분야의 석학이다. 학회 참석 차 방한한 월트 교수를 인터뷰할 수 있었다.

국제정치 이론은 크게 '현실주의 이론'과 '자유주의 이론'으로 대별되는데, 월트 교수는 현재의 현실주의 흐름을 대표하는 학자다. 현실주의 국제정치 이론은 전통적으로 '힘의 균형'을 강조하는데, 월트 교수는 특별히 '위협의 균형(Balance of Threat)'을 강조해 왔다. 월트 교수에게 중국의 '위협'에 대해 물었다.

"현실주의의 아이디어를 중국의 부상에 따른 최근 동아시아 지역의 국제정치에 적용해 볼 수 있습니다. 첫째, 중국이 부상한다는 것은 미국과 중국이 어쩔 수 없이 경쟁자가 된다는 뜻입니다. 이 두 국가는 앞으로도 세계에서 가장 큰 강대국이 될 겁니다. 이 두 국가는 서로를 잠재적인 위협을 가진 적이라고 보고 있습니다."

월트 교수는 미국과 중국의 대결이 불가피하다고 했다. 그리고 중국은 한국에게도 위협이 될 거라고 강조했다.

"둘째, 미국은 중국이 아시아 지역을 독점 지배하도록 놔두지 않을 겁니다. '독점 지배'한다는 말은 다른 국가들을 정복한다는 것이 아니라 다른 아시아 국가들에게 압력을 행사하고 존경을 받으려고 한다는 뜻입니다. 미국은 그렇게 되는 걸 원하지 않습니다. 이는 미국의 기반을 약화시키는 일이며 중국이 전 세계에 힘을 떨치도록 허용하는 꼴이 되어 미국의 심기를 불편하게 만들 수 있으니까요. 미국은 아시아에서 안보 입지를 계속 유지하려 하고, 또 다른 국가들이 중국의 지배를 받지 않도록 돕고자 합니다. 이것이 다른 아시아 국가들의 관심사항이기도 하고요. 인도, 호주, 한국, 일본 등의 나라들 말입니다."

월트 교수는 유럽과 아시아를 비교하면서 '동맹의 제도화' 문제를 제기했다. 유럽에는 NATO 같은 제도화된 동맹체제가 있어서 효율적인 운영이 가능하지만, 아시아에서는 제도화가 충분하지 않다고 했다.

"아시아의 안보를 유럽의 안보와 비교해 보면, 유럽은 NATO를 통해 제도화되어 30여 개국이 다각적인 동맹을 맺고 체계를 갖추고 있고요, 상호 의견을 묻는 원칙과 절차가 확립되어 있습니다. 이는 안보를 유지하는 데 있어 매우 효율적입니다. 아시아는 그러한 제도화가 없습니다. 미일 관계, 한미 관계, 미-호주 관계, 미-인도 관계,

미-필리핀 관계 등 두 나라 사이의 관계에 국한돼 있는데, 이는 효율적이지 않습니다. 모든 것이 미국 정부를 통해 조정되기 때문에 아시아 지역 국가들이 직접적으로 협력하기가 어렵습니다. 중국에 의해 벌어지는 지금의 어려운 상황을 고려해 보자면, 확고한 제도화를 통해 아시아 파트너국들이 함께 모여 미국에만 대화를 요청하는 게 아니라, 미국과 함께 모든 국가들이 함께 대화를 통해 안보 문제에 대응해야 합니다. 한국과 일본의 지소미아는 이런 방향을 향한 첫 걸음을 뗀 것이었다고 할 수 있습니다."

한미동맹 따로, 미일동맹 따로인 지금의 방식으로는 중국의 위협에 효율적으로 맞설 수 없으므로, 한미동맹과 미일동맹을 넘어서는 보다 제도화된 한미일 동맹이 필요하다는 뜻이다. 그러려면 어떤 식으로든 한국과 일본의 군사적 관계 발전이 필요하다. 그 첫걸음이 '지소미아'였는데, 한국 정부의 지소미아 종료 발표가 안타깝다고 했다.

지소미아에 제일 열심이었던 쪽은?

──────

이 대목에서 도쿄에서 인터뷰했던 다케사다 히데시 다쿠쇼쿠대학 객원교수의 말이 떠오른다. 그는 애초부터 한일 지소미아를 주문했던 건 미국이었다고 했다.

"지소미아를 체결하는 데 제일 열심이었던 쪽은 정확히 말하면 미국 이었습니다. '지소미아에 대해 일본이 한국을 설득해 달라'는 것은 미국의 생각이었습니다. 일본은 미일동맹에서 미국에게 잘 보이기 위해 2012년 이명박 정부 때부터 '지소미아를 체결하자'고 열심히 한 국을 설득해 체결 직전까지 갔던 겁니다."

이명박 정부 때 체결 직전까지 갔던 한일 지소미아는 일본과의 군사 협력에 반발하는 여론에 부딪혀 무산됐다가 몇 년 뒤 박근혜 정부 시 절인 2016년 비로소 체결되었다. 그런데 일본이 한일 지소미아에 그렇

게 적극적이었던 이유가 미국 때문이었다는 것이다. 일본 안보 전문가
들은 한국이 한일 지소미아를 종료시키면 제일 곤란해지는 건 '미국'이
라고 이구동성으로 말하고 있었다. 그래서 한국 정부의 지소미아 종료
발표를 듣고 깜짝 놀랐다는 것이다.

"놀랐습니다. 왜냐하면 한국에게 아주 중요한 것은 한미동맹입니다.
미국은 강하게 지소미아 유지를 원하고 있었습니다. 한미동맹을 지
키기 위해 최종적으로는 지소미아를 유지할 거라고 생각했습니다.
(발표 당시) 비건 대표가 서울에 있었고 또 미국 국방장관도 그 직전
에 한국에 가서 지소미아 유지를 주장했었죠. 그래서 파기라는 선택
에 대해 아주 놀랐습니다."

앞으로 미국의 엄청난 압박이 있을 텐데, 어떻게 감당하려고 그러느
냐는 얘기로 들렸다.
그렇다면 '미국에 잘 보여서' 아베 총리는 무엇을 하려는 것일까? 국
방대 박영준 교수는 '군사 강대국'이라고 말한다.

"아베 총리의 의도는 미국과의 동맹을 바탕으로 해서 보통국가 내
지는 글로벌 강국으로 가려고 하는 비전이 있는 것입니다. 보통국가
뿐만 아니라 글로벌 질서에서 강국으로 만들고 싶어 하는 거죠. 강
국이라고 하는 것은 미국과 동맹을 맺고 있는 영국이나 프랑스 내지
는 독일 수준의 국가를 말합니다. 영국이나 프랑스, 독일은 그 나름
대로 강력한 군대를 갖고 있고, 또 미국과의 동맹하에서, 나토를 통

해서입니다만, 국제 분쟁에도 개입해서 같이 싸우고 있잖아요? 아베 총리는 그러한 수준의 국가를 만들고 싶어 하는 것 같아요. 그렇게 하려면 국내적으로는 헌법을 개정해야 되고, 대외적으로는 미국과 단단한 동맹관계를 강화하면서 미국의 후원하에 그런 길로 가야 되는 거죠."

1980년대 초, 나카소네 전 총리는 지지율 하락을 기꺼이 감수하면서 '불침항모론'을 제기했다. 나카소네의 '항공모함'은 2019년 아베의 '이지스함'으로 진화하고 있었다. 그때도 지금도, 일본 우파 정치인들에게 헌법 개정과 군사대국화는 지지율이 하락하는 한이 있어도 추구해야 하는, 신앙과도 같은 가치를 지닌다.

그때와 지금 다른 것이 있다면, 1980년대 초에는 전쟁을 직접 경험해 본 일본인들이 많았고, 평화헌법도 인기가 있었다는 점이다. 그동안 분위기는 일변해, 일본은 우경화되고 아베 총리가 추진하는 헌법 개정과 군사대국화의 길에 이렇다 할 국내적 걸림돌이 없어 보인다.

지소미아에 미국만 열심이었을까?

———

    과연 일본 전문가들의 말처럼 미국만 열심이었을까? 일본은 가만히 있었는데 미국이 와서 자꾸 일본을 부추겼을까? 그렇지 않다는 증거들이 있다.

    2017년 11월, 트럼프 대통령이 방일해 아베 총리와 정상회담을 했다. 이 무렵 요미우리신문은 좀 수상한 기사를 실었다.

    "도널드 트럼프 미국 대통령이 이번 미·일 정상회담에서 아베 신조 총리가 추진하는 '자유롭게 열린 인도·태평양 전략'에 동참하기로 한 것은 그동안 일본이 끈질기게 노력해 온 외교 덕분이다." (2017년 11월 7일 요미우리신문)

    요미우리신문은 미국이 일본의 아시아 외교전략을 수용한 것은 극히 이례적인 일이라고 평가했다. 전임 오바마 정부는 아시아·태평양 지역으로 권력의 중심축을 이동시킨다는 '아시아 중심 전략(Pivot to Asia)' 정책을 추진했다. '오바마는 절대 안 된다(Anything but Obama)'고 외치는 트럼프 대통령은 취임 후 바로 이 정책을 폐기했으나 아직 새로운 아시아 정책은 세우지 않았는데, 아베 총리가 이 틈을 파고들어 트럼프 대통령에게 자신의 '인도·태평양 전략'을 설명했다고 요미우리신문은 전했다. 이후 일본 정부가 부인하지 않았으니 이것은 아마도 사실일 것이다.

실제로 아베 총리는 트럼프 대통령과 정상회담 후 기자회견에서 "흔들리지 않는 미일동맹 아래 이 지역의 평화와 번영을 위해 주도적인 역할을 해 나가겠다."고 말했다. 자신이 추진하는 '인도·태평양 전략'을 트럼프 대통령도 함께하기로 했다고 말하기도 했다.

물론, 미국이 한일 지소미아를 추진했던 것은 그보다 훨씬 전인 이명박 정부 때부터다. 미국은 예전부터 그런 구상을 갖고 있었다. 여기에 아베 총리가 '주도적으로' 편승했다고 보는 것이 맞는 것 같다. 이런 움직임은 '나카소네의 불침항모론'과 '아베의 거대한 이지스함'이 보여준 움직임을 빼닮았다. 미국에 편승해 일본 우익의 오랜 숙원인 개헌과 군사대국화로 가려는 흐름이기 때문이다.

미국의 끈질긴 압박과 아베

―――

　상당수 국내 전문가들이 지소미아 종료로 한미동맹이 약화되는 것 아니냐는 우려를 제기했다. 예상했던 대로 한일 지소미아를 원상회복 시키라는 미국의 압박은 노골적이고 거셌다. 매년 열리는 한미 안보협 의회의에 이례적으로 미국의 국방장관과 합참의장, 국무부 동아태 차 관보 등이 총출동했다. 지소미아 압박이 목적이라는 속내를 굳이 숨기 려 들지 않았다.

　마크 밀리 합참의장은 한국으로 오기 전에 일본을 들러 아베 총리를 만났다. 밀리 의장은 한국이 한일 지소미아를 종료시키면 중국과 북한 이 좋아하게 될 것이라고 했다. 밀리 의장은 그렇다 쳐도, 아베 총리의 발언이 걸작이다.

　　"미일동맹의 억제력을 강화하고 자유롭고 열린 인도·태평양을 실현
　　하기 위해 협력하고 싶다."

말이라는 것이 듣기에 따라 다른 것이지만, 듣기에 따라서는 이렇게 들릴 수 있다. '미국이 중국을 견제하려고 인도 태평양 전략을 추진하겠다는데, 한국이 어떻게 버틸 수 있겠어?' 이런 해석이 옳다면, 아베 총리는 미국을 등에 업고 한국을 누를 수 있다고 생각했던 것 같다. 한국 정부가 지소미아를 원상복구하고, 일본 정부가 불화수소와 포토레지스트 등의 수출규제 카드를 여전히 손에 쥐고 있게 된다면 결과는 아베 총리의 완승으로 끝나게 된다. 걸핏하면 과거사를 거론하며 심기를 불편하게 만드는 한국을 혼내 줄 수 있게 된다. 아베 총리의 계산은 완벽해 보였다.

실제 결과는 어떻게 되었는가? 물론 미국의 압박은 통했다. 한국 정부는 한일 지소미아를 종료시키지 못했다. 그러나 아베는 수출규제카드를 포기할 수밖에 없었다. 일본 정부는 수출규제를 푸는 것은 아니라는 애매한 말잔치를 벌였지만, 일이 그렇게 되어 버렸다.

일본 정부가 스스로 거둬들였을 리는 만무하니, 가장 그럴 듯한 설명은 미국이 일본을 움직였다는 것이다. 한국을 압박해도 씨가 안 먹히니 일본이 물러서라고 거꾸로 압박했을 것이다.

개인적으로 아베 총리의 완패라고 생각한다. 먼저 수출규제조치로 선공을 날렸다가 아무것도 얻지 못하고 거둬들였으니 말이다.

그렇다면, 아베 총리의 계산은 어디에 문제가 있었을까? 한국 정부가 미국의 강한 압박을 물리칠 정도로 강해서일까? 한국 정부가 이례적으로 강하게 버텼다는 것만은 분명해 보인다. 그러나 이것이 결과를 어느 정도나 설명해 줄 수 있을까?

어디까지나 개인적인 생각이지만, 미국의 압박에 버틸 수 있었던 1

등공신은 'No Abe, No Japan'을 외치며 거리로 나온 한국의 시민들이었다. 길거리로 나온 시민들은 일본이 과거사에 대해 사죄하기는커녕 대법원의 강제징용 배상 판결을 문제 삼아 한국의 뺨을 때렸다고 생각했다. 그것이 적반하장이라 생각했다. 결코 그것을 용납해서는 안 된다고 생각했다. 거리에 나오지 않았던 많은 시민들도 정도는 달랐겠지만, 생각이 크게 다르지 않았을 것이다.

　이것이 민심이라면, 어느 정부가 이를 거스르고 무사할 수 있겠는가? 외교는 원래 국내정치의 연장이다. 국내정치에서 형성된 강력한 힘이 외교에 큰 영향을 미칠 수밖에 없다. 그것이 미국에 비해 약한 한국 정부의 협상력을 키우는 지렛대가 됐을 것이다. 이런 아베가, 이런 일본이 싫다는데, 미국이 무슨 수로 한국 시민들의 마음을 바꿀 수 있겠는가? 미국에게는 일본 정부를 움직이는 게 오히려 쉬웠을 것이다.

한국의 선택은?

———

그렇더라도 동아시아에서 한국이 가장 작은 나라라는 사실은 변하지 않는다. 동아시아는 미중 신냉전의 각축장으로 변해 가고 있다. 미중 대결이 노골화되면서 한반도를 둘러싼 강대국들은 굳이 발톱을 숨기려 들지 않는다. 그 징후가 지소미아를 통해 우리 앞에 나타난 것이다. 조성렬 국가안보전략연구원 자문연구위원의 말을 들어 보자.

"김현종 국가안보실 2차장이 미국을 방문해서 미국 측에 입장을 요구했다고 합니다. 그중 하나는 미국의 아시아 정책이 한미일을 중시하면서 이루어지는 것인지, 아니면 미일 관계를 중심으로 이뤄지는 것인지에 대해서 입장을 밝혀 달라고 했는데, 거기에 대해서 (미국은) 입장을 밝히지 않았습니다. (김현종 2차장은) 아마도 미국의 입장을, 한미일이 대등하게 관계를 맺으면서 전략을 추진하기보다는 미일동맹을 중심으로 다루는, 그리고 한국은 거기에 편입되는 구도라고 판단한 것 같습니다."

한국이 미일동맹 중심의 대중국 포위망에 편입될 경우, 사드 배치 사태에서 경험한 것처럼 중국의 강력한 반발에 부닥치게 될 위험을 안고 있다.

"이런 부분들은 몇 년 전에 있었던 사드 사태에서 보듯이 한중 관계를 위기로 몰아넣고 한국경제에도 상당히 영향을 미칠 수밖에 없습니다. 그래서 이런 부분들 때문에 우리 정부의 전략가들이 고민을 하는 거라고 볼 수 있습니다."

한미동맹을 손상시키지 않으면서 중국을 자극하지도 않아야 하는, 쉽지 않은 과제가 우리 앞에 놓여 있는 것이다. 더군다나 우리에게는 한반도 비핵화 등의 중요한 의제들이 있으니 이런 문제들도 충분히 고려해야 한다.

"중국의 급부상, 그리고 북한의 잔존하는 위협에 대응하기 위해서 어느 정도 일본과의 안보 협력은 필요하다, 그리고 굳건한 한미동맹은 그 기초가 되어야 된다고 생각합니다. 하지만 이런 부분들이 너무 지나쳐서 한일 관계가 군사동맹으로 넘어가서 이른바 동아시아판 나토로 발전할 경우는 명확하게 중국을 겨냥하는 적대 관계를 형성할 수밖에 없고 이것은 경제적으로도 타격을 줄 뿐만 아니라 한반도 평화를 구축하는 데도 큰 장애가 될 수밖에 없습니다."

안보 환경 변화는 우리에게 쉽지 않은 선택을 요구할 것이다.

"우리 정부가 우리의 국가안보전략을 고심할 때 가장 중요한 부분은
기존의 어떤, 과거의 패턴을 그대로 따르는 것이 우리 국익에 유리한
것인지, 아니면 새로운 질서 속에서 우리의 외교 안보의 공간을 넓혀
가는 게 바람직한 것인지 하는 부분이라고 볼 수 있습니다. 그 한가
운데 있는 것이 바로 지소미아입니다."

6

일본은 얼마나 안전한가

후쿠시마 대참사, 그 이후

취재_ 이석재
촬영_ 정형철

후쿠시마와 서울,
별 차이 없다?

———

일본 후쿠시마 제1원자력발전소 폭발 사고와 관련해 취재해 보기로 마음먹은 건 지난 2019년 9월이었다. 일본 정부가 주한 일본대사관 홈페이지를 통해 도쿄와 후쿠시마, 이와키의 방사선량을 공개하기 시작한 시점이었다.

사실 놀랐다. 후쿠시마현의 방사선량이 9월 25일 기준으로 시간당 0.133마이크로시버트였다. '국가 원자력 긴급 사태'가 발령 중인 지역에서 측정된 것이라고는 믿기 어려운 수치였다.

방사선 방호에 관한 권고와 지침을 제공하는 국제 비영리 자문기구인 국제방사선방호위원회는 연간 방사선 피폭치를 1밀리시버트 이하로 권고하고 있으며, 전 세계 국가 대부분이 이 권고안을 따르고 있다. 1밀리시버트를 일일 피폭치로 환산하고 거기에 그 지역 자연방사선량을 뺀 수치가 하루 피폭 기준치가 되는데, 0.133마이크로시버트라면 오차범위 내에서 기준치를 넘지 않는다는 이야기다.

일본과 한국의 공간선량률(2019년 9월)

각 지역 12시 00분 시점/단위: μSv/h

일자	후쿠시마	이와키	도쿄	서울
9월 30일	0.133	0.062	0.037	0.119
9월 27일	0.135	0.060	0.036	0.120
9월 26일	0.133	0.060	0.037	0.120
9월 25일	0.133	0.062	0.036	0.119
9월 24일	0.132	0.061	0.036	0.119

*공간선량률: 대기 중의 방사선량

후쿠시마 제1원전에서 30킬로미터 정도 떨어진 이와키는 시간당 0.062, 도쿄는 0.036마이크로시버트였다.

일본 정부는 서울의 방사선량도 같이 공개했다. 시간당 0.119마이크로시버트로, 후쿠시마와 비슷한 수치였다. 이 측정치는 한국원자력안전기술원의 국가환경방사선자동감시망 자료를 활용했다. 이 지점에서 일본 정부의 의도가 읽혔다.

한반도는 지리적 특성상 자연방사선이 일본에 비해 2배에서 3배 정도 많이 뿜어져 나오는 곳이다. 특히 서울의 0.119는 말 그대로 자연방사선량 수치에 불과하다. 그런 조건을 언급하지 않은 채 슬쩍 서울의 방사선량을 공개하면서 본질을 흐리려는 의도가 있다고 판단됐다. 당시 우리나라에서는 후쿠시마 제1원전 부지 내에 보관 중인 오염수 방출 여부가 공론화하기 시작하면서 일본과 대립각을 세우고 있었고, 한발 더 나아가 도쿄올림픽의 안전 문제까지 제기되기 시작한 때였다.

이에 〈시사기획 창〉 취재진은 후쿠시마로 들어가 보기로 했다.

제19호 태풍 하기비스

출장 준비를 하는 동안 제19호 태풍 하기비스가 일본을 강타했다. 피해는 심각했다. 큰비를 동반한 태풍이 수도권과 동북 지역을 휩쓸고 지나가면서 100여 군데에서 제방이 끊어지거나 하천이 범람했다. 동일본을 중심으로 40개에 이르는 도도부현(광역자치단체)이 피해를 봤다. 가나가와현의 한 지역엔 48시간 동안 1000밀리미터라는 강수량 기록을 세웠고, 이 밖에도 6곳에서 기록을 갈아치웠다. 후쿠시마도 피해 가지 못했다.

무엇보다 강수량이 신경 쓰였다. 태풍 피해를 당한 해당 지역 주민들이 안타깝기도 했지만, 방사능 피해가 집중됐던 후쿠시마 지역은 폭우가 어떤 영향을 미쳤을지 궁금했다.

후쿠시마로 떠나기 며칠 전 결국 우려했던 일이 터졌다. 방사능 오염물질을 제거하는 제염 작업으로 생긴 흙과 건축폐자재 등 폐기물이 문제였다. 임시 야적장에 보관해 두고 있던 방사능 폐기물 자루들이 폭우에 쓸려 내려갔다는 사실이 알려졌다. 당시 20자루 정도 유실된 것으로 전해졌다.

취재팀은 태풍 하기비스가 일본 열도를 강타한 지 정확히 6일 만에 후쿠시마로 출발했다. 도쿄에서 후쿠시마로 가는 조반고속도로는 여느 고속도로와 다르지 않았다. 좌우 통행 방향만 반대일 뿐 휴게소에 졸음 쉼터까지 있어 우리나라와 비슷했다. 하지만 후쿠시마에 가까워지면서 무언가 달라지기 시작했다. 통행금지 도로 현황과 방사선량을 보여 주는 표지판이 같이 설치된 휴게소가 점점 더 많아졌다.

긴장감이 팽팽해지기 시작한 때는 창밖으로 대형 방사선량 측정 장치를 발견하고부터였다. 구간별로 시간당 0.1에서 2.6마이크로시버트가 검출된다고 표시돼 있었다. 그 즈음 맞은편에서 트럭들이 줄지어 지나가고 있었다. 방사능 폐기물 등을 운반 중인 대형 트럭들이었다.

취재진이 처음 향한 곳은 오쿠마라는 마을이었다. 후쿠시마 제1원전에서 제일 가까운 마을이어서 그런지 측정 장치에 표시된 방사선량은 시간당 2.6마이크로시버트라고 표시돼 있었다. 기준치의 26배 정도를 초과하는 수치다.

오쿠마 마을로 들어가는 요금소를 통과하자마자 제일 먼저 눈에 띈 건 차례로 서 있는 입간판들이었다. 고농도 방사능 지역이라며 최대한 빨리 그 지역을 통과하라는 경고문이 인상적이었다.

취재진이 가지고 있는 방사선량 측정기가 시끄러워지기 시작했다. 차량 자체가 방사선 피폭을 막아 주는 역할을 하기 때문에 차량 내부는 외부보다 상대적으로 방사선량이 낮게 측정되는데도 1.9마이크로시버트가 찍혔다. 피폭 기준치의 19배를 초과하는 수치였다.

후쿠시마 제1원전 부근 오쿠마 마을로 가는 길

마을 입구에서 처음 본 광경은 제염 작업이었다. 방사능에 오염된 흙과 나무 등을 제거하는 작업으로, 10여 명이 한 병원 앞 화단에서 8센티미터 깊이로 흙을 긁어낸 뒤 굴착기를 이용해 대형 자루에 담고 있었다. 처음 마주친 모습에서부터 의문점이 한두 가지가 아니었다.

가장 오염이 심했던 마을 가운데 한 곳이다 보니 8년 동안 집중적으로 제염 작업이 이뤄진 곳이기도 한데 여전히 흙을 긁어내고 있는 이유는 뭔지, 방사선량이 피폭 기준치의 최대 20배 전후인데 그냥 작업복 차림으로 일을 해도 괜찮은 건지 궁금한 점이 꼬리에 꼬리를 물고 생겨났다.

기자　안녕하세요? 지금 제염 작업 중인가요?

작업자　네.

기자　여기 공사는 언제 끝나나요?

작업자　저도 잘 모르겠습니다.

기자　지금 5센티미터 정도 파고 있는 건가요?

작업자　8센티미터입니다.

기자　현장에서 일하면서 피폭량은 재시나요?

작업자　네.

기자　매일요?

작업자　네.

기자　그러면 어느 정도 (피폭량) 수치가 되면 작업하지 않는 건가요?

작업자　기계로 재고 있는데, 피폭 기준치를 넘기면 작업을 나오지 않아요.

일본 정부가 이들의 피폭량을 모니터하면서 연간 피폭 기준치를 초과하면 더 이상 일을 하지 못하도록 한다는 것이었다. 후쿠시마 제1원전 사고 이후 지금까지 백혈병 등에 걸린 제염 작업자는 확인된 사람만 6명이다. 이런 엄격한 관리도 그런 희생이 있은 뒤에 뒤늦게 시작됐다.

취재진이 가지고 있는 방사선량 측정기는 감마선을 포착하도록 설정돼 있다. 감마선은 세슘137 등에서 뿜어져 나오는 방사선이다. 세슘137은 DNA를 포함한 세포를 변형시키거나 생물을 기형으로 만드는 치명적인 인공 방사능 물질이다. 납이나 콘크리트 등으로만 차폐가 가능하다.

제염 작업이 이뤄지고 있는 곳 바로 옆 주택가 앞에서 본격적으로 측정을 시작해 봤다.

차량 통행이 재개된 곳인데도 3마이크로시버트(기준치 30배 초과)가 넘게 측정됐다. 문득 하수구가 궁금했다. 가공할 위력의 태풍이 방사능 오염물질에 어떤 영향을 미쳤는지 알고 싶었다.

놀랍게도 7마이크로시버트가 넘게 측정됐다. 70배 이상 초과하는 수치였다. 흩어져 있던 방사능 오염물질들이 빗물을 타고 하수구에 모여 있다는 해석이 가능했다. 거미줄처럼 얽혀 있는 하수구는 일본 정부가 원전 사고 이후 단 한 번도 손을 안 댄 곳이다. 아니 손을 대지 못했다는 표현이 더 정확할 것이다. 구조적으로 어떻게 할 수 없기 때문일 것이다. 하수구 입구에서 기준치의 70배가 넘는 방사선량이 나온다면 그 안쪽은 더 심할 것이라고 판단됐다.

장소를 옮겨 봤다.

한 주차장 앞에 차를 세우고 다시 한번 측정기를 켰다. 눈을 의심했다. 갑자기 31마이크로시버트가 찍혔기 때문이다. 그 수치는 조금 뒤 천천히 떨어지기 시작했다. 측정 오류인지 측정기를 켤 때 나타나는 일시적 현상인지 알고 싶어서 전문가에게 확인해 봤다. 순간적으로 그 일대에서 그 수치의 방사선량이 측정된 것이니 빨리 다른 곳으로 이동하라고 했다. 31마이크로시버트는 기준치의 310배 정도를 초과한 수준의 방사선량으로, 그곳에 1년 동안 있으면 흉부 엑스레이를 2920번 정도 찍는 것과 같은 피폭량이었다. 하루에 8번씩 1년 동안 매일 찍는 것과 같다.

다시 한번 머리가 복잡해졌다.

도대체 일본 정부는 8년 동안 어디에서 무슨 제염 작업을 했다는 걸까.

서둘러 주차장 일대를 측정해보고 바로 이동하기로 했다. 잡초가 우거진 곳과 그 일대 평균 방사선량까지 측정해봤다. 잡초가 우거져 있고 낙엽들이 쌓여 있는 곳에서는 130배에서 140배 정도를 초과하는 방사선량이 검출됐다.

차량 통행이 재개된 곳인데도 이 정도 수치가 나올 정도면 출입 자체가 통제된 지역은 상황이 더 심각할 것이라고 생각돼 통제구역 안쪽으로 들어가 보기로 했다.

검문소는 말 그대로 삼엄했다. 두세 명이 일일이 목적지와 차량 동승자까지 확인하고 서류를 요구했다.

기자 안녕하세요? 한국 방송사에서 왔는데요. 안에 들어갈 수 없나요?

검문소 직원 통행증이 없으면 들어갈 수 없습니다.

기자 여기서 후쿠시마 원자력발전소는 얼마나 떨어져 있나요?

검문소 직원 꽤 떨어져 있습니다.

기자 주민들은 들어갈 수 있나요?

검문소 직원 주민들도 통행증이 없으면 들어갈 수 없습니다. 유턴하시겠어요? 저기 코너가 있잖아요. 저 안쪽에서 돌아서 와 주세요.

돌아 나오는 길에도 2명이 서 있었다. 나가는 차량을 확인하는 절차였다. 흥미로웠던 것은 그 지역 주민들조차도 통행증을 확인한다는 점이었다. 그만큼 엄격하게 통제를 하고 있다는 것인데, 그 말은 그 정도로 제염 작업은 성과가 없었다는 반증이 아닐까 하는 생각이 들었다.

삼엄한 통제가 이뤄지고 있는 마을은 후쿠시마 제1원전에서 10킬로미터 정도 떨어진 지역이었다. 결국 취재진은 바로 옆 마을로 향했다. 토미오카라는 곳이었다. 통행은 가능했지만 거주는 금지된 곳이기도 하다. 이곳 역시 제염 작업이 진행 중이었는데, 방사능 낙진 피해를 심하게 본 집은 아예 허물고 있었다.

제염 작업자들과 대화를 나눠 봤다.

기자 원래 건물이 있던 장소인가요?

작업자 네. 사람이 살던 집이 있었어요.

기자 집을 해체하고 제염을 하는 거네요. 토미오카는 언제 해제되나요?

작업자 확실히 모르겠어요.

기자 여긴 몇 센티미터를 파내고 있나요?

작업자 5센티미터요.

앞서 소개한 병원 앞 화단과는 파내는 흙 깊이가 달랐다.

기자 여기는 5센티미터 작업이 끝나면 피폭량을 측정하나요?

작업자 합니다.

기자 연간 피폭량도 계산하시나요?

작업자   관리를 하고 있어요. 누가 어느 정도 피폭이 됐는지요. 그건 나라의 기준이니까요.

기자   여기는 언제 작업이 끝나나요?

작업자   모릅니다.

파내는 흙 깊이가 다른 지역의 기준과 다른지 물었지만 역시 모른다는 답변이 돌아왔다.

이곳 역시 방사능 오염물질에 노출된 흙과 건축폐자재 등은 검은 자루에 담겨졌다. 가로 1미터 세로 1.5미터 크기로 약 1톤 정도 되는 자루들은 트럭에 실려 어디론가 떠나갔다.

도착지는 바로 방사능 폐기물 임시 야적장이었다.

취재진은 먼저 그 규모에 놀랐다. 지상에서는 도저히 촬영 자체가 안 돼 드론을 띄웠다. 모니터를 통해 본 야적장 규모는 어마어마했다.

5개 층으로 겹겹이 쌓아 올린 자루는 방수포로 덮여 있었다. 방수포 곳곳에 물웅덩이가 생겼고 이끼가 끼어 있기도 했다. 그만큼 오랜 시간 동안 그 자리에 있었던 것이라고 생각됐다. 그나마도 방수포는 신경을 좀 쓴 경우다. 그냥 쌓아 두기만 한 자루들이 끝도 없이 나왔다. 산 밑에선 작업이 한창이었는데, 역시 폐기물 자루를 쌓아 올리는 작업이었다. 후쿠시마현에만 이런 야적장이 수백 개가 있다.

일본 정부가 밝힌 방사능 폐기물 자루는 천만 개 정도다. 환경성은 〈시사기획 창〉 취재진에게 관련 통계를 제공했다. 환경성이 관리하는 폐기물 자루는 2019년 8월 말 시점으로 약 502만입방미터이고 후쿠시마현은 약 488만입방미터(6월 말 시점), 그리고 후쿠시마 이외 지역은

드론으로 촬영한, 방사능 폐기자루를 쌓아둔 야적장 모습

약 47만입방미터이다. 환경성은 1톤짜리 포대 1개를 1입방미터로 환산한다고 밝혔다. 그렇다면 1037만 톤 정도인 셈이다.

일본 내 전문가들은 최대 2천만 톤으로 추정한다. 바꿔 말하면 그만큼 대규모로 제염 작업이 이뤄졌다는 의미이기도 하다.

제염 작업의 효과는 과연?

———

지난 2011년 9월 30일, 에다노 유키오 당시 일본 관방장관이 기자회견을 열었다.

"제21회 원자력재해본부 회의가 개최되어 정부는 긴급시 피난 준비 구역의 해제를 결정하였습니다. 따라서 앞으로 아이들이나 임산부의 진입금지 제한, 학교의 휴강조치, 응급 가설 주택의 건설 규제 등의 규제가 해제됩니다."

후쿠시마 원전 사고 발생 6개월 만에 전격적으로 내려진 결정이었다.
2011년 사고 직후 후쿠시마현은, 아니 일본은 혼돈 그 자체였다.
3월 11일 저녁 7시쯤 간 나오토 당시 총리가 원자력 비상사태를 선언했다. 후쿠시마 제1원전의 전원이 끊겨 원자로 냉각에 실패한 직후였다.

그런데 그 시점에 에다노 유키오 당시 관방장관은 이해할 수 없는 기자회견을 한다.

"현 단계에서 방사성 물질이 시설 외부로 미치는 영향은 확인돼 있지 않습니다. 거주자들은 현 시점에서는 특별한 행동을 취할 필요는 없습니다. 반복하지만 방사능이 시설 외부로 새나온 상태는 아닙니다."

그로부터 정확히 1시간 47분 뒤인 밤 8시 50분, 원전 반경 2킬로미터 내 거주자에 대한 피난 지시가 내려진다.

밤 9시 23분에는 피난 지시 구역이 반경 3킬로미터로 확대되고, 반경 10킬로미터 내 주민들에게는 옥내 피난 지시가 내려진다. 후쿠시마 제1원전 1호기에서 노심용융(원자로가 담긴 압력용기 안의 온도가 급격히 올라가면서 중심부인 핵연료봉이 녹아내리는 것)이 시작된 시점이기도 하다.

반경 3킬로미터 내 주민들의 피난은 다음 날 새벽 2시 가까이 돼서야 시작됐다. 해당 지역에 피난 지시가 제대로 전달되지 않은 데다 에다노 관방장관의 기자회견 내용만 본 주민들이 안심하고 있다가 피난이 늦어졌다는 지적이 나왔다.

12일 오후 3시 36분, 제1호기가 폭발했다. 철근콘크리트로 지어진 원자로 건물 지붕 부분이 폭발한 것이다. 오후 6시 25분, 피난 지시는 반경 20킬로미터로 확대된다.

14일엔 3호기가 폭발하고, 그 다음 날 새벽 6시쯤 2호기와 4호기에서도 폭발음이 들렸다. 오전 11시쯤 다시 피난 구역이 반경 10킬로미터 더 확대됐다.

당시 2호기 부근에서 측정한 방사선량은 시간당 400밀리시버트였다. 당시 일본 정부는 마이크로시버트 단위로 방사선량을 공개해 왔는데, 사고 발생 사흘 만에 1000배 높은 밀리시버트로 단위 자체를 바꾼 것이다. 상황이 그만큼 급격히 악화하고 있다는 의미였다. 400밀리시버트는 400,000마이크로시버트라는 의미다. 1년 피폭 기준치로 따져 보면 하루 피폭량의 4백만 배를 초과하는 수준이었다. 그만큼 방사능 누출이 심각했다는 의미이기도 하다.

계획적인 피난 계획이 수립돼 실행된 때는 그해 4월 22일부터였다. 피난 지시 구역과 계획적 피난 구역, 긴급 시 피난 준비 구역 등 3개 구역으로 나눠 11개 지역에 대한 대피 계획이 추진됐다.

그리고 다섯 달 만에 거주 제한 구역을 해제하기 시작한 것이다.

당시 일본 정부는 주민들의 방사능에 대한 불안을 없애기 위해 지금 반드시 해야 하는 것은 제염 활동이라면서 필요한 경비를 예산에 포함시키려고 생각하고 있다고 밝혔다. 그 뒤 2016년까지 여섯 차례에 걸쳐 거주 제한 구역 등이 차례로 해제됐는데, 2011년에 비해 60%가 넘는 지역이 해제 구역에 포함됐다.

〈시사기획 창〉 취재진은 과연 일본 정부가 절반 이상의 거주 제한 구역 등을 해제할 만큼 제염 작업이 효과적으로 이뤄졌는지 알아보기로 했다.

서울대 빅데이터연구원과 함께 방사능 오염지도를 만들어 봤다. 후쿠시마 원전 사고 이후 일본 내에서 가장 영향력이 커진 〈모두의 데이터(みんなのデータサイト)〉라는 시민단체의 토양 방사능 검사 측정 결

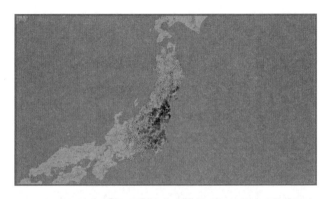
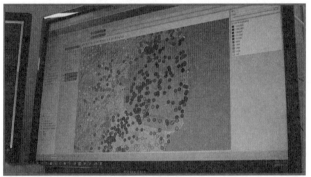
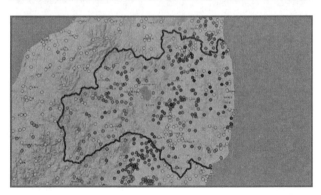

<시사기획 창>이 서울대 빅데이터연구원과 함께 만든 방사능 오염지도

과를 기본 데이터로 활용했다. 이 시민단체가 2012년부터 전국 31개 '시민 방사능 측정실'이 제공하는 자료를 모아 정확도를 확인한 데이터였다. 특히 세계적으로 통용되는 데이터로 인정받기 위해 깊이 5센티미터에서 1리터의 흙을 채취하는 체르노빌 방식으로 통일해 취재진이 보기에도 가장 신뢰도가 높은 토양 측정 데이터라고 판단됐다.

시기는 2016년으로 정했다. 그 이유는 그 당시까지 대규모 제염 작업은 마무리가 된 시점인 데다 거주 제한 구역 등도 절반 정도가 풀린 시점이기도 했기 때문이다.

참고로 〈모두의 데이터〉 측에서는 2011년과 2019년 오염지도만 공개한 상황이었고 취재진은 제염 작업이 효과적이었는지 알아보기 위해 2016년 상황이 필요했다. 그래서 2016년에 후쿠시마 지역에서 측정한 1036건의 토양 측정 데이터를 따로 찾아서 지도에 표시해 봤다.(지도에서 색이 진할수록 오염도가 높음)

후쿠시마에서 특히 고농도 방사능 물질이 여전히 검출된 것을 확인할 수 있었다. 8년 동안 제염 작업이 집중적으로 진행됐다는 후쿠시마 제1원전 인근 지역과 이다테, 나미에 마을에서도 세슘137 농도가 10,000베크렐 이상인 곳들이 보였고, 2011년 9월 처음으로 거주 제한 지역 등에서 해제된 지역에서도 10,000~30,000베크렐을 보이는 곳들이 많았다. 베크렐은 특정 물질에서 방출되는 방사능 양을 나타내는 단위로, 세계보건기구(WHO) 권고치는 킬로그램당 100베크렐이다.

결국 제염은 효과가 없었다는 의미로 해석이 가능했다.

선택적 제염?

———

제염 작업자들과 인터뷰 약속이 잡혔다. 도쿄 시내 외곽 지역의 한 주택가에 있는 상가 건물 2층에 있는 그들의 사무실을 찾아갔다. '피폭 노동자네트워크'라는 이름으로 결성한 단체였다. 2011년 3월 이후 후쿠시마 제1원전과 후쿠시마현 일대 그리고 그 주변 지역에서 대규모 제염 작업이 진행되면서 수많은 문제점들이 발생했다. 특히 방사능 피폭에 의한 백혈병 발병이 대표적으로 잘 알려진 사례라고 할 수 있는데, 이 단체는 작업자들의 건강 등의 문제를 집중적으로 제기해 왔다. 이 단체 관계자로부터 제염 작업자들의 피폭과 관련한 실상을 먼저 들어 봤다.

"50대 노동자는 54밀리시버트 피폭되었어요. 도쿄전력 직원의 경우
40대 남성인데 99밀리시버트 피폭되었습니다. 99밀리시버트 중에
96밀리시버트가 원자력 발전소 사고 이후 수습 작업에서 피폭된 것

입니다."

2~3일의 작업 기간 동안 누적된 피폭량이었다고 한다. 국제 기준으로 연간 피폭 기준치는 일반인의 경우 1밀리시버트이고 원자력발전소 종사자의 경우 50밀리시버트 이하로 규정하고 있다. 모두 1년 동안의 누적 피폭량을 의미한다. 그렇다면 제염 작업자들은 사전에 충분한 교육을 받고 현장에 투입됐을까?

"적어도 저희는 수습작업을 한 사람에게 여러 상담을 받고 있는데요. 그중에서 사전에 방사능 교육을 충분히 받고 그 위험성에 대해서 알고 있는 사람은 오히려 적었어요. 대부분 전혀 위험하다는 얘기는 듣지 못했다고 했어요. 오히려 담배 피우는 것보다 안전하다고 들었다고 했어요."

흡연보다 안전하다는 사전 교육 내용이 충격적이었다. 현재까지 급성 골수성 백혈병 등 피폭과 직접 관계가 있는 치명적인 질병에 걸려 '산업재해', 일본식 표현으로는 '노동재해'로 인정된 제염 작업자는 6명이다. 직접 제염 작업을 했던 이케다 미노루 씨(67세)를 인터뷰했다. 지난 2014년부터 제염 작업에 참여했던 이케다 씨는 누적 피폭량은 75밀리시버트 정도였는데, 기준치가 초과됐다는 것을 뒤늦게 알게 된 뒤 작업을 그만둔 상태였다.

"처음에는 깨끗하게 풀을 깎고, 풀을 깎은 흙은 3센티미터 정도 파서 깨끗하게 한다고 했는데요. 작업을 하는 도중에 기간이 점점 촉박해져서 나중에는 일단은 위에 풀만 깎아도 괜찮다고 했어요. 겨울이었기 때문에 풀이 시들어 있었는데요. 일단 풀만 깎아 내면 흙이 보이니깐 풀을 깎고 제염을 한 것처럼 위에서는 보이니까요."

서울대 빅데이터연구원과 함께 만들어 본 2016년 오염지도의 실제 현황이 비로소 이해가 됐다.

미노루 씨 역시 작업을 하면서 의문점이 계속 머리를 맴돌았다고 한다.

"형태만 그렇게 보이면 된다고 빨리 하라고 재촉을 해서 '정말 괜찮을까?'라고 생각은 했어요. 그리고 5월에 끝날 때쯤은 풀이 다시 자라는데 그건 손댈 수 없으니까요. 그러니까 '일시적으로 잠시 수치가 내려갔다고는 해도 다시 돌아오지 않을까?'라고 생각했어요."

더구나 아예 손도 대지 않은 곳도 있었다고 밝혔다.

"그리고 강 건너편은 삼림인데요, 그곳은 일절 손을 안 대요. 삼림 자체는요. 제염을 하지 않아요. 하지만 바로 앞이니까 바람이 불면 먼지나 나뭇잎이 이쪽으로 오잖아요. 그래서 '저곳은 안 하고 이렇게 형식적으로만 해도 될까?'라는 생각은 했었어요."

미노루 씨가 제염 작업을 했다는 곳을 가보고 싶었다. 직접 방사선량을 측정해 보면서 인터뷰 내용이 맞는지 확인하고 싶었다.

하지만 정확한 위치를 파악하기 위해선 동행 취재가 필요했다. 도쿄에 사는 이케다 씨가 후쿠시마현까지 가야 하기 때문에 쉽지 않은 결정이었을 텐데 그는 동행을 흔쾌히 허락했다.

이케다 씨를 다시 만난 날엔 비가 내렸다. 함께 차로 이동하는데 빗줄기가 굵어지기 시작했다. 맞은편에서는 방사능 오염물질에 노출된 흙 등을 싣고 어디론가 가는 트럭들이 줄지어 지나갔다. 후쿠시마 역에서 나미에 마을로 가는 동안 지나친 방사능 폐기물 임시 야적장은 10군데가 넘었다.

이케다 씨가 제염 작업을 했던 곳은 나미에 마을이었다. 후쿠시마 제1원전 폭발사고 당시 바람은 북서쪽으로 불고 있었다. 바람 방향이 운명을 갈랐는데 나미에 마을은 가장 피해가 심각한 곳 가운데 하나였다. 현장으로 가는 동안 이것저것 물어봤다. 제일 궁금했던 것은 제염 작업을 할 당시 상황이었다.

이케다 씨　　선량이 적혀 있었던 게 0.15밀리시버트 정도.

기자　　마이크로로 계산하면요?

이케다 씨　　마이크로로 치면 150이요.

기자　　그러면 한 시간에 150마이크로시버트면 10시간이면 1.5밀리시버트 아니에요?

일반인 기준으로는 연간 피폭량인 1밀리시버트보다 높은 선량으로, 그 지역에 있다면 7시간 정도면 연간 누적 피폭치를 모두 채운다는 의미이다. 1.5밀리시버트는 일일 피기준치로 따지면 1500배 정도를 초과하는 수준이다.

그런데 또 놀란 것은 경보 알람이 그 선량에 맞춰 있었다는 것인데, 일일 피기준치로 1500배를 초과하는 수준에 경보 알람이 맞춰져 있어 처음엔 그 지역이 그 정도로 위험한 환경인지 몰랐다고 말했다. 담배 피우는 것보다 덜 해롭다는 말만 믿고 그런 곳에서 제염 작업을 해 왔던 것이다.

나미에 마을은 최근에서야 거주 제한 구역에서 해제됐다. 마을 초입에 있는 교차로에는 제법 많은 차량들이 오가고 있었다. 교차로 앞에서 속도를 줄이고 있는데 다시 한번 입간판이 눈에 들어왔다. 고농도 방사능 지역이라며 최대한 빨리 통과하라는 경고였다. 피난민들을 불러들인 마을인데, 이런 경고 입간판이 있으리라고는 생각도 못했다.

이케다 씨가 제염 작업을 했던 곳은 강가의 제방 주변과 인근 주택가였다. 제방에는 주민들이 오가는 모습이 눈에 띄었는데, 강가에 차량을 주차시키고 무언가를 하고 있는 주민도 보였다. 제방에서 측정기를 켜 봤다. 0.7마이크로시버트가 측정돼 기준치의 7배 정도를 초과하는 방사선량이 확인됐다. 그런데 이케다 씨는 웃으며 반대편으로 안내했다.

"처음에는 5센티미터 정도로 작업을 했었는데, 재촉을 해서 풀만 잘 랐어요. 눈으론 모르잖아요. 초록색이 안 보이고 갈색이 되면 오케이라고 하니까. 그래서 저희는 제염 작업이 아니라 제초 작업이라고 다들 얘기했었죠."

그래서였는지 그곳은 기준치의 10배를 초과한 방사선량이 측정됐다.

기자 나무나 숲 이런 데도 제염을 한 거예요?

이케다 씨 저긴 손을 안 댔어요.

기자 왜요?

이케다 씨 이미 너무 많으니까 정부에서 저쪽은 제염 작업을 하지 않았어요.

기자 그러면 떠내려오잖아요.

이케다 씨 그렇죠. 떠내려오겠죠. (제염을) 하는 곳은 이런 하천이나 밭이나 가옥 주변이에요. 가옥은 집에서 5미터 정도였나, 그 부분은 제염을 하고 5미터 이상 떨어진 곳이면 하지 않는다는 방침이었죠.

말 그대로 '선택적 제염'이었다.

"씁쓸하기도 하고 허무하기도 합니다. 작업한 것들이 아무런 도움이 되지 않았으니까요. 주민을 위해서 도움이 되는 일을 하고 싶어서 작업했어요. 힘들어도 매일 힘내서 했는데 결국 의미가 없는 건가 싶어요. 저렇게 돼 버렸으니까요."

이런 선택적 제염은 지난 19호 태풍 하기비스로 문제점이 고스란히 드러났다. 제염을 하지 않은 곳에 있던 방사능 물질들이 제염한 지역으로 쏟아져 내리면서 다시 방사선량 수치가 급격히 올라갔다는 게 이번 후쿠시마 현지 취재에서도 확인됐다. 전에 없었던 핫스팟, 즉 고농도 방사능 물질들이 모여 있는 곳이 새로 생겨난 것이다. 취재진과 같은 시기에 후쿠시마 일대 현장 조사에 나섰던 그린피스 역시 비슷한 결과를 얻은 것으로 확인됐다.

선택적 제염으로 인한 어처구니없는 결과 중 하나는 논이다. 후쿠시마 일대를 이동하면서 취재진이 목격한 인상적인 장면 가운데 하나였다.

대형 임시 방사능 폐기물 야적장 옆에서 벼 베기가 한창이었다. 누렇게 익은 벼를 추수하는 모습은 여느 농촌 풍경과 다를 바 없었는데, 2~3층 높이로 쌓여 있는 폐기물 자루가 배경이라는 점이 충격적이었다. 차량을 세우고 벼 베기가 끝난 논바닥을 측정해 봤더니 기준치의 약 3배를 초과하는 방사선량이 측정됐다. 논두렁은 논바닥보다도 2배가 더 높게 나왔다. 이런 데서 추수한 쌀을 유통시키고 있다는 점이 놀라웠다.

한 농부의 말에 따르면 토양에 있는 세슘137 등 각종 방사능 물질들이 뿌리에서 줄기를 타고 열매로 올라오지 못하도록 칼륨 비료를 많이 사용하고 있다. 칼륨이 세슘137 등을 눌러 열매 피폭을 막아 준다고 했다. 임시방편에 불과한 방법으로, 부작용도 만만치 않다. 과다한 칼륨 비료는 농산물의 미네랄 결핍과 영양 불균형 등의 문제점을 야기시키는 것으로 알려져 있다.

이 지역의 한 주민은 이렇게 말했다.

주민 기본적으로 정부나 지방자치단체는 이다테 마을에 있는 방사능 물질은 무해하다고 해요.

기자 지금 지자체가요?

산처럼 쌓여 있는 방사능 폐기물 야적장을 배경으로
추수가 한창이다.

주민 네. 무해라고 표현해요. 이 마을은 논에서 초등학생한테 모
내기를 시키고 벼 베기 체험을 하는 마을이에요.

기자 체험 수업 같은 거요?

주민 네. 제가 문제 제기를 해도 지자체는 '당신들은 높은 곳만 찾
아다니잖아요'라고 말해요. 높은 곳이라도 마을에 있는 거잖아요.

부실했던 것은 제염만이 아니었다.

도대체 몇 자루가 사라진 겁니까

태풍 하기비스가 남긴 상처는 깊었다. 비교적 피해가 적었다는 후쿠시마에서도 곳곳에서 홍수로 끊겼던 도로를 복구하는 작업이 한창이었다.

공사 현장 인근에 있는 한 방사능 폐기물 임시 야적장을 찾아갔다. 후쿠시마 원전 사고 당시 바람 때문에 상대적으로 덜 피해를 본 타무라시 외곽에 있는 야적장이었다. 취재진이 일본 현지로 떠나기 전 접했던 폐기물 자루 유실 뉴스의 현장이기도 했다.

야적장은 밭을 메워 택지를 조성한 곳에 만들어져 있었고 계곡 아래쪽에 자리 잡고 있었다. 지형적으로 봐도 큰비가 오면 야적장 전체가 물에 잠길 수밖에 없는 구조였다. 먼저 야적장 주변을 둘러봤다. 계곡 위쪽에서 보니 잡초들이 전부 아래쪽으로 누워 있었다. 꽤나 많은 양의 물이 오랫동안 계곡 아래쪽으로 흘렀다고 판단됐다. 야적장을 둘러싼 작은 흙벽은 군데군데 무너져 있었고 유실 방지용 외벽은 전체가 흘러 내려갔는지 처음부터 없었는지 보이지도 않았다.

현장 관계자에게 상황을 들어봤다.

기자 떠내려간 장소가 어디인가요?

관계자 이쪽이에요. 여기서 떠내려갔어요. 어느 쪽이 떠내려갔는지 몰라요. 밑으로 떠내려갔을 테니까 모르죠. 강이 범람해서 저쪽으로 흘러간 거죠.

이 관계자가 가리킨 곳은 야적장 옆쪽으로 흐르고 있는 폭 1미터 정도 되는 도랑이었다. 그 도랑은 100미터 아래에서 좀 더 폭이 큰 강으로 합쳐져 바다로 이어진다고 한다.

야적장 안에서는 작업자들이 굴착기로 폐기물 자루를 하나하나 옮기고 있었다.

관계자 몇 자루 떠내려갔는지 확인하는 거예요.

기자 아직 모르나요?

관계자 아직 몰라요.

기자 그럼 20개 이상 떠내려간 거 아니에요?

관계자 바다까지 가서 세보지 않아서 몰라요. 태평양까지 가보지 않으면 모르죠.

취재진이 일본으로 떠날 당시만 해도 20자루 정도가 쓸려 내려갔다는 게 확인됐다.

굴착기로 옮기고 있는 자루를 자세히 살펴보니 대부분 내용물이 절반 정도는 빠져나간 듯 보였다. 쌓여 있던 자루들도 대부분 홀쭉해져 있었다. 거센 물살에 자루 안에 있던 내용물들이 빠져나간 듯 보였다.

취재가 한창인 때 야적장에 차량 두 대가 나타났다.

10여 명이 야적장으로 들어가는데, 어찌 된 일인지 웃음소리가 들렸다. 농담을 주고받는지 연신 폭소가 터졌다. 야적장 상황은 심각해 보였는데 다들 대수롭지 않게 생각하는 분위기였다.

그들을 눈여겨 살펴보고 있는데 그 일행은 야적장 주변 현장을 한번 둘러보고는 바로 자리를 뜨려고 차량으로 돌아왔다. 확인해 봤더니 이 지역 지방자치단체장과 그 일행들이었다. 곧바로 인터뷰를 시도해 봤다.

기자　이번 사고를 보시고 어떻게 생각하시는지 한마디 부탁 드립니다.

관계자　(할 말) 없습니다.

퉁명스럽게 내뱉고는 다시 입을 닫았다. 몇 자루가 떠내려갔는지 재차 물었지만 아무 말이 없었다. 웃으면서 둘러볼 정도로 심각한 상황은 아닌 것으로 해석해도 되냐는 질문에도 역시 답변을 거부했다.

시청 관계자를 만나 확인해 본 결과 21자루가 유실된 것으로 확인됐다는 답변을 들었다. 태풍으로 강 수심이 높아진 까닭에 현장 조사는 엄두도 내지 못하고 있다고 말했다.

취재 중 환경성으로부터 최종 집계 내용을 확인할 수 있었다. 90자루였다. 그 가운데 26개는 수거했지만 24개는 내용물이 빠져나간 채 발견됐다. 40개는 아예 찾지 못했다.

그런데 피난민을 취재하던 중 뜻밖의 사실을 알게 됐다.

폐기물 자루 유실 사고는 이번이 처음이 아니었다는 것이었다. 그것도 가장 심각한 피폭 피해를 당한 이다테 마을에서 생긴 제염 폐기물 자루들이었다.

안자이 도오루 씨는 원전 사고 직후 이다테의 상황을 담담하게 설명했다.

"3월 정도가 되면 원자력발전소에서 이다테 방향으로 바람이 불어와요. 바람을 타고 3호기가 폭발한 검은 연기 같은 게 15일 밤부터 16일 아침까지 눈에 까만 게 섞여서 내렸어요."

당시 방사선량은 어느 정도였을까.

"이다테 마을은 48 정도. 높은 곳은 100 정도 됐어요. (일부 지역은) 높은 곳이 300~400 정도 됐을 거예요. 우리 집에도 금속 타는 냄새가 나고 대기가 뭔가 빨갰어요."

기준치의 최대 4천 배까지 초과하는 수치였다.

안자이 씨   니이타 강도 5년 전인가….

기자   하나 떠내려갔어요?

안자이 씨   500개 가까이 떠내려갔어요.

안자이 씨가 제공한 사진
폐기물 자루들이 나뒹굴고 강물에 유실되는 장면이 고스란히 담겼다.

기자   500개요?

안자이 씨 안내로 유실됐던 현장을 가봤다. 이곳도 강가였다.

"여기에 저 나무 쪽에 자루가 엎어져 있었고, 강 쪽에 자루가 찢어져
있고 했어요. 저런 상태로 자루가 몇 개나 있었어요."

당시 안자이 씨가 찍은 사진을 제공 받았다. 검은 자루들이 밭 한가운
데에 나뒹굴고 있었고, 도로가에도 주택가에도 있었다. 아예 내용물은
다 빠져나간 듯 빈 자루만 있는 사진도 있었다. 방사능 낙진 피해가 가
장 심했던 지역의 폐기물 자루들이다. 그 당시에도 자루들은 내용물이
절반 이상 빠져나간 듯 홀쭉해져 있었다. 안자이 씨 역시 내용물이 어
디까지 유실됐을지 걱정했다.

안자이 씨   이건 그대로 태평양까지 가는 강이에요. 이다테 마을에
서 가장 큰 강이에요.
기자   그럼 전부 떠내려가서 강으로 흘러 들어가잖아요.
안자이 씨   강으로 들어가서 마지막은 바다로 가죠.
기자   그럼 태평양으로 전부 흘러가겠네요.
안자이 씨   그러니까 19호 태풍으로 꽤 흘러 내려간다고 한다면 상
당한 양이 바다로 가겠죠. 최종적으로는 바다로 가요.

방사능 폐기물 자루를 보관하고 관리하는 환경성에 다시 한번 확인

해 봤다.

환경성   2015년 이다테요? 448자루가 유실돼 미 회수 자루도 있었네요. 그때는 448자루가 유실돼 그중에 143자루가 내용물이 있는 상태로 회수됐고.

기자   그럼 나머지는 전부 떠내려갔나요?

환경성   나머지는 내용물이 떠내려갔습니다.

기자   그러면 폐기물 자루도 회수가 안 됐나요?

환경성   그럴 거라고 생각합니다. 사라진 것만 300자루가 넘습니다.

그런데 주목할 만한 점은 당시 강수량이다. 2015년 당시 이다테 마을에서는 이틀 동안 500밀리미터의 비가 내렸다. 그 정도 비에 488자루가 유실됐는데, 2배나 더 내린 이번 태풍으로 90자루 유실됐다는 게 믿겨지지 않았다. 의문점은 또 있었다. 후쿠시마에서는 며칠 사이에 500밀리미터 정도 비가 내리는 것은 매년 벌어지는 기상현상이다. 그런데도 2015년과 2019년 단 두 차례만 유실 사고가 있었다는 주장은 선뜻 받아들이기 어려웠다.

재차 사실관계를 확인했지만 답변은 똑같았다. 증거라도 가지고 있냐는 반문에 전화를 끊을 수밖에 없었다.

환경성은 보도자료를 통해 폐기물 자루를 회수한 곳과 그 일대 하천에서는 기준치 이하의 방사능이 측정됐다고 강조했다. 그 역시 믿을 수 없었다.

8년 전, 이미 알고 있었다

———

후쿠시마 원전 사고 직후 방사능 오염물질은 북서쪽으로 퍼져 나갔다. 바람 때문이었다. 지도에서 진하게 표시된 이다테, 나미에 마을 등이 가장 큰 피해를 봤다.

취재진이 입수한 오염지도를 보면 특이한 점이 확인된다. 환경성이 2011년 6월과 11월 항공기에서 측정한 방사선량을 표시한 지도인데, 먼저 후쿠시마 원전에서 북쪽으로 60킬로미터 떨어진 곳이다. 방사능 오염 수치는 나미에 마을의 3백분의 1 정도밖에 안 된다. 역시 바람이 원인이었다.

흥미로운 점은 강 중류 지점인데, 방사능 오염물질이 한곳에 모인다는 이른바 핫스팟이 형성돼 있는 것이다. 나미에 마을 수준이었다. 강 하구도 마찬가지로 곳곳에 핫스팟이 형성돼 있었다.

또 다른 지도를 보면 첫 번째 지역보다 원전에서 더 가까운 곳이지만 바람이 비껴가면서 상대적으로 덜 오염된 지역인데, 지류가 합쳐지

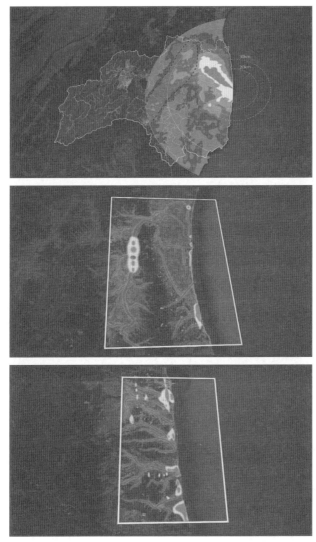

일본 환경성이 만든 방사능 오염지도
지류가 합처지는 지점에 핫스팟이 형성된 것이 보인다.

는 지점 5곳이 유난히 빨갛다. 핫스팟이 형성돼 있었다. 비에 쓸려 내려간 방사능 오염물질이 하천을 타고 내려가 유속이 느린 특정 지점에 모이면서 생긴 현상으로 해석할 수 있다.

일본 정부는 선택적 제염으로 손을 안 댄 특정 지역에서 쓸려 내려온 방사능 물질이나 폐기물 자루가 유실되면서 강을 타고 내려간 방사능 물질들이 바로 유속이 느린 지점에 쌓인다는 것을 이미 8년 전부터 알고 있었다는 의미이기도 하다. 그런데도 선택적 제염을 강행하고, 폐기물 자루를 유실한 지역에서 방사선량을 측정한 뒤 아무 문제 없다고 주장하고 있는 것이다.

환경성이 만든 오염지도는 도쿄대 다카하시 요시오 교수에게서 확보했다. 다카하시 교수는 육지의 방사능 물질이 어떻게 이동하는지 집중적으로 연구했다.

"하천 주변 산이나 제방 등에 있었던 것이 비에 쓸려 내려가면서 원래 방사능이 전혀 없던 곳까지 운반돼 퇴적한 것입니다. 반년 정도 지나면서 핫스팟이 형성됐습니다. 급류를 지나 처음으로 진흙이 모여 쌓인 곳이 대부분 핫스팟이 됐습니다. 80% 이상이요."

자루에 담겨 있던 방사능 폐기물 역시 쓸려 내려갔다는 것도 합리적인 추론이라는 점에 동의했다.

다카하시 교수　　가능성은 물론 있습니다.

기자　　있나요?

다카하시 교수   있습니다.

기자   그러면 태평양까지 갔을 가능성도 있습니까?

다카하시 교수   갔을 거라고 생각됩니다.

선택적인 데다 부실하기까지 한 제염과 허술한 폐기물 관리는 결국 방사능 오염물질이 쌓이는 장소만 바꿀 뿐이라는 얘기다. 일본의 저명한 핵물리학자 중 한 명인 고이데 히로아키 전 교토대학교 원자력연구소 조교수는 그래서인지 제염 자체에 대해 매우 비관적이다.

"제염이라는 것은 오염을 없앤다는 의미를 가지고 있습니다. 오염의 정체는 방사능이고 인간에게는 방사능을 없앨 힘이 없습니다. 그러니까 말의 본래 의미를 살펴보면 제염은 할 수 없다는 것입니다.
제염을 한다고 말하고는 있지만 제염은 되지 않습니다. 지금 하고 있는 제염은 지금 여기 오염돼 있는 것을 자루에 넣어서 다른 곳에 옮기는 것에 불과합니다. 그래서 저는 이동시킨다는 의미의 '이염'이라는 표현을 쓰겠습니다.
이 이염도 그나마 주택지나 학교나 도로만 극히 일부에 국한돼 있습니다. 그래도 후쿠시마에서는 2000만 자루가 넘는 폐기물이 모여 있습니다. 그게 점점 늘어나고 있는 상태입니다. 어떻게 해야 할지도 모르는 상태가 되었습니다. 그 와중에 일본 정부는 이 폐기물을 전국의 공공사업에 흩뿌리려고 하고 있습니다. 일본이라는 나라는 정말 심각한 나라라고 생각합니다."

이염이라는 표현보다 한 발 더 나간 의견도 있다. 김익중 전 동국대 의대 교수를 만나 봤다.

"저는 크게 봐서 일본 정부의 제염 정책은 방향이 틀렸다고 생각합니다. 그러니까 제염이라는 거는 국민들과의 그 접촉면을 줄여서 국민의 피폭량을 줄이는 게 목표잖아요. 그런데 일본 정부 정책을 보면, 일본이 하고 있는 행동들을 보면 피폭량을 늘리는 방향이에요. 모두 잘못돼 있습니다. 저는 방사능 오염물질을 다른 곳으로 옮긴다는 이염보다는 확염이라고 얘기하고 싶어요. 확산시키고 있어요. 후쿠시마 근처에 모여 있는 그 방사능 물질을 전국에다가 지금 확산시키고 있는 겁니다. 국유화한 통제구역 내에 방사능 오염물질 또는 오염토들을 안전하게 장기간 보관해야 피폭량이 줄어드는 건데, 이 오염토를 담은 폐기물 자루들은 곳곳에 흩어져 있고 관리도 제대로 안 되고, 그리고 비 오면 쓸려 나가고 그런 상황이라는 점. 그건 국민들의 피폭량을 늘리는 그런 행위죠.
결과적으로 천문학적인 예산을 쓰면서 방사능 물질을 아주 효과적으로 확산시키는 짓을 한 거죠. 그래서 큰 방향이 틀렸다고 생각해요."

소문은 사실이었다

———

타무라는 후쿠시마 제1원전 반경 20~30킬로미터에 있는 전형적인 농촌으로 산으로 둘러싸여 있다. 역시 바람의 영향으로 인근 나미에나 그 위쪽에 있는 이다테와 달리 고농도 방사능 낙진은 피할 수 있었다.

타무라에서 가장 피해가 심했던 미야코지 마을도 2014년 4월 피난 지시 해제 결정이 내려졌다. 반경 30킬로미터 내에 있는 마을 중에서 가장 빨리 피난민들이 돌아온 곳이기도 하다.

그런데 주민들이 본격적으로 돌아오기 시작한 때부터 이상한 소문이 퍼졌다고 한다. 피난민들이 떠난 집에 누군가 들어온 흔적들이 발견됐다는 것이다.

2011년 3월 원전 폭발사고 이후 가장 먼저 피난 지시가 내려졌던 발전소 인근 오쿠마 마을이나 토미오카 마을 등에서는 실제로 절도범들이 기승을 부려 큰 사회 문제가 된 적이 있었다. 하지만 이 산골마을에서 도는 소문은 전혀 다른 내용이었다.

미야코지 마을을 찾아가 봤다. 나미에 마을을 거쳐 타무라로 이어지는 도로는 통제된 곳이 많았다. 고농도 방사선량 때문에 통행금지가 풀리지 않은 곳이 많은 데다 홍수로 길이 끊겨 통제되는 곳까지 있다 보니 이동 거리가 평소보다 2~3배는 넘는다고 현지 안내인은 설명했다.

방사능 낙진 재앙이 덮쳐 고향을 등졌던 주민들은 돌아온 지 5년 만에 이번엔 큰 물난리를 겪었다. 마을 곳곳을 덮친 산사태는 여전히 그대로 있었다. 취재진 차량은 토사가 덮친 도로를 간신히 지나갔다. 트랙터를 끌고 나와 무너진 밭과 수로를 정비하는 주민들의 모습도 보였다.

이 마을에는 유일하게 주민이 돌아오지 않고 있는 집이 하나 있다. 마을 진입로에서 토사를 쓸어 내고 있던 한 농부를 만나 봤다.

농부 이 뒷집인가요? 아무도 살지 않죠. 이사했어요.

기자 언제 이사했나요?

농부 그건 잘 모르겠어요. 불법 투기 사건과 관계가 있는 집 아닌가요? 5년 전쯤 있었던 그 사건 이후로 아무도 안 살아요.

기자 그 뒤로 어떻게 됐는지 아시나요?

농부 잘 모르겠어요.

방사능 폐기물이 불법 매립돼 있다는 집 얘기였다. 이 일대에서는 공공연한 비밀이었다.

다른 주민으로부터는 좀 더 구체적인 정황을 파악할 수 있었다.

당시 타무라시는 관내에서 가장 피해가 컸던 이 산골마을에 인력을

총동원해 제염작업을 했다. 일본 정부와 지방자치단체는 이를 부흥 사
업이라고 표현한다.

주민 　타무라시는 미야코지 마을만 부흥 지원 사업을 했는데, 그
사업을 입찰받은 회사는 보조금만 받고 망했죠.

기자 　주변 사람들도 다 알았나요? 불법 투기 사건을요?

주민 　그건 알고 있죠.

기자 　꽤 큰 소동이었나요?

주민 　네.

기자 　다른 곳은 불법 투기한 곳이 없었나요?

주민 　여기는 없는데, 이곳저곳에 했을 거예요. 당시엔 사람이 살
고 있지 않으니까 어디에 묻었는지 모르겠네요.

주민들에게 불법 매립 소문에 대한 얘기를 듣고 있는 사이 문제의
집 주인이 나타났다. 가끔 우편물 등을 확인하러 집에 들른다고 하는

데, 그날 우연히 취재진과 마주친 것이다.

그러나 집주인은 무슨 이유에선지 취재를 거부했다.

집주인 죄송합니다. TV는 거절할게요.

기자 촬영은 하지 않을 거예요. 얘기만 들어 볼 수 있을까요?

집주인 얘기할 게 없습니다. 그때 일은 말하고 싶지 않아요. 이미 경찰과도 끝났습니다. 지금 또 얘기가 나오면 사정이 있어서요. 저희도 경찰에 조사 받으러 가고, 많은 일이 있었어요. 죄송합니다.

기자 꽤 힘드셨나 보네요.

집주인 네. 그것만으로도 3~4년 정도 싸웠어요. 그러니까 이제 말하고 싶지 않네요.

소문은 사실이었다. 하지만 집주인이 취재를 완강히 거부하면서 좀 더 구체적인 사실관계 파악이 어려워졌다. 이웃 주민들 말에 따르면 당시 경찰 조사에서 집주인이 묻어 놓고 피해자인 척하는 것 아니냐는 식으로 결론이 내려지는 분위기에 많이 억울해 했다고 했다.

수소문 끝에 그 당시 집주인 요청으로 조사에 참여했던 환경단체인 환경종합연구소 측과 인터뷰가 성사됐다.

직접 조사에 참여했던 이케다 고미치 고문을 만났다.

2015년 집으로 돌아온 피난민은 이상한 점을 발견했다고 한다. 뒷마당 흙 색깔이 평소와 달랐다는 것이다. 이상하게 생각한 집주인은 삽으로 몇 번 파 보다가 상황이 심각하다는 걸 깨닫고 여기저기 연락을 취했다고 했다.

"당시에 2011년 후쿠시마 제1원전 사고 후였기 때문에 그 부근에 많은 방사능 오염이 남아 있어서 특히 산과 밭 각각의 집이나 마당에 제염 작업이 끝나지 않았을 때였어요. 많은 업자가 제염 작업에 들어가서 지붕, 마당부터 오염된 토양을 파서 자루에 넣어서 지정된 곳에 제염 폐기물을 운반하는 작업을 왕성하게 할 때였어요. 그런데 어느 집에서요, 거의 모두 피난을 해서 살고 있지는 않았는데요, 어떤 집 마당에 불법 투기가 있었다고 했어요. 쓰레기가 불법 투기돼 있는 것 같다는 신고가 있었어요.

당시 조사에는 굴착기뿐만 아니라 지반과 토질을 조사하기 위해 시료를 채취하는 보링(boring) 기계까지 동원됐습니다. 뒷마당에 있는 흙이 외부에서 유입된 것인지 여부를 확인하기 위한 것이었다고 합니다."

집주인 요청대로 흙 색깔이 다른 부분을 굴착기로 팠더니 2미터 정도 깊이에서 쓰레기들이 쏟아져 나왔다.

당시 찍은 사진을 보면 온갖 생활 쓰레기에 자동차 타이어, 휠 커버까지 나왔다. 집을 허물면서 생긴 건축 폐자재들도 눈에 띄었고, 무언가를 태운 재도 상당량 나왔다. 문제의 폐자재는 주변에 있는 집의 건축자재와는 전혀 다른 것이었다.

이 환경단체 측에 따르면 굴착을 담당했던 작업자는 흙의 단단함이나 색깔 등으로 판단할 때 새롭게 묻힌 것이라고 말했다고 한다.

제염 작업을 하면서 생긴 방사능 폐기물이라는 것은 측정 결과 드러났다. 방사선량은 0.7마이크로시버트 정도로 측정됐다. 기준치의 7배

굴착기로 파낸 뒷마당에서는 온갖 쓰레기와
방사능 폐기물들이 쏟아져 나왔다.

정도를 초과하는 선량이었다.

제염 작업으로 나온 방사능 폐기물을 확산시킨 대표적인 사례라고
할 수 있다. 이 단체는 당시 미야코지 마을의 제염을 담당했던 작업자
들에 대한 조사도 진행했다고 한다.

기자　전 제염 작업자의 얘기는 어땠나요?

환경단체　실제로 방사능 폐기물을 여러 곳에 불법 투기했다고 들
었어요. 문제는 지금도 제염 작업을 하고 있는데요, 어디서 무슨 일
이 일어나는지 모른다는 것입니다. 본래 환경성이 발주를 하고 면
단위 읍 단위로 일이 점점 내려가는데요. 실제로 현장에서 작업을

하고 있는 사람을 누가 확실히 감시를 하는 건지, 그런 감시체제가 어디까지 제대로 되고 있는지 모르기 때문에 그렇게 모르는 동안 그 대로 방치되기도 할 것이고, 본래 해야 될 일을 하지 않는다든가 그 런 일이 있을 거라고 생각합니다.

제염 작업 하청업체들은 방사능에 오염된 흙과 주택 등 각종 구조물 등을 제거하면서 나온 폐기물을 1톤짜리 자루에 담아 임시 야적장으로 보내야 하는데, 그 과정을 생략하면서 비용을 줄이는 것이다. 하청에 재하청으로 이어지는 제염 작업의 특수성이 낳은 허점인 것이다.

"당시는 제염 작업이라는 것은 아주 많이 이루어져서 구청에서 대기 업으로 제염 작업의 일을 주면 대기업이 해도 해도 끝이 없기 때문 에 하청 회사에게 맡기죠. 그럼 그 하청 회사가 또 그 밑의 하청 회 사에 맡기는 구조여서 실제로 수주한 회사는 말단까지는 눈이 안 가 죠. 그냥 맡겨 버리고 방치하는 거예요. 한편 가장 밑의 하청 업체 사람들은 점점 받을 수 있는 돈이 적어지니까 어떻게든 편하게 일을 해서 일을 한 것처럼 눈속임을 해서 돈을 받아 가는 부정이 꽤 있었 지 않았을까 싶습니다."

통제가 풀리면서 이런 불법 매립은 하나하나 드러나고 있는데, 아직 까지 통제 중인 마을 뒷산 등에 내다 버린 제염토는 얼마나 많은지 그 현황조차 파악할 수 없을 것이라고 이 단체 측은 밝혔다.

"원래라면 행정이 제대로 감시를 해서 그런 불법적인 일이 있다면 확실히 조사를 해서 책임을 추궁하거나 벌금을 내는 시스템이 잘 되어 있으면 좋은데, 그게 좀처럼 되지 않으면 하고 싶은 대로 하는 사람이 승자가 되는 거예요. 그렇게 해서 잘됐다고, 행운이었다고, 발각되지 않고 끝내서 돈 벌었다고, 그렇게 되는 거죠. 세금으로 그런 공공적인 일을 할 때는 누가 어떻게 그것을 제대로 감시할지를 동시에 확실히 제도화하지 않으면 어렵다고 생각해요."

취재진이 확인한 결과 이미 통제 구역 안쪽 산속에 30여 톤의 고농도 방사능 제염토를 버린 혐의로 한 업체가 재판 중이었다. 이케다 고문이 심각하게 생각하는 것도 제염토 불법 투기였다.

"제염토는 그냥 흙이니까 모르잖아요. 하지만 비도 오고 저번 태풍 같은 게 와서 흘러가 버리면 불법 투기한 것이 계속 거기엔 없겠죠. 계곡 같은 곳도요. 떠내려가 버렸으니깐 이젠 알 수 없죠. 그러니깐 정말 위험해요. 환경성의 노력이 부족하다고 저희는 항상 말하는데요. 갑자기 그런 큰 사건이 일어나고, 방사능을 다루어야 되고, 아주 많은 예산이 붙었잖아요. 제염도 그렇고 폐기물처리도 그렇고요. 최종적으로 그걸 어디에 처분할지를 정하지 않은 채로 제염만 계속하니까 놔둘 곳도 없고, 어쩔 수 없이 밭 중간에 폐기물을 쌓아 놓고, 그곳 가까이 가면 농도가 높아지죠. 그렇게 됐는데도 아직 제염을 하고 있다는 것은요, 최종적으로 종착지가 없는 제염 작업을 계속하면서 비용을 들여도 어디까지 그게 유효할까 생각이 들고요. 세금을 사용하는 방법도 이상한 것 같아요."

    당시 미야코지 마을에서 제염 작업을 담당했던 토목건설업체 측에
확인해 봤다. 수차례 전화를 했는데 매번 같은 답변이 돌아왔다. 담당
자가 외근 중이라 답변 드릴 수 없다는 것이었다.

    일본 내에서 방사능과 관련된 모든 정책은 경제산업성이 관리 감독
해 왔다. 하지만 후쿠시마 제1원전 사고가 발생한 뒤 방사능 오염물질
제염 작업과 폐기물 보관 등은 환경성으로, 고정식 방사선량 측정 장치
(모니터링 포스트) 관리 감독은 원자력규제위원회 등으로 세분화했다.

    환경성은 취재진의 인터뷰 요청을 받아들였고 날짜와 시간까지 정
해졌다. 인터뷰 시점이 확정되었을 때 취재진은 후쿠시마 일대에서 현
장 취재 중이었지만 환경성 청사가 있는 도쿄로 다시 갈 생각이었다.
그런데 자세한 질문 내용을 보내 달라고 한 뒤 환경성 측에서 갑자기
인터뷰를 거절했다. 여러 종류의 회의가 자꾸 생기면서 시간을 내기
어려웠다는 게 표면적인 이유였다. 당시 사전에 보낸 질문지에는 불법
매립과 관련한 구체적인 내용들이 포함돼 있었다.

    인터뷰가 예정돼 있었던 담당자에게 항의차 전화를 해 봤다.

기자   타카하시 씨 계신가요?

담당자   네. 잠시만 기다려 주세요.

타카하시 씨   여보세요. 전화 바꿨습니다. 타카하시입니다.

기자   안녕하세요. 한국 KBS 방송사인데요.

타카하시 씨   네.

기자 인터뷰가 어렵다는 얘기를 들었어요.

타카하시 씨 네. 그렇습니다. 죄송합니다. 태풍도 있었고 해서 바쁜 시기라서 개별 취재는 어려운 면이 있어서요. 처음엔 될 거라고 생각했는데요. 계속 여러 회의가 들어와 버려서요. 죄송합니다, 정말.

전화 연결이 된 김에 불법 매립에 대해서도 물어봤다.

"제염작업의 불법 투기요? 죄송합니다. 몇 건인지는 확실히 정리되어 있지는 않은데요. 몇 건 정도 일이 있었던 것 같습니다. 집계는 하지 않았습니다. 개별로 한 건 한 건은 공표하고 있는데요. 전체적으로 몇 건인지는 지금 가지고 있지 않습니다. 죄송합니다. 매회 그런 일이 발생할 때마다 보기 때문에 전체적으로는 잘 모르겠습니다."

해명은 앞뒤가 안 맞았다. 몇 건 정도 있었고, 불법매립 사건이 터질 때마다 개별 사안에 대해서는 공표하고 있는데, 전체적인 통계는 가지고 있지 않다니…. 이해할 수 없었다.

통제가 잘 되고 기록이 꼼꼼한 나라라는 이미지가 통째로 흔들리기 시작했다.

모니터링 포스트의 비밀

———

　일본 정부가 지난 9월 주한 일본대사관 홈페이지를 통해 공개한 후쿠시마의 방사선량은 0.133마이크로시버트이다. 현재 후쿠시마현 내에는 3천여 개의 고정식 측정 장치, 이른바 모니터링 포스트가 설치돼 있다.

　취재진은 후쿠시마에서 한 70대 주민을 만났다.

　이토 노부요시 씨로, 원전 사고 당시 이다테 마을에 살고 있었다. 2011년 4월 일본 정부가 계획적 피난구역으로 설정한 곳이었지만, 이토 씨는 피난을 거부했다.

　그 이유를 물어봤다.

　"이다테에서 피난을 하지 않았던 건 사실은 여기에 있지 않으면 모르는 정보들이 있잖아요. 예를 들면 정부가 제대로 된 정보를 주면 괜찮아요. 하지만 여기에서 측정하지 않으면 알 수 없는 정보가 전부 숨겨지고 있다는 걸 알았어요. 처음부터요. 그래서 스스로 여기에 있으면서 측정해 보려고요."

이토 씨는 취재진을 만나는 자리에도 방사선량 측정 장치와 누적 선량계를 들고 왔다. 이다테에서 하루를 생활하면 어느 정도 피폭되는지 지방자치단체가 알려 주지 않다 보니 생긴 습관이라고 했다.

그래서인지 수많은 측정 데이터를 가지고 있었다. 데이터의 신뢰도 또한 높은 것으로 평가됐다. 현재 도쿄대의 한 교수는 이토 씨와 함께 피폭이 심하게 된 진흙을 깔아 둔 어항 속 잉어와 그렇지 않은 잉어에 대한 연구 논문을 진행하고 있기도 했다.

8년 동안 후쿠시마 일대를 측정하면서 내린 결론은 명료했다고 한다.

기자　결국은 나라에서 발표하는 것과 전혀 달랐나요?

이토 씨　달라요.

기자　더 높았나요?

이토 씨　아니요. 나라에서 발표하는 건 좋은 것만 발표해요. 선량율도 높은 곳은 발표하지 않아요. (방사선량이) 높은 곳에는 측정기를 두지 않아요. 놔둔다 해도 데이터를 발표하지 않죠.

이토 씨는 고정식 방사선량 측정 장치, 즉 모니터링 포스트에 대한 비밀을 알려 주겠다고 취재진을 안내했다.

거주제한구역에서 해제된 한 마을의 도로가엔 모니터링 포스트가 설치돼 있었다. 후쿠시마 일대에 설치된 측정 장치는 대부분 30에서

40제곱센티미터 크기의 콘크리트 받침대 위에 1.5에서 2미터 정도 높이로 세워져 있다. 1미터 높이에 작은 구멍이 하나 뚫려 있는데 여기에 방사선량을 포집하는 감지기가 설치돼 있다.

감지기 바로 앞에서 측정해 본 방사선량은 모니터링 포스트에 표시된 선량과 오차 범위 내에서 같았다. 0.68, 기준치의 7배 가까이 되는 수치였다. 그런데 두 발짝 정도 거리인 1미터 50센티미터 밖에서 다시 측정해 보니 갑자기 0.4마이크로시버트가 더 나왔다. 모니터링 포스트에 표시된 측정값보다 4배 정도 증가한 수치였다. 단지 1미터 50센티미터 정도 떨어졌는데, 기준치의 10배를 초과하는 수준의 방사선량이 측정된 것이다.

이번에는 모니터링 포스트 뒤쪽으로 10미터 정도 떨어진 곳에서 측정해 봤는데, 역시 기준치의 10배 정도 되는 방사선량이 측정됐다. 그곳은 제염이 전혀 안 된 산기슭 쪽이어서 산에서 뿜어져 나오는 방사선이 감지된 것으로 판단됐다.

이 주민은 이미 오래전부터 이 모니터링 포스트의 비밀을 알고 있었다.

"모니터링 포스트 주변만 제염해서 그런 거죠. 정상적인 설치 기준은 모르겠는데요. 이 장치 설치 기준은 주변만을 깨끗하게 제염하는 거라고 생각됩니다. 그것이 설치 기준입니다. 모니터링 포스트의 역할은 원자력발전소 같은 핵 시설에서 나오는 방사능 물질을 잡아내는 것인데, 원전 사고 이후 새롭게 공기 중으로 날아오는 것은 없으니까 주변만 깨끗하게 하면 측정 장치에 표시되는 수준 정도로만 보여 줄 수 있다는 겁니다."

보고도 믿기지 않아 취재진이 직접 다른 곳도 한번 측정해 보기로
했다. 제염 작업이 완료돼 통행이 재개된 한 공원을 찾아가 봤다. 그곳
에도 역시 모니터링 포스트가 설치돼 있었는데 방사선량은 0.45 정도
로 확인됐다. 통행이 재개된 곳인데도 기준치의 4배 넘는 수치가 나온
다는 것부터 선뜻 이해가 되지 않았다.

취재진이 가지고 있는 측정기가 정확한지 확인하기 위해 모니터링
포스트 바로 앞에서 먼저 재 봤더니 똑같은 수치가 나왔다. 이어 포스
트에서 걸음을 옮기면서 멀어지기 시작하자 측정기 수치가 올라가기
시작했다. 2~3미터 떨어진 건물 처마 밑에서 측정한 결과는 2.9마이
크로시버트가 나왔다. 29배 정도 초과하는 수치였다. 그 건물 바로 뒤
에 있는 주차장 하수구 틈새에서는 36배 정도를 초과하는 3.6이 찍혔
다. 불과 5미터 정도 떨어진 곳이었다.

이번에는 모니터링 포스트가 설치된 곳 맞은편에 있는 야트막한 동산으로 올라가 봤다. 거리는 15미터 정도 떨어진 곳이었다. 측정기를 켜자 수치가 서서히 올라가더니 최대 16배를 초과하는 것으로 나왔다.

나무 사이로 보이는 모니터링 포스트 수치는 0.44였다. 이 사실을 이토 씨에게 말했더니 당연하다는 대답이 돌아왔다.

"믿으면 안 되죠. 아까 말했지만요. 모니터링 포스트 주변 1~2미터 주변의 수치만 대표해서 나타낸 거예요. 본래 모니터링 포스트는 그 주변 전체의 평균 수치를 나타내야 합니다. 하지만 지금 마을에 있는 모니터링은 100대가 넘게 있는데요. 거의 그런 역할을 제대로 하지 않고 있어요. 모터너링 포스트 직경이나 반경 1미터~2미터 범위의 수치만 나타내고 있어요."

모니터링 포스트를 설치, 관리하는 일본 원자력규제위원회 측은 이에 대해 측정기에 따라 성능이 다르며 측정기 위치에 따라 수치가 다를 수 있다고 밝혔다. 그런데 왜 후쿠시마 방사선량이 0.133마이크로시버트냐는 물음에는 끝내 답변하지 않았다.

후쿠시마는 서울과 경기도를 합친 것보다 큰 13,782제곱미터 규모이다. 이 가운데 0.133마이크로시버트가 나오는 곳은 후쿠시마 시내 중심가 딱 한 곳에 불과하다.

오염지도

———

　일본 정부는 후쿠시마를 포함한 전국의 방사능 오염 실태를 정확하게 공개한 적이 없다. 그래서 취재진은 서울대 빅데이터연구원에 의뢰해 일본 전국 오염지도를 만들어 봤다. 앞서 소개한 2016년 후쿠시마 방사능 오염지도와 같은 방법을 동원했다. 참고로 전국 오염지도는 〈모두의 데이터〉라는 일본의 한 시민단체가 2011년과 2019년 오염 실태를 표시해 지도로 만든 것이 있다. 그 데이터의 신뢰도는 이미 전 세계적으로도 인정받고 있지만, 취재진은 반감기와 평균치 등을 모두 고려한 4가지 방법으로 다시 한번 오염지도를 만들어 보기로 했다.

　이 시민단체는 일본 내 17개 현 250개 마을, 최대 3천여 개 지점에서 2011년부터 매년 토양을 측정한 각종 데이터를 가지고 있었다. 그 데이터를 모두 활용하기로 했다. 역시 토양 내 세슘137 수치가 주요 지표였다.

　가장 농도가 높은 지역은 자주색, 조금 낮은 단계는 주황색, 노란색

순으로 표시해 봤더니 후쿠시마 원전과 그 일대 지역이 모두 자주색과 주황색으로 가득 차는 것으로 나타났다. 도쿄 정도로 내려와야 상대적으로 낮은 노란색이 분포했다.(지도에서 색이 진할수록 오염이 심함)

이 지도 역시 시각적인 효과를 위해 토양의 세슘137 농도가 10,000 베크렐 이상인 경우 자주색으로, 30,000베크렐은 주황색으로, 400베크렐 정도는 노란색으로 표시했다.

이 지도는 실제 측정한 데이터로만 만든 지도이다. 〈모두의 데이터 사이트〉에는 토양의 방사선량을 측정한 데이터가 연도별 또는 지역별

서울대 빅데이터연구원이 만든 일본 전국 방사능 오염지도

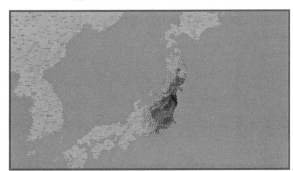

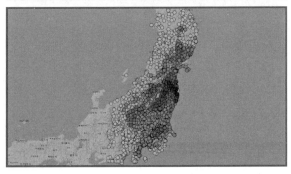

로 게시돼 있었는데, 거기에서 데이터를 하나하나 가져다가 각각의 위치를 찾아 방사능 오염 정도를 표시했다.

정확도를 높이기 위해 나머지 3가지 방법을 동원해 지도를 만들어 보았다. 실제 측정 지역의 데이터, 즉 실측값의 평균 수치로 만들어 본 지도와 세슘137의 반감기를 계산해 실측값이 없는 연도의 데이터를 추정해 만들어 본 지도, 그리고 반감기를 계산한 특정 지역의 모든 값을 다시 평균치로 계산해 만들어 본 지도이다.

그렇게 한 이유는, 먼저 토양 검사 데이터가 연도별로 같은 지점에서 매년 측정되지 않은 것이 있었기 때문인데, 반감기를 이용하면 그 측정된 값에 대해서 다른 연도에 측정했을 때 나올 수 있는 데이터를 예측할 수 있었다. 같은 방법으로 특정 연도에 측정된 값을 토대로 과거에 측정된 값을 추정해 보는 것도 가능했다.

그리고 데이터가 여러 개가 있으면 측정된 값에 대한 추정치가 다 다를 수 있기 때문에 그 다른 값들의 평균치로 신뢰도를 높여 보기도 했다.

당시 분석에 참여한 서울대 빅데이터연구원 책임자 역시 4가지 방법에 동의했고, 그 결과도 신뢰할 수 있다고 판단했다.

"한 가지 실측값으로만 만들어진 게 아니라 여러 가지 추정 방식을 동원해 다양한 지도를 만들어 보게 됐는데요, 그 지도에 나타난 양상이 비슷하기 때문에, 그러니까 여러 가지 추정치를 통해서 지도를 산출해 봤을 때 그 결과가 비슷하게 나왔고, 큰 양상은 비슷하게 나왔고, 그렇기 때문에 신뢰도는 충분히 확보했다고 할 수 있습니다."

비슷한 방식으로 이번엔 전 세계적으로 세슘137이 어떻게 퍼져 나갔는지 확인해 보기로 했다.

취재진은 그 단서로 수입식품을 선택했다. 후쿠시마 제1원전 사고 이후 우리 정부는 전 세계에서 수입되는 식품에 대한 방사능 검사를 강화했다. 식품의약품안전처가 지금까지 12만 건 정도 조사했는데, 그 데이터를 활용했다.

수입식품에서 세슘137과 134가 동시에 검출된 데이터를 따로 분류해 봤다. 유럽에서 수입된 식품 중에는 1986년 체르노빌 원전 사고의 영향이 아직 남아 있을 수 있다는 변수가 있는데, 두 가지 물질이 동시에 검출됐다면 체르노빌 사고 때문은 아니라는 결론이 내려질 수 있다고 판단했다.

그 이유는 반감기이다. 세슘137은 반감기가 30년 정도인데 반해 134는 2년이기 때문인데, 산술적으로 세슘134는 20년이면 모두 자연적으로 소멸됐다고 볼 수 있고, 체르노빌 사고 당시 방출된 세슘134는 이제 더 이상 검출되지 않기 때문이다.

참고로 후쿠시마 원전 사고로 방출된 세슘137과 134는 거의 동일한 비율로 방출됐다.

세슘이 검출된 농산물을 생산한 나라 또는 지역은 다음과 같다.

중국, 대만, 러시아, 미국, 캐나다, 프랑스, 영국, 독일, 스위스, 스웨덴, 네덜란드, 덴마크, 핀란드, 벨기에, 이탈리아, 그리스, 폴란드, 터키, 카자흐스탄, 키르기스스탄, 슬로바키아, 리투아니아, 에스토니아, 루마니아, 벨라루스, 세르비아, 인도, 티벳, 마다가스카르.

평균 59베크럴(식품 기준치는 100베크럴)로 대부분 기준치 이하로 검출됐지만, 세슘이 전 세계 어디까지 퍼졌는지는 확인할 수 있다.

흥미로운 것은 미국의 경우 캘리포니아 나파밸리 와인에서도 세슘 137과 134가 동시에 검출됐다는 점이다.

아직 해결되지 않은 오염수

후쿠시마 제1원자력발전소 오염수는 2011년 3월 사고 당시 노심에 있는 핵연료봉을 식히면서 발생한 초고농도의 액체이다. 당시 발전소를 덮친 쓰나미로 모든 전력이 차단되면서 연료봉을 식혀 줄 냉각수를 공급할 수 없게 됐고, 그 결과 연료봉이 녹는 이른바 노심용융이 일어났다. 도쿄전력 측은 사고 발생 초기에는 바닷물을 끌어다 쏟아붓는 등 응급조치를 취했고 지금까지도 연료봉 온도를 안정적으로 유지하기 위해 계속 물을 순환시키고 있는 상황이다.

이렇게 생긴 초고농도의 오염수는 일본 정부가 인정하는 규모가 110만 톤이며 최대 150만 톤에 이르는 것으로 추산된다. 게다가 매일 300톤 정도가 추가되고 있는 실정이다.

지금까지 이 오염수는 후쿠시마 제1원전 부지 내 탱크에 보관해 왔는데, 이미 한계치에 도달했다는 게 일본 정부 주장이다. 그리고 이미 오래전부터 해양 방출을 위한 여론 떠보기에 나섰다.

11월 21일,

일본 외무성이 각국 대사관 관계자를 초청해 후쿠시마 제1원전 오염수 현황과 처리 상황에 관한 설명회를 열었다. 그 자리에서 외무성 측은 오염수 처리 문제를 논의하는 경제산업성 산하의 전문가 소위원회가 제시한 보고서를 토대로 오염수를 재처리해 해양에 방출할 경우 지구환경에 미치는 영향이 미미하다고 강조했다.

후쿠시마 제1원전 오염수를 해양에 방류하더라도 환경에 미치는 영향이 적다는 데 초점을 맞춘 범정부 차원의 대외 홍보전이었다.

일본 외무성이 각국 대사관 관계자를 불러 후쿠시마 제1원전 관련 설명회를 한 것은 지난 9월 4일에 이어 두 번째다. 2011년 후쿠시마 원전 사고 이후로는 104번째이다.

일본 정부가 주장하는 대로 지구환경에 미치는 영향이 미미할 것이라는 예측성 주장은 오염수 재처리가 성공적으로 이뤄져야 한다는 핵심 전제 조건이 반드시 충족돼야 받아들여질 수 있다.

지난 10월 15일, 일본 참의원 예산위원회 전체회의에서는 새로운 사실 하나가 공개됐다. 후쿠시마 제1원전 오염수 문제에 대한 설전이 오가면서 드러난 사실인데, 국민민주당 소속 모리 유코 의원은 오염수 가운데 아직까지 발견되지 않은 새로운 핵종이 발견되고 있다는 전문가 지적이 있는데, 도대체 이게 무슨 얘기냐며 따졌다. 이에 대해 토요시 후케타 일본 원자력규제위원장이 답변에 나섰는데, 탄소14라는 게 발견됐다고 실토했다.

토요시 위원장은 이렇게 밝혔다.

후쿠시마 제1원전 오염수 문제로 설전이 오갔던
일본 참의원 예산위원회 전체회의

"카본14라고 하는 탄소14 핵종이 있습니다. 이에 대해서는 원자력
청장에게 아주 빠른 시점에서 측정해 보면 어떻겠냐는 제안을 했습
니다. 하지만 그것이 실제로 측정될 때까지는 2년 정도 걸리는데요.
그러한 사례가 있습니다."

지금까지 알려지지 않았던 핵종이 오염수에 포함돼 있고 분석에만 2
년 정도 걸린다면서도 이어지는 답변은 무책임하기까지 했다.

"왜 규제위원회가 엄격하게 따지지 않는가 하면요, 이것은 저류(물
에 희석돼 모여 있는 상태)가 되어 있는 상태의 농도에 관해서 정확
도를 계속 요구한다고 해도 규정상이라고 할까요? 안전상 그다지 큰
문제가 아닙니다. 오히려 이게 만약 액체 폐기물로서 방출되기 전에
는 이것은 충분한 희석으로 고시하는 농도의 총계가 일단 밑도는지
확인하는 것을 정확히 해야 할 필요성은 있는데요. 저류 단계에서의

농도에 관해서는 아까 말한 듯이 전체적으로 대략 어느 정도의 수치인지를 얼른 파악하는 것에 중점을 두고 있기 때문에 상세하게 무엇이 정말로 어느 정도 포함되어 있는지까지는 규제위원회에서 따지고 있지는 않습니다."

저류 단계에서의 농도가 어느 정도의 수치인지 파악조차 안 된 상태라는 걸 스스로 인정한 셈이다.

토요시 위원장은 현재 가장 적극적으로 오염수 방출을 추진하는 인사 가운데 한 명이다. 그렇다면 이 탄소14라는 방사능 핵종은 어떤 물질일까. 우리가 흔히 알고 있는 방사성 탄소연대 측정법이라는 것을 사용할 때 이 물질이 사용된다. 방사성 탄소14의 붕괴를 이용해 물질의 연대를 측정하는 것이다. 그 말은 자연에 존재하는 흔한 방사성 물질 가운데 하나라는 의미이기도 하다. 하지만 이 물질은 핵실험이나 원자력발전소 사고와 같은 경우에도 방출된다.

최근 중국 광저우 중국과학원 지구화학연구소 연구팀은 세계에서 가장 깊은 바다로 알려진 마리아나 해구의 심해 갑각류에서 핵실험 잔존 물질인 방사성 탄소14가 자연계보다 훨씬 높은 농도로 축적돼 있다는 조사 결과를 발표하기도 했다.

세슘137의 경우 납이나 콘크리트 정도가 돼야 피폭을 막을 수 있는데 반해 이 탄소14는 대기 중에 있을 때는 종이 정도로도 피폭을 막을 수 있다. 문제는 먹이사슬을 통해 체내 피폭이 됐을 때 위협적인 물질이 되는 것으로 알려져 있다.

실제로 체르노빌 원자력발전소 사고 이후 풀과 젖소를 통해 어린이에게 피폭된 사례도 있다.

김호성 신한대 방사선학과 교수는 이렇게 밝혔다.

"해양으로 빠져나가는 카본14의 경우 플랑크톤이 다시 물고기의 먹이가 되면서 그것들을 다시 사람이 먹게 되면 아마 그것도 체내 피폭의 원인이 될 수 있지 않을까 생각합니다. 피폭이 됐다고 그러면 큰 문제가 될 수 있으니까 모델링을 해서 어느 정도의 피폭을 받을 수 있을 것인지에 대한 조사가 더 급선무가 아닌가 생각합니다."

이 탄소14는 앞서 밝힌 대로 핵심 전제 조건인 오염수 재처리 과정에서 걸러내지 못한 대표적인 방사성 핵종이다.

이미 도쿄전력은 세슘137뿐만 아니라 세슘134, 스트론튬90, 요오드129 등 인체에 치명적인 방사성 핵종들을 재처리 장치로 걸러 내지 못하고 있다는 것이 밝혀졌다. 실제로 지난 10월 후쿠시마 현 관계자들이 국내외 기자들과 가진 간담회 자리에서 이런 사실이 공개됐다.

당시 후쿠시마현 관계자는 충격적인 사실도 공개했다.

"도쿄전력에서는 오염수 안에는 세슘137, 세슘134, 스트론튬90, 요오드129, 삼중수소 등이 포함되어 있다고 하였습니다. 상세한 데이터는 없는데, 기준치에서 5배 정도 넘는 것이 35% 정도이며, 5배에서 10배 정도가 21%, 10배에서 100배 정도가 16%, 100배를 넘는 것이 7% 정도입니다."

일본 정부가 인정하고 있는 규모인 110만 톤 대부분이 기준치를 초과하고 있다는 사실을 확인할 수 있다. 동시에 재처리에 실패했다는 의미이기도 하다. 특히 삼중수소는 전 세계 어디 나라도 제거 기술을 보유하고 있지 않다.

도쿄전력 측은 색다른 방법을 동원했다. 삼중수소는 영어로 트리튬이다. 그런데 도쿄전력 측은 재처리한 오염수를 트리튬수라고 표현한다. 즉, 트리튬이라는 말이 깨끗해진 오염수라고 인식하도록 호도해 온 것이다.

한 일본 정치인은 이렇게 밝혔다.

"트리튬과 오염수 똑같지 않습니까, 라는 거죠. 액체 방사성 폐기물이라는 것이고 처리수라고 해서 이미지 컨트롤을 하는 거예요. 처리수가 곧 트리튬수라고 이미지 컨트롤을 해서 다른 것은 아무것도 들어가 있지 않다고, 오염수가 아니라는 이미지 컨트롤입니다. 액체 방사성 폐기물이라고 부르면 뭔가 위험하고 더러운 이미지가 있잖아요. 누구라도 알 수 있잖아요. 재처리수를 트리튬수라고 한다면 국민들이 위험하지 않다고 받아들일 것이라고 이미지 컨트롤을 한 것입니다."

이에 대해 도쿄전력 관계자는 이렇게 변명했다.

"그것을 줄이고 싶었어요. 당시 전체가 방사선량이 높았기 때문에 몇 개의 핵종은 줄이지 못했을지 몰라도 세슘이나 스트론튬이라는 큰 것을 줄이기 위해 우선 선량을 줄이자는 것을 우선했습니다. 그것을 들어 주셨으면 좋겠고, 그때의 규제위원회 또는 정부에 보고를 했는데요, 그때 공표 방법이 부족해서 작년에 오해를 일으킨 것 같습니다."

방사능 폐기물 보관과 제염 작업뿐만 아니라 후쿠시마 원전 내부도 일정 부분 통제 불능 상태인 점도 확인됐다. 원전 내에서 고농도 오염수가 여전히 새고 있다는 연구 결과가 그 증거이다.

쓰쿠바대학교 생활환경과학센터 아이소토프 환경공학연구소에서 객원교수로 활동 중인 아오야마 미치오 씨를 만났다. 아오야마 교수는 일본 내에서 손꼽히는 방사능 전문가이자 기상 전문가이기도 하다.

후쿠시마 제1원전 앞바다의 방사능 농도를 측정한 결과를 토대로 결론 내린 장소는 발전소 건물 지하였다.

"누설은 있습니다. 그것은 사실입니다. 콘크리트 지하 1층이나 2층이라고 생각해요. 그런 지하에 쌓여 있는 오염수가 극히 일부의 균열을 통해서 밖으로 나가는 것이에요. 계산해 보면 하루 100에서 200리터 누설되는 것으로 판단됩니다. 쓰나미, 지진 또는 더 많은 비가 내리면 그것들이 밖으로 흘러나오기 쉽잖아요. 완전히 갇혀 있는 게 아니기 때문에. 그걸 어떻게든 해야 합니다. 그러니까 그런 의미로 어디서 새는지 빨리 알아야 돼요."

이 교수는 후쿠시마 원전 사고 직후 바다에 떨어진 세슘137이 어떻게 이동했는지도 추적했다. 연구팀이 조사한 결과에 따르면 2011년 3

월에 태평양으로 퍼져 나간 세슘137은 2년 뒤 미국에 도달했고, 북미 대륙에 부딪친 뒤 2016년 되돌아오기 시작했다. 당시 베링해에서 관측됐다고 한다. 같은 시기 멕시코에 있는 동료 연구자로부터 세슘 농도가 높아졌다는 조사 결과를 통보받기도 했다고 밝혔다.

북미 대륙에 부딪치면서 베링해를 거쳐 다시 일본 쪽으로 되돌아오는 게 재순환의 첫 번째 패턴이었다. 두 번째 패턴은 우리나라와 직접 관련이 있다.

"바다 안에 들어간 것은, 이것은, 한국 분들에게도 관계가 있는 얘기인데요. 바다 안에 들어간 극히 일부는요, 저희 계산으로는 6%인데요, 그 6%는 태평양에서 동해를 지나서 쓰시마를 지나서… 이게 재순환의 작은 루트입니다. 2015년과 2016년, 즉 3,4년 전이 피크였고 아직 계속되고 있지만 천천히 감소하고 있습니다."

실제로 2015년과 2016년 당시 동해의 세슘 농도는 세 배 정도 높게 관측됐다는 게 이 연구팀의 조사 결과이다.

만약 일본 정부가 후쿠시마 원전 내 오염수를 방출한다면 어떤 영향이 미칠지에 대한 조사 결과도 나와 있다. 전 세계적으로 권위를 인정받고 있는 독일 킬해양과학연구소가 진행한 모의실험이다. 140일이 지나면 첫 번째 저농도 오염수가 동중국해로 진입하고 220일 정도가 지나면 제주도 남쪽 바다에서 동해 쪽으로 방향을 튼다. 동시에 좀 더 농도가 높은 오염수가 같은 경로로 진입한다. 660일이 되면 고농도 물질이 동해로 진입하고 5년이 지나면 남해와 동해가 고농도 오염수로 뒤

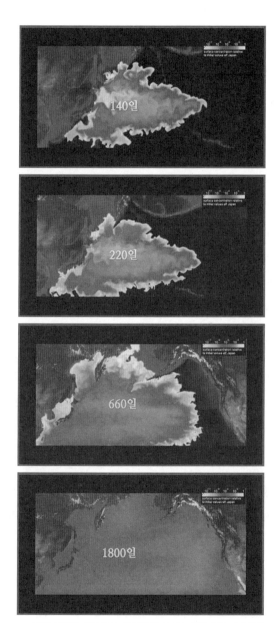

독일 킬해양과학연구소가 진행한, 오염수 이동 경로 모의실험

덮인다는 결론이 내려졌다.

일본 정부는 여전히 바닷물에 희석돼 소량의 방사성 물질만 검출돼 인체에 무해하다는 주장만 반복하고 있다. 위험한 발상이라는 게 전문가 견해이다.

김익중 전 동국대 의과대학 교수는 다음과 같이 주장한다.

"일단 피폭량하고 암 발생은 정비례 관계에 있어요. 역치가 없다고요. 그렇게 교과서에 나옵니다. 의학교과서에. 그러면 적은 양도 그 양에 비례해서 위험이 증가한다, 이런 얘기 아니에요? 피폭량이 많으면 많이 위험한 거고, 적으면 적게 위험한 거고, 피폭량이 없으면 안 위험한 거고. 그런 관계거든요. 그래서 저선량이냐 고선량이냐 따질 게 없는 거예요."

물론 화상, 폐렴, 백혈구 감소 등은 문턱 값, 즉 기준치가 있다. 기준치 이상 피폭돼야 인체에 영향을 미치기 시작한다. 하지만 저선량 피폭의 위험성은 이미 여러 연구 결과에서도 입증되고 있다. 대표적인 게 프랑스, 영국, 미국의 핵산업계에서 1년 이상 종사한 30만 8297명을 상대로 조사한 연구 결과이다. 특정 요인에 노출된 집단과 노출되지 않은 집단을 비교 추적해 특정 질병 발생률 등을 알아보는 대규모 국제 코호트 조사(cohort study)였는데, 결과는 백혈병으로 인한 531건의 사망 중 281건, 즉 53%가 피폭량 5밀리그레이(mGy) 미만 누적된 사람들에게서 일어났다. 방사선이 신체에 흡수되는 양을 표시하는 단위, 즉 흡수선량을 그레이(Gy)라는 단위로 표시하는데, 1그레이는 1

시버트 정도로 환산할 수 있다.

　일본의 저명한 핵물리학자인 고이데 히로아키 전 교토대 원자력연구소 조교수는 고민 끝에 취재진에게 이런 말을 했다.

　"일본이라는 나라는 가해자이고, 저는 범죄를 저지르고 있다고 생각
　하고 있는데요. 그들은 원전 사고가 전혀 심각한 일이 아니라고 지
　금까지도 계속 말하고 있고, 매스컴도 사고의 심각성을 제대로 전달
　하지 않고 있습니다. 일본이라는 나라는 후쿠시마 제1원자력발전소
　사고가 일어난 당시에 원자력 긴급 사태 선언을 발령했습니다. 그
　원자력 긴급 사태 선언은 지금까지 해제도 되지 않은 상태입니다.
　이 나라는 긴급 사태 선언 단계에 있는 나라입니다. 그런 나라에서
　올림픽을 하는 것 자체가 저는 도저히 믿을 수 없는 모험이라고 생
　각합니다."

　사상 초유의 원자력 긴급 사태를 부른 방사능 오염물질 방출량은 단 3%에 불과했다.

　나머지 97%는 아직도 발전소 안에 남아 있다.

7

아직 끝나지 않은 차별

재일동포 민족교육 70년의 어제와 오늘

취재_ 이소정
촬영_ 이경구

스파이 양성소는 일본에서 나가라!

"여기는 일본 땅이다, 이것들아! 일본에서 나가라!"

조용한 주택가 골목 초등학교 앞, 한 무리의 남성들이 확성기를 들고 소리친다. 학교 담장에 설치된 스피커를 뜯어내고, 학교 정문을 위협적으로 흔들며 진입을 시도하기도 한다.

"너네 뭐야? 스파이 아이들 아니야?"
"김치 냄새 난다! 김치 안 먹으면 못 사나? 바보들 아니야?"

학교 안에서 점심을 먹던 아이들은 겁에 질려 창가의 커튼을 닫는다. 놀란 교사 몇몇이 달려 나와 교문 앞을 막아서고, 출동한 경찰의 묵인 속에 1시간이 넘도록 그들의 악다구니를 참아 낸다. 2009년 12월, '재일특권을 용납하지 않는 시민의 모임', 이른바 '재특회' 등 우익단체

2009년 12월, 일본 우익단체 회원들의 교토 조선 제1초급학교 습격사건

회원들의 교토 조선학교 습격사건이다.

  이른바 '기자질'을 17년이나 하면서도 일본 땅의 조선학교에 대해 별반 아는 것이 없었다. 취재는 일본의 끝나지 않은 차별에 맞서고 있는 우리 아이들에 대해 이렇게 무관심했구나, 하는 부끄러움과 미안함에서 시작되었다. 3달 남짓 일본에 남아 있는 기록들을 뒤지고, 일본 정부의 답변을 졸라 대고, 여러 동포들과 전문가들을 만났다. 이것으로 재일동포들의 굴곡진 역사를 다 이해하고 설명하는 것은 불가능하지만 50분짜리 다큐멘터리에 미처 담지 못한 그들의 이야기를 소개하려 한다.

학교를 빼앗긴 소녀

4.24 교육투쟁과 배영애 할머니

―――

해방 뒤 일본에 남은 조선인 60여만 명이 가장 먼저 한 일. 국어강습소를 세운 것이다. 1946년 초엔 이런 강습소가 500개가 넘었고, 식민지 시대 모국어를 모르던 아이들은 처음으로 우리말과 글을 배우게 된다. 이것이 조선학교의 시작이다.

일본 땅 '자이니치(在日) 코리안'에 대한 차별의 시작, 그리고 그 근거가 궁금했다. 해방 직후 재일동포들의 법적 지위부터 확인해야 했다. 전쟁이 끝난 뒤 맥아더가 이끄는 연합국 최고사령부, 즉 GHQ(General Headquarters) 통치하에서 제정된 새로운 일본 헌법에서 그 답을 찾았다. 이 헌법에 의해 일본에 사는 조선인들의 법적 지위가 '황국신민'에서 '외국인'으로 바뀐다. '조선'적이 표시된 외국인 증명서를 지니지 않으면 감옥에 구금하거나 강제 퇴거한다고 적혀 있다.

1948년 1월엔 문부과학성이 전국 지사에게 통지서를 보낸다. '조선 아이들도 일본 교육법에 따르는 학교에서 일본어로 수업을 받아야 한

해방 직후 일본 땅에 남아 있던 동포들이 세운 국어강습소

조선학교 폐쇄정책에 맞서 민족교육권 보장을 외치며 시작된 4.24 교육투쟁

조선학교 폐쇄령 이후 일본 경찰에 의해 학교에서 쫓겨나는 아이들.
가운데 소녀가 8살 배영애 할머니

일본인들을 상대로 한국어교실을 운영 중인 배영애 할머니

다'는 내용이다. 그러자 민족교육을 요구하는 조선인들의 운동이 들불처럼 번지고, 통지에 따르지 않는 학교는 강제 폐쇄되었다.

GHQ와 일본 정부는 민족교육 운동이 치안을 위협한다며 계엄령까지 선포한다. 일본 전역에서 동포 100만 명이 거리로 나와 3천 명 가까이 체포되고, 오사카에서는 16살 소년이 경찰의 총에 맞아 숨졌다. 4.24 교육투쟁이다.

이 민족교육 운동의 상징과 같은 흑백사진 한 장. 한 소녀가 일본 경찰에 의해 교실 밖으로 내던져진다. 바로 배영애 할머니이다.

"경찰 트럭이 어느새 학교로 들어와서 우리 중학교 언니 오빠들을
막 때렸어요. 비명소리도 들리고⋯."

일흔이 넘어서도 그날은 생생히 기억난다며 배 할머니는 주먹을 꽉 쥐었다. 목이 메는 것을 간신히 참아 가며 상세히 설명했다.

"수십 명이 잡혀갔어요. 꼼짝 못하게 트럭에 수갑을 딱 채워 버리고 그랬거든요. 우리는 셋이 막 경찰에 저항했어요. 옆에 언니는 두드려 맞고, 나는 그냥… 뭐… 안아 가지고 바깥으로 탁 내동댕이 당했어요. 아팠지만 그런 것보다 너무 분노하는 그런 마음이…. 슬프다는 마음보다도 우리가 어제까지 다닌 학교가 왜 이렇게 당해야 하는가 하는, 그런 마음이 컸지요."

배 할머니의 거실 한쪽 벽은 조선학교 아이들의 사진과 학생들, 선생님들이 보낸 감사 편지로 가득하다. 일본 정부의 폐쇄정책에 학교를 빼앗겼던 소녀가 지금은 끈질기게 명맥을 유지하고 있는 일본 전역 조선학교의 든든한 후원자인 것이다.

할머니와 함께 눈물을 훔치다 연필을 꾹꾹 눌러 써 내려간 편지 한 장에 웃음이 터졌다.

'신당동 떡볶이 감사합니다. 너무 매운데 너무 맛있어요.'

기자   저 신당동 떡볶이도 학교에 보내 주신 건가요?

배영애 할머니   네 한국 수퍼에 주문해서… 떡볶이는 맵지요. 매운 것을 먹으면 용기가 나잖아요! 그런 마음으로 보냈지요.

아직 끝나지 않은 차별
배명옥 변호사와 신길웅 선생님

—

"제가 중급학교 2학년 시절 치마저고리로 학교에 다니고 있었어요. 전혀 모르는 사람 2명이 제 저고리 옷고름을 이렇게 당기고, 이 옷 뭐냐면서 계단에서 밀고… 특히 도쿄의 조선학교의 여학생들은 전차 속에서 치마저고리를 나이프로 찢기는 사건이 많이 있었고요."

조선학교 여학생들의 교복은 치마저고리이다. 30대의 배명옥 변호사 역시 저고리를 입고 학교에 다녔다.

"특히 2002년 9월 북한 김정일 위원장이 일본 고이즈미 총리와의 정상회담에서 '납치문제'를 인정하면서 일본 내 여론이 급격히 나빠졌습니다. 뒤에는 중급·고급학교뿐만 아니라 초급학교 학생들까지 때리거나, 모르는 사람이. 일본에서 나가라든가 죽으라든가 그런 폭언 피해를 많이 받았어요. 교복을 보고 조선학교라는 것을 아는 거죠. 그래서

2000년대 초반, 지하철이나 버스에서 조선학교 여학생들의
교복을 칼로 찢는 사건이 빈번히 발생했다.

어머니회에서 너무 위험하다고… 학교에서는 저고리로 갈아입고 통학
할 때에는 제2교복이라고 해서 일본식 교복을 입게 됐지요."

　일본의 일반 학교는 '1조교'라고 한다. 그 외의 학교들은 '각종 학교'
로 분류된다. 직업학교, 유학원 등과 함께 조선학교도 '각종 학교'에 속
한다. 전국 체육대회 등 공식 경기에 참가할 수 있게 된 것도, 일본 학
교 학생들처럼 철도 운임을 할인 받게 된 것도 90년대 이후이다. 별도
의 시험 없이 대학에 지원하는 것은 2003년에서야 가능해졌다.
　47년 교직생활 동안 불이익에 맞서는 게 일상이던 도쿄 조선중고급
학교 신길웅 교장 선생님. 그는 9년 전 날아온 팩스 한 장에 말을 잃고
말았다. 전국의 고등학교가 무상 의무교육의 혜택을 받는 '고교 무상
화'에서 조선학교 10곳만 제외한다는 통지서였다.

　"통지를 받고서 힘이 빠졌다기보다는 정말 일본 정부는, 일본이라는

나고야 고등법원 앞에서 현수막을 들고 조선학교에 대한
고교 무상화 적용을 호소하는 학생들

나라는 지난 시기 우리나라를 식민지 삼고 말과 글을 빼앗은, 그 과
거에 대해서 반성 안 하고 오늘날에도 우리 동포들을, 학생들을 못
살게 구는구나⋯. 반드시 우리가 우리 힘으로 이겨 내고 반드시 고
교 무상화를 시행하고, 우리 학생들이 비록 일본에 살지만 가슴 펴
고 살 수 있도록 해야겠다고 생각했습니다."

교장 선생님의 목소리는 분노와 안타까움으로 자꾸만 잦아들었다.

"이 학교는 간첩을 양성하는 학교라든지 빨갱이하는⋯ 그런 곳이 아
닙니다, 정말로! 우리 학부모들, 그런 건 생각도 안 하고 있습니다.
우리 민족의 긍지, 자부심을 갖고 생활하고 싶다는⋯ 우리 조선 민
족의 특성인 것입니다."

고교 무상화 배제에 맞서 도쿄와 오사카, 아이치, 후쿠오카, 히로시

마 5개 지역에서 소송이 시작되었다. 학생 250명이 직접 원고로 참여하는 일본 사법 사상 유례를 찾기 힘든 재판이 현재 진행 중이다. 그러나 지금까지 승소한 건 오사카 1심 딱 한 번뿐이다.

"조선학교가 무상화 적용을 받을 수 있게 협력해 주세요!"
"부탁 드립니다!"

배 변호사는 아이치 지역 소송에서 변호를 맡고 있다. 한겨울 칼바람을 온몸으로 맞으며 조선학교 아이들이 나고야 고등법원 앞에서 호소하고 있었다.

기자 감수성 예민한 10대잖아요. 친구들과 놀러 다니고 책 한 자더 볼 나이에 법정에 앉아 있어야 하고, 자신이 나고 자란 일본 사회에서 부정당한다는 느낌이 힘든 친구들도 많을 것 같아요.

조선학교 출신의 배명옥 변호사. 2018년 변호사가 된 뒤 아이치 지역 조선학교 후배들의 고교 무상화 소송 변호인을 맡고 있다.

배명옥 변호사   정말 그렇습니다. 조선학교는 일본에서 일제강점기에 빼앗긴 말과 그 문화, 역사를 지키는 것 이상의 의미가 있어요. 그런데 70년이 지난 지금도 차별이 있는 것입니다. 차별 없는 환경에서 아이들을 키우는 것이 재판의 목적 가운데 하나입니다.

조선학교 후배들, 그리고 3살 난 딸의 미래를 위해서 배 변호사는 포기할 수 없다고 말한다.

"우선 조선 사람으로서 당당하게 살자는 그런 마음이 강하죠. 제 딸이 학교에 들어가는 나이가 될 때까지 이런 차별 문제가 없어지게 하기 위해서 열심히 일하려고 해요. 사실 제 외할머니가 일본 사람입니다. 외할아버지는 조선 사람이고요. 외할아버지는 조선학교를 만들고 지키기 위한 운동에 평생을 바친 상공인이셨어요. 조선학교에 재산 대부분을 기부하고, 한국어능력시험도 만드셨죠. 이런 외할아버지의 활동을 외할머니는 다 이해해 주셨어요. 일본인으로서 일종의 책임감이었다고 생각하는데, 열심히 도와주셨습니다. 할아버지와 할머니는 조선과 일본의 좋은 점을 서로 배우고, 서로 존중하셨던 것 같아요."

배 변호사는 하모니(harmony), 즉 '조화'를 강조하며 인터뷰를 마쳤다.

당신의 국적은 어디입니까?

조선적 축구선수 안영학

———

한국에서도 잘 알려진 전 축구선수 안영학은 1978년 일본에서 태어났다.

"고향은 전라남도 광양 인근이에요."

동포들은 1세대 할아버지들이 일본에 오기 전 태어난 곳을 고향이라고 부른다. 2006년 조선학교 출신 J리그 스타에게 할아버지의 모국에서 손을 내밀었지만 한국행은 쉽지 않았다. 일본을 들고 날 때 '재입국 허가서', 한국 입국 때 '여행증명서'. 두 개의 신분증명서가 필요한 안 선수의 국적은 지도에서 사라진 나라, 해방 후 일본이 60만 재일 조선인에게 부여한 '조선'적(籍)이기 때문이다.

'조선'적은 조선민주주의인민공화국의 국적을 의미하는 것이 아니라 식민지 지배하의 한반도 출신자와 그 자손을 외국인으로 등록할 때 출신지를 표기하기 위한 하나의 총칭으로 사용되어 왔다. 그런데 1965년 한일국교정상화를 계기로 '한국' 국적이 하나의 국적으로 취급되기 시작했고, 당초 조선적이었던 재일동포들 가운데 차츰 한국적을 지니게 된 사람들이 늘어났다.

안 선수처럼 많은 동포들이 여러 가지 불이익과 불편을 감내하고 '조선'적을 고집한다. '한국' 국적으로 바꾸면 조국이 둘로 나뉘었다는 걸 인정하는 것이라고 생각하기 때문이다.

"한때는 일본 사람으로 취급을 했는데, 그래도 해방 후에 또 조선 사람이 되었기 때문에 구별하기 위해서 등록증에 뭐 조선, 조선이라는 그 기호라고 하나? 국적은 아니고. 어쨌든 네, 조선, 뭐 국적은 일단 조선이라고 돼 있는데, 그 조선이라는 나라는 없고, 사실상. 좀 뭐 복잡한… 네, 조선적."

조선적 선수에게 북에서도 요청이 온다. 2010년 남아공 월드컵 북한 대표로 뛰게 된 것이다. FIFA 랭킹 116위 북한은 44년 만에 본선에 올라 한국과 나란히 사상 처음으로 월드컵 동반 출전을 이뤘다. 역시 재일동포이면서 함께 북한 대표로 뛴 정대세 선수가 펑펑 우는 장면이 화제가 되기도 했다.

"저는 참았어요, 눈물이 나오는 것을. 일본에서 태어나서 자란 재일동포 선수들이 우리나라의 대표 선수들이랑 같이 예선을 이겨내고 꿈의 무대였던 월드컵 무대에서 같이 나란히 하면서 국가를 부르고…."

안영학 선수의 일본 외국인 등록증. '조선'적이 표기돼 있다.

은퇴 뒤 조선 초급학교 아이들을 상대로
축구교실을 운영하고 있는 안영학 선수

그리고 2017년 은퇴 뒤에는 선수이자 감독으로 독립축구연맹 대회 (CONIFA)에서 뛰게 된다. FIFA에 가입하지 못한 47개 미승인 국가 와 소수 민족들의 축제이다. 그의 팀은 '재일 조선인으로 자긍심을 가 진' UKJ(United Koreans in Japan)', '일본의 통일 코리안들'이다.

"사람과 사람을 잇는다, 그런 이념이 있었어요. 그거는 제가 살면서 축구 선수로서 항상 염두에 두고, 저의 이념이기도 했어요. 그래서 아, 꼭 가야겠다, 우리 재일 코리안을 온 세계에 알려 주고 싶었어 요."

일본에서 태어나 J리그 스타가 되고, 북한 국가대표로 월드컵에 참가하고, 한국의 K리그 선수로 뛰었으며, 요즘도 가족들과 서울 여행에서 차범근 감독을 만나 삼청동 수제비를 즐겨 먹는 안 선수. 조심스럽게 '당신의 나라는 어디냐'고 묻자 취재진을 부끄럽게 하는 답이 돌아왔다.

"저는 나라보다도 사람이 중요하지 않나, 그런 생각이 들어요. 나라보다. 나라를 우선해서 사람을 소중히 못하는 것은, 그거는 사람으로서 좀 뭔가 틀리고 있는 거 같아요. 네, 그래서 저는 먼저 사람으로서 일단 누구인지, 저도 우리 학교 다녔으니까, 조선학교 다녔으니까, 안영학이 누구인지, 어디서 왔고, 어떤 사람인지 알고 있어요."

한민족이 영원히 분단되어 살 리는 없습니다

마에카와 전 문부과학성 차관

―――

민주당 정권에서 고교 무상화를 도입할 당시 책임자였던 마에카와 기헤이 전 문부과학성 차관. 한국 언론 최초로 KBS 취재진과 만나 어렵게 입을 열었다. 당연히 조선학교도 무상화에 포함될 것으로 예상했다고 한다.

"15세 학생이 중학교 졸업 뒤 들어가서 3년 동안 일정 수준의 수업을 받는 학교라는 것을 밝힐 수 있다면 충분하다는 심사 기준이 만들어졌습니다."

마에카와 전 차관은 심사를 위해 교토, 오사카, 고베 지역의 조선고교 3곳을 직접 찾아갔다고 한다.

"일본어 수업과 일본 고전문학 수업도 하고, 한반도의 문화뿐 아니라 일본의 문화도 확실하게 공부하고 있어서 놀랐습니다. 물론 교실에는 김일성, 김정일의 초상이 걸려 있었지만 초상이 걸려 있는 것이 무상화 대상에서 배제하는 이유는 되지 않는다고 생각했습니다."

하지만 정권이 바뀌자 여러 가지 이유로 조선학교에 대한 심사가 지연되었다.

"자민당은 확실하게 조선고교는 (고교) 무상화 제도에 포함시키지 않을 것이라고, 무상화로부터 배제시킨다는 생각이었습니다. 그렇게 되면서 조선고교에 대해 개별 심사 대상에 들어간다는 조문(條文)을 아예 삭제해 버렸습니다. 조선고교는 (무상화) 대상이 되지 못한 채 심사 근거 자체가 없어진 것입니다. 이런 상황이 된 것이기 때문에 상당히 변칙적이라고 볼 수 있겠습니다."

문부과학성을 떠난 지금도 마에카와 전 차관은 조선학교 무상화 배제의 과정과 아베 정부의 태도를 이해할 수가 없다고 말한다.

"일본 사회의 일원으로서 일본에서 직업을 가지고 세금을 내고 살아갈 것이기 때문에 무상화 대상에 넣지 않는다는 것은 이상하지 않은가,라고 저는 계속 생각해 왔으니까요. 지금도 그렇게 생각하고 있습니다. 우익인 사람들 중에는 조선학교를 스파이 양성소라고 말하는 사람이 있습니다. 나는 조선학교에 다니는 사람들이 스파이 양성소라고 생각하고 다니는 사람은 없다고 생각합니다. 오히려 민족의

고교 무상화 배제에 맞선 소송에서 패한 뒤
법원 앞에서 눈물 흘리며 항의하는 조선학교 학생

한국 언론 최초로 KBS 취재진과 만나 인터뷰하는
마에카와 기헤이 전 문부과학성 차관.
고교무상화 정책 수립 당시 책임자였던 그는
조선학교가 당연히 무상화 적용 대상이 될 것으로
예상했었다고 털어놓았다.

문화나 언어를 배우려고 하는 그런 동기를 가진 사람들이 많다고 생각하죠. 저는 일본 사람들 중에는 조선학교에 대한 편견을 가지고 있는 사람들이 많다고 생각합니다. 실제로 (조선학교에) 가보면 알 텐데 말이죠. 게다가 조선학교 학생의 반 정도는 한국 국적입니다. 또 일본 국적인 학생도 있습니다. 조선적이라는 것은, 또 많은 일본 사람들이 오해를 할지도 모르겠습니다만 조선적이라는 사람들은 북한 국적을 가지고 있는 것이 아닙니다. 식민지 시대의 조선반도 출신자들의 자손이라는 것이지 전후 일시적으로 그대로 일본 국적을 가지고 있었음에도 불구하고, 샌프란시스코 평화조약 후에 국적을 박탈당한 사람들이니까요."

그러면서 교육가로서의 신념과 일본 사회에 대한 우려를 밝혔다.

"저는 지금 일본 사회 전체가 우경화되어 가고 있다고 생각합니다. 오른쪽으로 치우쳐져 있다고. 자민족 중심주의 같은 것이죠. 영어로 말하면 'ethnocentrism'이라는 말이 있습니다. '일본 민족은 훌륭한 민족이다'와 같은, 애국심을 갖지 못하면 일본 민족이 아니다. 이런 풍조가 강해지고 있다고 생각합니다. 많은 국회의원이나 국무 대신, 아베 총리도 그렇게 생각할 겁니다. 물론 (자신이 사는) 나라를 사랑하는 것은 자연스러운 감정입니다만, 다른 나라 국민을 배제한다든지, 다른 민족을 차별한다든지, 이런 경향이 강해지고 있다고 생각합니다. 그것은 굉장히 위험하지요."

취재진은 현재 문부과학성의 입장을 듣고 싶어 여러 차례 공문을 보내고 연락을 시도했다. 한 달이 지나 받은 단 9줄짜리 답변서.
'재판 중인 사안이라 자세히 답할 수 없지만 법령에 따라 적절히 판단한 것이지 정치적 이유로 조선학교를 무상화에서 배제한 것은 아니다.'라는 내용이었다.

일본인인 마에카와 전 차관이 되려 위로의 말을 전했다.

"50년이든 100년이든 언젠가는 남과 북이 통일될 것이라고 생각합니다, 한반도는. 언제까지 같은 민족이 분단되어 살 리는 없습니다. 일본은 통일된 한반도에 대해 어떤 태도를 취할지 잘 생각해야 할 겁니다."

아이들은 모두 같습니다

하세가와 선생님과 류타 교수님

———

취재 과정에서 마에카와 전 차관처럼 위험을 무릅쓰고 합리적인 목소리를 내는 일본인들을 만날 수 있었다. 특히 한국에 잘 알려지지 않은, 혹은 알면서도 외면하는 조선학교를 진심으로 돕는 사람들 앞에서는 고개가 숙여졌다.

초등학교 선생님이었던 하세가와 씨는 일본 전역의 조선학교 60여 곳을 찾아다녔다. 6개월 대장정의 이야기와 사진들을 엮어 책으로 낼 생각이다.

"일본인들에게는 조선학교가 잘 알려지지 않았습니다. 그래서인지 '스파이 학교 아니냐' 같은 심한 말을 아무렇지도 않게 하는 것을 보고 책을 내고 싶다고 생각했습니다."

조선학교 지원 단체들에서 활동하느라 은퇴 뒤 더 바빠졌다고 한다.

인권단체들과 함께 조선학교에 대한 차별 철폐를 외치며
도쿄 시내를 행진 중인 조선학교 학생의 어머니들

취재진과 처음 만난 것도 도쿄 한복판에서 열린 가두행진에서다. 조선
학교 어머니회, 그리고 여러 인권단체들이 함께 UN 권고 이행을 촉구
하는 시위였다.

"'(UN에서) 조선학교를 무상화 교육 대상에서 제외하는 것은 차별
이라고 말하고 있지 않냐고. 조속히 (무상화 교육 대상에) 적용시켜
주세요.'라고 했더니 문부과학성의 관리가 무슨 말을 했나 하면 '벌
칙 규정도 없고 (그 권고에) 따를 의무도 없습니다.'라고 말하면서 말
같지 않은 소리를 했기 때문입니다. 여론을 바꾼다든지, 사회를 바
꾼다는 것은 간단히 할 수 있는 일은 아닙니다. 하지만 꾸준히 노력
하다 보면 어느 순간 바꿀 수 있는 가능성이 있다고 믿고 활동을 계
속하고 싶습니다."

교토 조선학교 습격사건에 대한 재판에서도 한 일본인 인류학자가

교토지방법원에 의견서를 냈다. 소송 과정에서도 단체를 꾸려 학교와 학생들을 지원했다. 15년째 조선학교를 연구하고 있는 이타가키 류타 교토 도시샤대학 사회학부 교수의 이야기다.

"습격사건 직후 이메일이 왔습니다. 학교 안에서 직원이 찍은 비디오 영상이었는데, 그걸 보고 너무 충격을 받았지요. 설마 그런 평일에 초등학교 안에 아이들이 있을 때 그런 행동을 할 거라고는 상상도 못했습니다."

개인적으로 궁금해졌다. 일본인으로서 공개적으로 조선학교를 돕는 것이 위험하지는 않은지, 두렵지는 않은지, 왜 조선학교에 애착을 갖는지 조심스럽게 물었다.

"조선학교에서 사람들과 어울려 불고기를 구워 먹는 게 좋아요. 하하하."

류타 교수는 사람 좋게 웃었다. 이어 서툴지만 확신에 찬 한국어로 찬찬히 설명했다.

"솔직히 우려가 전혀 없는 건 아니지만… 인터넷으로 제 이름을 검색하면 반일분자로 이렇게 나오는데, 그건 뭐 인터넷상의 현상이고요. 사실은 책임 있는 게 일본 사람이거든요. 일본 사람이 그런 활동을 하지 않으면 안 된다는 생각이 강한 거죠. 그 당사자들, 특히 학생들은 피해자니까, 피해자들은 뒤에 있는 게 맞고요. 재일조선인들의 교육제도를 재일조선인이 만들 수 없는 거잖아요. 일본 참정권도 없고. 그러니까 참정권 있는, 책임 있는 일본 사람들이 나서야 뭔가 개혁할 수 있다고 생각합니다. 그렇다고 제가 고생하고 있다는 얘긴 아니고요, 하하하. 학생들과 같이 조사를 하고 인터뷰를 하고 하는 것 자체가 재미가 있어요. 지금까지 잘 알려져 있지 않았던 부분을 이렇게 하나씩 밝혀 가는 작업이니까요. 재미있게 하고 있습니다."

그러면서 인류학자로서 민족교육권이 왜 중요한지도 역설했다.

"국제법적으로 인정된 권리이기도 하지만, 한국과 일본의 특수한 역사 속에서 관습적으로 인정되어 왔던 권리로서 민족교육권이라는 게 있다고 생각합니다. 그걸 제대로 보장하는 것이 물론 재일조선인에게도 좋지만 일본인에게도 좋은 영향을 미칠 것이라고 믿고 있죠."

기자 일본인에게는 어떤 영향을 줄까요?

류타 교수 일본에게 있어 45년 8월의 충격, 패전의 충격이 너무 강해서 그때 일본 제국이 와해되고 식민지를 해방시키는 과정에서 사실 아픔을 억압해 왔다고 할까요. 그런 의미에서 일본 사회, 일본 정부가 아직 제대로 탈식민화, 탈제국화 되지 않은 측면이 있다고 저는 생각해요. 이렇게 계속 갈등하고, 제도와 돈을 가지고 압력을 가하면 살벌한 사회가 되잖아요. 또 인권이라고 하는 측면에서도 계속 학교에서는 인권교육을 하는데 일본 교육당국 스스로 그렇게 차별을 한

각종 인권 관련 행사와 집회에서 차별 철폐를 위해 노래하는
도쿄 조선학교 합창반 학생들

다든지, 그런 건 일본 사회의 미래에도 좋을 게 하나도 없습니다.

〈시사기획 창〉 기자들이 얘기하려는 일본의 함정, 스스로 파 놓은 그 함정에 대한 해답의 실마리가 보이는 듯하다. 하세가와 선생님의 마지막 말을 가슴에 새기며 이번 여정을 마무리한다.

"어른들은 끊임없이 편을 가릅니다. 남이든 북이든, 조선이든 일본
이든 무슨 상관입니까? 아이들은 모두 같습니다!"

저자 소개

김대홍

중앙대학교 정치외교학과 졸업. 2013년 같은 대학교에서 국제정치학 박사학위를 받았다. 1995년 KBS에 입사한 뒤 경제부, 문화부, 9시뉴스, 아침뉴스광장, 탐사보도, 〈시사기획 창〉 팀장, 보도기획 부장 등을 거쳐 현재 〈일요진단 라이브〉와 중계 업무를 맡고 있다. 2016년과 2019년 '한국방송대상 작품상', 2011년 '한국방송기자클럽 방송학회장상', 2004년 '대통령 표창', 1999년 'YWCA가 뽑은 TV프로그램상', 1999년 한국기자협회가 주는 '이달의 기자상' 등을 받았다.

KBS 〈시사기획 창〉에서는 '다시 쓰는 한반도 평화보고서', '중국이라는 거짓말?', '최초공개-日 자위대 이렇게 만들어진다' 등 한반도를 둘러싼 주변 강대국들과의 외교·국방분야 다큐멘터리를 중점 제작했다. 또한 2008년부터 3년간 KBS 도쿄특파원으로 근무하면서 동일본 대지진과 일본 우경화 움직임 등을 보도했다. 2012년 출간한 《일본의 눈물》은 이러한 경험을 바탕으로 쓴 책이다. 2006년 UC 버클리 대학에서 1년간 연수하면서 미국의 대외정책에도 관심을 갖게 됐고 2013년 미국 패권을 연구해 박사학위를 받은 뒤 2014년에는 오바마 정부의 아시아 중시 정책을 다룬 《미국, 아시아로 회귀하는가》를 출간하였다.

박성래

서울대학교 정치학과 졸업. 1997년 KBS에 입사한 뒤 경찰, 검찰, 정당 등을 취재했다. 2004년, 2008년 2차례에 걸쳐 미국 대선을 현장 취재했다. 2016년 정치학 석사학위를 받은 후, 박사과정으로 유학(儒學)을 공부하고 있다.

KBS 〈시사기획 창〉에서 제작한 주요 프로그램으로 '전교 1등은 알고 있는 공부에 대한 공부' 2부작과 '존엄한 요양' 2부작이 있다. 최근에는 비핵화 협상과 관련한 프로그램에 주력하며 '김정은의 재구성', '트럼프의 선택은?', '김정은의 선택은?'을 제작하였다.

박영관

고려대학교 신문방송학과 졸업. 1994년 KBS에 입사한 뒤 사회부, 기동취재부, 경제부, 9시뉴스 편집부, 취재파일 4321, 선거방송기획단, 시사기획 창 등을 거쳐 현재 남북교류협력단 협력부장을 맡고 있다. 2015년부터 3년간 KBS 중남미 특파원으로 활약하면서 중남미 각국의 정치, 경제, 사회, 문화 등의 이슈를 심층 보도하였다.

〈시사기획 창〉의 전신인 〈시사기획 쌈〉의 태동에 큰 역할을 했으며, '1그램의 전쟁', '위기의 첨단산업', '주58시간, 일본의 고민' 등 첨단소재 산업과 관련된 이슈에 관심이 많다. 기업전문 기자로서 한국 경제의 문제점을 진단하고 해법을 제시하기 위해 노력하고 있다.

선재희

이화여자대학교 행정학과 졸업. 1995년 KBS에 입사한 뒤 편집부, 문화부, 〈시사기획 창〉을 거쳐 현재 문화복지부에서 다문화, 아동청소년, 여성 등 소외계층의 어려움을 대변하는 기사를 취재, 방송하고 있다. 한국여기자협회 감사직을 맡아 여기자들의 권익 신장에도 노력하고 있다.

〈시사기획 창〉에서는 '소재전쟁 일본의 역습', '반도체 강국의 이면', '반도체-새로운 지도' 등을 제작했다. 반도체와 특허 등 국내 첨단산업의 문제점을 집중적으로 파고들어 시청자들로부터 호평을 받았다. 테스트할 시설이 없는 중견기업과 낙후된 테스트 시설, 반도체 업계의 현실도 적나라하게 고발했다.

신강문

서울대학교 언어학과 졸업. 대학시절 도쿄외국어대학에서 1년간 교환학생 과정을 수료했다. 2000년 KBS에 입사한 뒤 보도본부, 사회부, 문화부, 국제부, 시사제작국 등을 거쳐 현재 〈시사기획 창〉 담당으로 다년간 프로그램을 제작하고 있다.

〈시사기획 창〉에서는 '외국인 근로자, 공존의 조건', '청년을 위한 나라는 없다', '최저임금 현장은 지금', '조선족 타운' 등 우리 사회 서민층의 생생한 삶을 입체적으로 조명하는 시사 다큐멘터리를 주로 제작했다. 또한 2010년 7월부터 3년간 KBS 도쿄특파원으로 근무하면서 일본의 한류열풍을 비롯해 한국과 일본 사이의 역사·문화적 이슈들을 집중적으로 발굴 취재했다.

이석재

호주 퀸즐랜드 주립대학교 신문방송학과 졸업. 2000년 KBS에 입사한 뒤 사회부, 정치부, 탐사제작부 등에서 취재했으며, 사회부 기획팀장, 사건팀장, 법조팀장, 탐사팀장, 19대 대선후보 검증단 팀장 등을 거쳐 현재 〈시사기획 창〉에서 프로그램을 제작 중이다. 〈시사기획 창〉에서는 '급발진, 그들은 알고 있다', '우리는 왜 그들의 먹잇감이 되었나', '태양광 사업 복마전', '광복절 특집 위안부 2부작' 등을 제작해 '휴스턴 국제영화제 다큐멘터리 부문 금상', '이달의 기자상' 등을 수상했다.

이소정

한국외국어대학교에서 스페인어와 영어 전공. 서울대학교 국제대학원에서 미주지역학으로 석사학위를 받았다. 2003년 KBS에 입사한 뒤 사회부, 문화부, 국제부, 경제부, 통일외교부 등을 거쳤으며, 〈시사기획 창〉 팀에서 가장 오랜 시간을 보냈다. 현재는 〈KBS 뉴스9〉 앵커를 맡고 있다. 학창 시절부터 국제관계, 한반도 정세 등에 관심이 많았으며 2006년 멕시코 농민반군 사파티스타의 지도자 마르코스를 단독 인터뷰해 '올해의 여기자상(한국여기자협회 선정)'을, 2018년 〈시사기획 창〉 평창동계올림픽 특집 '원바디(One Body)! 꼴찌들의 반란'으로 '휴스턴 국제영화제 다큐멘터리 부문 금상'을, 2019년에는 〈시사기획 창〉 3.1운동 100주년 특집 '조선학교-민족교육 70년'으로 '한국방송대상 시사·보도TV 부문 작품상' 등을 수상했다.

〈시사기획 창〉에서는 8.15 특별기획 '핵과 한반도(2부작)', '격동의 세계(2부작)-2부 태평양 무역전쟁' 등 북미 관계, 국제 경제 등과 관련된 특집 프로그램을 다수 제작했으며, 이 밖에도 존엄한 죽음을 다룬 '어떻게 죽을 것인가', AI의 등장과 인류의 변화를 다룬 '마지막 진화(進化)' 등으로 호평을 받았다.